Con la Vista en la *Eternidad*

UN ESTUDIO EN ECLESIASTÉS

DONNA GAINES

JEAN STOCKDALE

DAYNA STREET

ANGIE WILSON

ABBEY DANE

Con la Vista en la Eternidad: Un Estudio en Eclesiastés

©2024 Iglesia Bautista Bellevue

Reservados todos los derechos. Ninguna parte de esta publicación puede reproducirse, almacenarse en un sistema de recuperación ni transmitirse de ninguna forma por ningún medio, electrónico, mecánico, fotocopia, grabación o de otro tipo, sin el permiso previo del autor, excepto lo dispuesto por la ley de derechos de autor de EE. UU. .

Diseño de portada y libro: Amanda Weaver

Diseño y arte del mapa: Paige Warren

Edición: Dayna Street, Donita Barnwell, Melissa Bobo Hardee, Lauren Gooden, Paige Warren, Vera Sidhom, Caroline Segars

Edición en español: Samuel García, Paige Warren, Lexie Patrick, Caroline Segars

A menos que se indique lo contrario, Escritura tomada de la NUEVA BIBLIA ESTÁNDAR AMERICANA.® Copyright © 1960, 1962, 1968, 1971, 1973, 1975, 1977, 1995 de Lockman Foundation. Usado con permiso. www.lockman.org

Contenido

Cómo Utilizar Este Estudio | 5

Introducción - Con la Vista en la Eternidad | 9

Lección 1 - ¿De qué trata todo esto? | 27

Lección 2 - ¿Es esto todo lo que hay? | 57

Lección 3 - ¿Qué hora es? | 83

Lección 4 - ¿Valen la pena las relaciones? | 111

Lección 5 - ¿Hay alegría en el viaje? | 139

Lección 6 - ¿Cuál es el precio de la sabiduría y el costo de la locura? | 169

Lección 7 - ¿Dónde está Dios en todo esto? | 197

Lección 8 - Muerte, ¿dónde está tu aguijón? | 229

Lección 9 - ¿Por qué hay moscas muertas en el perfume? | 257

Lección 10 - ¿Cuál es el propósito de la vida? | 287

Cómo Convertirse en Cristiano | 317

Notas Finales | 321

Cómo Utilizar Este Estudio

Bienvenido a *Con la vista en la eternidad: ¡Un estudio sobre Eclesiastés!*

Si una palabra describe la vida en el siglo XXI, sería "llenura". Tenemos horarios llenos, armarios llenos, buzones de correo electrónico llenos y estómagos llenos. Piensa en la frecuencia con la que llamas a alguien y obtienes la grabación: "El buzón de la persona a la que llamas está..." correcto, "lleno". Sin embargo, al mismo tiempo, la mayoría se siente vacía. Si bien podemos pensar que este es un fenómeno moderno, de hecho, ha sido la condición perpetua de la humanidad desde Génesis 3.

Afortunadamente, un hombre del siglo X a. C. estuvo dispuesto a enfrentar el vacío que experimentó al lanzarse de cabeza a una vida de búsquedas inútiles. ¿Por qué? Para que podamos aprender de sus errores y ahorrarnos el dolor que causa el buscar estar "llenos" de todas las fuentes equivocadas.

El rey Salomón lo tenía todo: sabiduría, riqueza, poder y renombre. Sin embargo, permitió que el pecado y el compromiso lo alejaran de su *Imago Dei*, la imagen de Dios en la cual fue creado para reflejarle. Y cuando eso sucedió, pronto descubrió que la persona más vacía no es la que no lo tiene todo, la persona más vacía es aquella cuya vida está llena hasta el tope, pero luego descubre que nada tiene sentido.

Eclesiastés es la historia del llamado de atención de Salomón. En él, nos desafiará a ver nuestras vidas con nuevos ojos, a mirar más allá del vacío de este mundo hacia la eternidad. Y desde esta perspectiva ampliada, nos instruirá sobre cómo vivir para el cielo mientras estemos en la tierra. Pero prepárate. Este no es sólo un pequeño y agradable estudio bíblico. El mensaje de Eclesiastés provocará una insurgencia en tu corazón que impactará radicalmente tu vida, para tu bien y su gloria.

Este estudio bíblico está diseñado para brindar una oportunidad de estudio personal durante la semana, lo que conduce a una discusión en grupos pequeños y tiempo de enseñanza en grupos grandes una vez por semana. Cada lección semanal se divide en cinco tareas diarias centradas en la comprensión del texto y la aplicación personal. No podemos hacer lo que no sabemos.

Mientras recorremos Eclesiastés, lo haremos con cuatro objetivos en mente:

Observación: ¿Qué dice el texto? (¿Quién? ¿Qué? ¿Dónde? ¿Cuándo? ¿Por qué? ¿Cómo?)
Interpretación: ¿Qué significa el texto?
Aplicación: ¿Cómo debería cambiar con respecto a esto?
Transformación: ¡La meta! ¿Me cambió?

Cada lección también tiene una sección llamada "Sembrador de Semillas" para prepararte a usar lo que estás aprendiendo y participar en conversaciones sobre el evangelio durante la semana.

Al comenzar, prepare su corazón para una interrupción. Esté preparado para el cambio. Nuestra oración es que hagas eterno en tu vida este estudio de diez semanas y permitas que el Espíritu Santo te impulse a una forma de vida totalmente nueva: *Con la Vista en la Eternidad.*

Introducción

Introducción a Eclesiastés

Con la Vista en la Eternidad

La eternidad está ahora en sesión. [1]
~ Dallas Willard

Hace unos días aprendí una palabra nueva: esmoltificación. [2] La "esmoltificación" describe el proceso que ocurre en un pez anádromo (otra palabra que acabo de agregar a mi vocabulario). Normalmente los peces se clasifican como peces de agua dulce o peces de agua salada, pero no ocurre lo mismo con los peces anádromos. Estos son en realidad son ambas cosas. Los peces anádromos nacen en agua dulce y permanecen allí por algunas semanas, hasta un par de años, antes de salir nadando río abajo hasta el estuario. (Si estás llevando la cuenta, eso hace que tres palabras nuevas para mí.) El estuario es un lugar donde el agua dulce del río se mezcla con el agua salada del océano. Quizás el más familiar entre los peces anádromos es el salmón.

Un salmón recién nacido comienza su vida habitando en el fondo. Luego, después de varios meses de nadar en su modesto territorio, el salmón fija su mirada en la vasta extensión del océano y emprende su viaje río abajo. Es importante tener en cuenta que esta migración no es una opción. El salmón no se despierta un día y dice: "Creo que probaré con agua salada". El viaje del salmón al mar es la consecuencia de un impulso intrínseco, una compulsión. Y en el camino es cuando ocurre la esmoltificación.

Específicamente, la esmoltificación describe los cambios dentro del cuerpo del salmón, que lo están preparando para vivir en el océano. Estos cambios se producen gradualmente a medida que el salmón vive en el agua mezclada del estuario, preparándose para lo que será su nuevo hogar. Durante la esmolitificación, las escamas del salmón cambian de color, su actividad endocrina aumenta y sus branquias se adaptan para permitirle procesar sodio y potasio. [3] Después de la esmoltificación, el salmón nada hacia las profundidades, una criatura transformada lista para prosperar en su nuevo entorno oceánico.

Introducción | 11

En este punto, probablemente te estés preguntando qué hace una lección científica sobre el ciclo de vida de los peces en un estudio bíblico. Déjame ver si puedo aclarar esta pregunta.

Como terrícolas, estamos atados a este planeta transitorio. Sin embargo, sentimos que esta vida presente no es todo lo que hay. Salomón nos da la razón de la persistente inquietud que se agita dentro de nosotros: Dios ha "puesto la eternidad en el corazón del hombre" (Eclesiastés 3:11, NVI). Nuestro Creador ha puesto para siempre dentro de nosotros. Paul Tripp explica: "Anhelar la eternidad no significa que seas espiritual; simplemente significa que eres humano". [4] Y así, desde lo más profundo de nuestras almas, la eternidad nos llama a cada uno de nosotros, independientemente de nuestro paradigma teológico. Si eres humano, la eternidad vive dentro de ti. Así es como fuiste creado.

Ahora volvamos al concepto de esmoltificación.

En un contexto más amplio fuera del mundo del pescado, la esmoltificación se puede aplicar al proceso mediante el cual estamos siendo preparados en un mundo para vivir en otro. Es la formación de una nueva identidad, mientras nos preparamos para el mundo invisible de siempre aunque todavía vivimos en la tierra. En Eclesiastés 3:11, anhelar algo más allá de esta vida terrenal es un regalo de Dios para ayudarnos a "no mirar las cosas que se ven, sino las que no se ven; porque las cosas que se ven son temporales, pero las que no se ven son eternas" (2 Corintios 4:18).

Cuando pensamos en la eternidad, tendemos a pensar en ella en términos de un destino. Y ciertamente, eso es parte de la ecuación. Como escribe Juan: "Porque tanto amó Dios al mundo, que dio a su Hijo unigénito, para que todo aquel que en él cree no perezca, mas tenga vida eterna" (Juan 3:16). Pero, ¿podría ser que hayamos puesto tanto énfasis en la vida eterna como destino futuro que hayamos perdido lo que significa para nuestro aquí y ahora? ¿Estamos viviendo como si el aquí y el ahora fuera todo lo que hay? ¿Estamos buscando significado y propósito en el presente, tratando de sacar de este mundo lo que Dios sólo pretende para el próximo? ¿Estamos tan absortos en nuestra vida presente como nuestro destino final que hemos olvidado la realidad de siempre?

Salomón, El Rey Que Olvidó Para Siempre

Si alguien en el siglo X a.C. Lo tenía todo, era Salomón. Hijo del rey David de Israel, él creció rodeado de los esplendores de la realeza. Luego, después de la muerte de su padre, cuando Salomón era muy probablemente un adolescente o tenía poco más de veinte años, ascendió al trono. Al principio, Dios se le apareció en un sueño y le dijo al joven rey que le pidiera lo que quisiera, y Él le concedería su petición. Sabiendo que necesitaría una capacidad superior a su edad para gobernar bien, Salomón pidió sabiduría a Dios. Su respuesta agradó a Dios, quien le dio no sólo sabiduría, sino también bendiciones adicionales de riquezas y honores. Según 2 Crónicas 1:12, ningún otro hombre ha tenido jamás más sabiduría o riquezas que Salomón.

Entonces, ¿cómo el hombre más sabio y rico que jamás haya existido se convierte en un caso de estudio de lo que sucede cuando olvidamos la realidad de siempre?

Bajo el liderazgo de Salomón, Israel experimentó paz y prosperidad. Él supervisó varios proyectos notables de construcción, siendo el Templo de Jerusalén el más magnífico, el lugar donde Dios moraría en la tierra entre su pueblo durante 400 años. Su fama se extendió por todo el mundo y la gente vino de todas partes para aprender de él. Y entonces, en algún punto del camino, Salomón comenzó a desviarse. El orgullo entró, la tentación llegó y Salomón respondió.

El tercer rey de Israel, el hombre que escribió una porción importante del Antiguo Testamento, no obedeció el mandamiento de Dios dado para un rey en Deuteronomio 17:16-17. Y no pasó mucho tiempo antes de que comenzara a buscar significado y satisfacción lejos de su Creador. En lugar de buscar "la fuente de agua viva" con todo su corazón, buscó riquezas y mujeres, ambas "cisternas agrietadas que no pueden retener agua alguna". (Jeremías 2:13, NTV). No es que no conociera los mandamientos que Dios le había dado; Salomón nunca podría alegar ignorancia. Simplemente desobedeció. Arrojó la obediencia al viento y el resultado fue un torbellino que impactaría a su familia y a la nación de Israel durante siglos.

Salomón comenzó bien, pero luego, perdiendo de vista su verdadero propósito, lo olvidó para siempre. Como resultado, desperdició los años consumido por días llenos de abudancia, pero terminando con una vida vacía.

Cuando Salomón finalmente recupera el sentido espiritual, sus días en la tierra están contados. En retrospectiva honesta, toma su pluma y comienza a escribir Eclesiastés para compartir lo que ha aprendido. Al igual que un ensayo que comienza con "Ojalá supiera entonces lo que sé ahora", el anciano rey examina la brutal realidad de la vida que se vive intentando derivar significado de los placeres y experiencias terrenales, lo que él llama vivir "debajo del sol", y dice que todo fue inútil. Pero luego señala la alternativa, vivir "por encima del sol", e invita a sus lectores a aprender de los errores que ha cometido y elegir un camino diferente, un mundo diferente. Nos invita a vivir con la vista en la eternidad.

La Batalla de Dos Mundos

Mientras estamos en la tierra, somos seres incompletos con un anhelo insaciable de plenitud. Después de la muerte, los dos mundos distintos se unirán. Pablo describe esto como el cumplimiento de lo que comenzó en la tierra: "Ahora vemos las cosas de manera imperfecta, como reflejos desconcertantes en un espejo, pero entonces veremos todo con perfecta claridad. Todo lo que sé ahora es parcial e incompleto, pero entonces lo sabré todo completamente, así como Dios ahora me conoce completamente" (1 Corintios 13:12, NTV). Y aunque no conocemos todos los detalles, tenemos esta promesa a la cual aferrarnos: "El cuerpo que se siembra es corruptible, pero resucitará incorruptible; se siembra en deshonra, resucitará en gloria; se siembra en debilidad, resucitará en poder; se siembra cuerpo natural, resucitará cuerpo espiritual" (1 Corintios 15:42-44, NVI).

> La clave para vivir en la tierra como en el cielo es darnos cuenta de que, como creyentes, en realidad, vivimos en dos mundos diferentes al mismo tiempo.

Pero por ahora, es como si hubiera un tira y afloja entre lo visible y lo invisible, entre lo temporal y lo eterno. La clave para vivir en la tierra como en el cielo es darnos cuenta de que, como creyentes, en realidad, vivimos en dos mundos diferentes al mismo tiempo. Uno es el mundo físico, el otro, espiritual. Como escribe Pablo en Filipenses 3:20, "Nuestra ciudadanía está en los cielos", y vivir como tal requiere que establezcamos nuestra mente "en las cosas de arriba, no en las de la tierra" (Colosenses 3:2).

Al mirar hacia arriba, recordamos que fuimos hechos para otro mundo. Este mundo roto y desordenado no es nuestra dirección final. La eternidad es nuestro destino. Pero la eternidad no es solo nuestro destino futuro, es nuestra realidad presente. Cuando vivimos con la vista en la eternidad, nos damos cuenta de que esta vida no es todo lo que existe. El plan de Dios es llevarnos a un mundo que está más allá de nuestra imaginación salvaje. Mientras tanto, Él está utilizando las dificultades de este mundo presente para prepararnos para el próximo. Como escribe Tripp, "Dios usa las presiones del presente para convertirnos en el tipo de individuos con quienes elegiría pasar la eternidad". [5] Y continúa:

> Dios también sabe que no estamos preparados para el mundo que está por venir. Hay formas en las que todavía estamos demasiado impresionados con nuestra propia sabiduría, fuerza y rectitud. Todavía luchamos por amar al Creador más que a la creación. Todavía queremos salirnos con la nuestra y escribir nuestras propias reglas. Así que hay cambios importantes de carácter que la gracia necesita obrar en nosotros para prepararnos para nuestro destino final. [6]

Sin embargo, por Su bondad y gracia, Él nos permite experimentar una muestra suficiente de la gloria que está por venir, que independientemente de la dificultad que podamos enfrentar hoy, sepamos que Dios está en el proceso de reubicarnos en un lugar donde el sufrimiento del presente ya no existirá.

Hasta Entonces... Viviendo con La Esperanza Presente

Hasta entonces, como creyentes, podemos vivir con una esperanza siempre presente para el futuro. Sabemos cómo termina la historia. La canción de Phil Wickham, "Himno de los Cielos", nos recuerda la victoria venidera, nos alienta y nos llena de esperanza a la que podemos aferrarnos hoy. Me encanta especialmente el poder de la frase: "El día vendrá, ante Él nos postraremos". Cuando los días son duros, cuando la vida es solitaria, cuando las noches están llenas entre lágrimas, me recuerdo a mí mismo: "¡El día vendrá!"

> *Cuánto anhelo el aire de los cielos,*
> *No hay dolor y su gracia reinará,*
> *Contemplar al que sangró al salvarme,*
> *Y andar con Él por la eternidad.*
>
> *Toda oración que hicimos en angustia,*
> *Toda canción*
> *elevada en aflicción,*

podremos ver que al fin valió la pena.
Al Él regresar a enjugar mis lágrimas

En ese día cuando resucitemos,
lado a lado con los héroes de la fe.
A una voz de mil generaciones,
Cantar: "¡Digno es el Cordero de Dios!"

El día vendrá,
¡Ante Él nos postraremos!
El día vendrá
La muerte cesará
Cara a cara estar,
Con quien murió y resucitó.
¡Santo, santo es el Señor!

Cantemos hoy con fe
El himno de los cielos
Con ángeles cantar,
Gritamos a una voz
Gloria a nuestro Rey,
Que vida eterna Él nos dio
¡Santo, santo es el Señor! [7]

"El día vendrá" en que Dios habitará entre su pueblo, "ellos serán su pueblo, y Dios mismo estará entre ellos" y hará "nuevas todas las cosas" (Apocalipsis 21:3, 5).

"El día vendrá" en que no habrá más maldición, ni alienación, ni vergüenza. Desaparecidas serán las cosas que estropeen la vida tal como la conocemos actualmente: "Ya no habrá muerte; allá ya no habrá más luto, ni llanto, ni dolor" (Apocalipsis 21:4).

"El día vendrá" en que la paz y la armonía serán restauradas y los creyentes de todas las épocas y naciones vivirán en perfecta comunión entre sí.

"El día vendrá" en que todas nuestras luchas terrenales llegarán a su fin, y cada sueño que nunca hemos podido expresar con palabras finalmente se hará realidad. Como los narnianos, podremos decir: "¡Por fin he llegado a casa! ¡Este es mi verdadero país! Pertenezco aquí. Esta es la tierra que yo he estado buscando toda mi vida, aunque nunca lo supe hasta ahora". [8]

"El día vendrá" en que adoraremos al Dios Triuno con todo nuestro ser a medida que nuestra fe da lugar a esta vista indescriptible:

> El trono de Dios y del Cordero estarán en [la ciudad], y sus siervos...verán Su rostro y su nombre estará en sus frentes. Y ya no habrá noche; y no tendrán necesidad de la luz de una lámpara ni de la luz del sol, porque el Señor Dios los iluminará; y reinarán por los siglos de los siglos (Apocalipsis 22:3-5).

Hasta entonces, ¿cómo debería impactar en nuestro hoy el conocimiento de que "el día vendrá"?

Cada año, el pueblo judío concluye su Seder de Pascua con la oración esperanzadora: "El próximo año en Jerusalén", expresando el profundo anhelo por la llegada del Mesías, Aquel que traerá finalmente paz y restauración a Jerusalén. Esta oración expresa la anticipación de que quizás el próximo año, aquellos que han sido extranjeros y exiliados en la tierra durante tanto tiempo finalmente regresarán a su prometida casa para siempre.

Quizás esas cinco palabras, "El Próximo año en Jerusalén", captan mejor la esperanza expectante con la que nosotros, como creyentes, debemos anclar nuestros días en la tierra mientras esperamos la segunda venida del Mesías. Como el autor de Hebreos nos recuerda: "Porque no tenemos aquí una ciudad duradera, sino que buscamos la ciudad venidera" (13:14). Al igual que la diáspora judía, debemos vivir hoy a la luz de aquel día, el día en que nos encontremos como en casa en la "nueva Jerusalén" (Apocalipsis 21:2), el lugar donde, por fin, todos los anhelos de nuestro corazón serán satisfechos.

Pero hasta entonces, mientras vivimos aquí en el estuario de la tierra mezclado con el cielo, fijemos nuestras mentes en la tarea de permitir que las semillas de la eternidad plantadas en nuestros corazones echen raíces y crezcan, y entregarnos a la "esmoltificación" espiritual mientras nos preparamos aquí para vivir allá. Mantengamos en primer plano en nuestras mentes las palabras de A.W. Tozer, "El cristiano es una persona del cielo viviendo temporalmente en la tierra". [9]

Sí, el día vendrá. Y será glorioso. Pero por hoy, "gritemos el Himno de los Cielos" y "levantemos un poderoso rugido" mientras traemos el cielo a nuestro presente y vivimos *Con la Vista en la Eternidad.*

*El más verdadero de todos los hombres fue el Varón de Dolores,
y el más verdadero de todos los libros es el de Salomón,
y Eclesiastés es el fino acero martillado de la aflicción.* [1]
~ Herman Melville

Durante siglos, la humanidad se ha sentido atraída por el libro de Eclesiastés para extraer sus vastos tesoros. El poeta y predicador del siglo XVII, John Donne, descubrió que el mensaje de Eclesiastés hablaba de su lucha como hombre pecador que vivía en un mundo pecaminoso. Donne sintió una conexión extraordinaria con el libro, en parte, porque el autor "no oculta ninguno de sus propios pecados" y "derrama su propia alma en ese libro". [2] El famoso autor Herman Melville (citado anteriormente) revisó con frecuencia los once capítulos de Eclesiastés. Ernest Hemingway quedó cautivado por el libro. El título de su novela, The Sun Also Rises, proviene de Eclesiastés 1:5, y utilizó Eclesiastés 1:5-7 como epígrafe. Abraham Lincoln también citó ese pasaje en un discurso que pronunció ante el Congreso en 1862. El novelista estadounidense Thomas Wolfe llamó a Eclesiastés "el escrito más grande que he conocido". [3] Edith Wharton, la primera mujer en ganar un premio Pulitzer de ficción, encontró el título de su novela de 1905, La casa de la alegría, en Eclesiastés 7:4. El autor moderno, John Grisham, tomó el título de su libro, Tiempo de matar, de Eclesiastés 3:3.

Eclesiastés también ha inspirado la escritura de piezas musicales. Johannes Brahms, uno de los compositores más destacados del siglo XIX, utilizó pasajes de Eclesiastés 3:19 y 4:1-3 en su obra clásica, "Cuatro canciones serias". La banda de rock irlandesa U2 utilizó Eclesiastés como inspiración para su canción "The Wanderer". ¿Y quién puede olvidar el éxito taquillero de The Byrds, "Turn, Turn, Turn", con casi letras textuales de Eclesiastés 3:2-8?

¿Qué tiene Eclesiastés que llama tanto la atención a creyentes como a incrédulos? Es la sabiduría y la esperanza que se encuentran en sus páginas. Escrito por un hombre que cree en Jehová, el autor comparte su peregrinaje por callejones sin salida en busca del significado aparte de Dios y su eventual descubrimiento de que la vida sólo se disfruta en Su presencia. G. Campbell Morgan capta la esencia del viaje del escritor:

> Este hombre había estado viviendo todas estas experiencias debajo del sol, sin preocuparse por nada más que el sol... hasta que llegó un momento en el que había visto toda la vida. Y había algo encima del sol. Sólo cuando un hombre tiene en cuenta lo que está encima del sol así como lo que está debajo del sol, las cosas debajo del sol se ven en su verdadera luz. [4]

Las verdades eternas que encontró el autor de Eclesiastés transformaron su vida y, si las permitimos, harán lo mismo con nosotros: recalibrarán nuestras vidas con esperanza a medida que aprendamos a mirar más allá de esta vida hacia la eternidad.

El Autor

El autor de Eclesiastés se identifica en Eclesiastés 1:1 con la palabra hebrea qoheleth, traducido como "Maestro" o "Predicador". [5] Aunque el libro nunca menciona al autor por su nombre real, la evidencia bíblica, junto con la tradición cristiana y judía, sugieren que el rey Salomón escribió Eclesiastés durante los últimos años de su vida. Aunque algunos eruditos modernos han sugerido que Eclesiastés fue escrito sobre Salomón, pero no por Salomón, varios detalles sobre el autor a lo largo del libro mencionan hechos biográficos que se correlacionan con el tercer rey de Israel:

- El autor utiliza los títulos "hijo de David" (1:1), "rey en Jerusalén" (1:1) y "rey sobre Israel en Jerusalén" (1:12) para identificarse.

- Agrega que es la persona más sabia que jamás haya gobernado sobre Jerusalén (1:16).

- Es una persona que ha coleccionado muchos proverbios (1:1, 16; 12:9).

- Continúa describiéndose como alguien que ha construido grandes proyectos (2:4-6), ha acumulado grandes riquezas (2:7-8) y posee un gran harén (2:8b).

- El autor resume su descripción personal con estas palabras: "Entonces me hice grande y aumenté más que todos los que me precedieron en Jerusalén. Mi sabiduría también se mantuvo firme en mí" (2:9).

Salomón siguió a su padre David en el trono de Jerusalén como el único hijo davídico que gobernó a Israel desde allí. Fue el hombre más sabio del mundo durante el tiempo que vivió (1 Reyes 4:29-30). Como rey con reputación de ser el más sabio y rico, vivió la trama del libro, lo que lo convirtió en la elección plausible como escritor de Eclesiastés.

¿Quién fue Salomón?

Salomón fue el décimo hijo del rey David, el segundo hijo de David y Betsabé (que estaba previamente casada con Urías heteo, a quien David había matado para encubrir su adulterio con ella). Cuando Salomón nació, Dios le dio un nombre especial, Jedidiah, que significa "amado del Señor". [6] Incluso antes de que David conociera y se casara con Betsabé, Dios ya le había dado al rey varias profecías sobre su hijo que aún estaba por nacer (2 Samuel 7:12-16):

- Salomón, no David, construiría el templo de Dios.

- Salomón tendría una relación especial de padre e hijo con Dios.

- La bondad amorosa de Dios no se apartaría de Salomón como sucedió con Saúl.

- A través de Salomón, el reino de David se establecería para siempre.

Aunque Salomón no era el siguiente en ascender al trono, se convirtió en rey de Israel cuando su madre y el profeta Natán intervinieron en su favor poco antes de la muerte de su padre (1 Reyes 1:11-37). Salomón fue el tercer rey de Israel, después de Saúl y David; fue el último rey que reinó en el Reino Unido.

Su Sabiduría

Después de que Salomón ascendió al trono, viajó a Gabaón para buscar a Dios. Allí Dios le habló y le prometió darle todo lo que pidiera. Salomón reconoció su incapacidad para gobernar bien a Israel y le pidió a Dios la sabiduría que necesitaba para gobernar al pueblo de Dios. Dios le concedió sabiduría y mucho más:

> Porque tu mayor deseo es ayudar a tu pueblo, y no pediste riquezas, fama, ni siquiera la muerte de tus enemigos ni una larga vida, sino que pediste sabiduría y conocimiento para gobernar adecuadamente a mi pueblo – lo haré. ciertamente te daré la sabiduría y conocimiento que pediste. ¡Pero también te daré riquezas y fama como ningún otro rey ha tenido antes que tú ni tendrá en el futuro! (2 Crónicas 1:11-12, NTV)

Durante su reinado, la reputación de sabiduría de Salomón se extendió cuando Dios lo hizo "más grande que todos los reyes de la tierra en riquezas y en sabiduría" (1 Reyes 10:23). En consecuencia, gobernantes de todo el mundo lo visitaron para "oír la sabiduría que Dios había puesto en su corazón" (2 Crónicas 9:23). Dios también bendijo a Salomón con paz por todos lados durante la mayor parte de su reinado (1 Reyes 4:20-25).

Su Riqueza

Aunque Salomón recibió un legado considerable de su padre, David, no solo vivió de su herencia. Dios le había prometido riquezas y, como siempre, Dios es fiel a Su Palabra. La fortuna acumulada por Salomón incluye:

El Tesoro de Salomón	
Plata	1 Reyes 10:22; 2 Crónicas 9:14, 21, 24
Oro	1 Reyes 10:10-11, 14, 22; 2 Crónicas 9:10, 14, 21, 24
Piedras preciosas	1 Reyes 10:10-11; 2 Crónicas 9:10
Hermoso y fragante sándalo (algum)	1 Reyes 10:11; 2 Crónicas 9:10-11
Especias	1 Reyes 10:10-11, 25; 2 Crónicas 9:24
Marfil	1 Reyes 10:22; 2 Crónicas 9:21
Las mejores ropas y armaduras	1 Reyes 10:25; 2 Crónicas 9:24
Animales importados	Simios (1 Reyes 10:22; 2 Crónicas 9:21) Pavos reales (1 Reyes 10:22; 2 Crónicas 9:21)
Alimentos abundantes y exóticos	1 Reyes 4:22-23; 10:5
Caballos y mulas	1 Reyes 4:26; 2 Crónicas 9:24-25

En términos del siglo XXI, se estima que el patrimonio neto de Salomón rondaba los 2 billones de dólares. [7] Como comparación actual, en 2021, el patrimonio neto de Arabia Saudita (la 24ª nación más rica del mundo) era de 2,07 billones. [8] Si Salomón hubiera vivido en 2024, habría superado a todos los demás en la lista Forbes de las personas más ricas... ¡por cientos de miles de millones de dólares!

La riqueza de Salomón se extendió más allá de su fortuna personal e impactó a todo Israel: "Hizo el rey plata y oro en Jerusalén como piedras, y cedros como sicómoros" (2 Crónicas 1:15). Israel fue tan próspero durante el reinado de Salomón que los historiadores a menudo se refieren a este tiempo como la "edad de oro" de Israel.

Sin embargo, gran parte de la riqueza que acumuló Salomón fue una violación de lo que Dios había instruido a Israel con respecto a su rey:

> Además, no aumentará para sí caballos, ni hará que el pueblo vuelva a Egipto para multiplicar caballos, ya que el Señor os ha dicho: Nunca haréis de nuevo regresa por ese camino". No tendrá muchas mujeres para sí, no sea que su corazón se desvíe; ni aumentará mucho la plata y el oro para sí (Deuteronomio 17:16-17).

Y, en caso de que se lo pregunte, Salomón, de hecho, envió gente a Egipto para traer caballos. (2 Crónicas 9:28). ¡Estoy bastante seguro de que Dios no tenía la intención de que su "lista de cosas que no hacer" se convirtiera en la "lista de deseos" de Salomón! Más sobre eso por venir.

Su Trabajo

Durante su reinado de 40 años, Salomón gobernó toda la región al oeste del río Éufrates y tenía paz en sus fronteras. Construyó varias ciudades en la región de Zobah (la actual Siria) para atender militares, administrativos y asuntos comerciales. Estas ciudades permitieron a Israel controlar las rutas comerciales al norte de la tierra prometida. También fortificó Bet-horón arriba y Bet-horón abajo, ciudades cerca de Jerusalén que eran vitales para su defensa y custodiaban las rutas comerciales de Jerusalén al mar Mediterráneo (2 Crónicas 8:1-6).

Bajo Salomón, Israel también entró en el comercio marítimo con la ayuda de Hiram, rey de Tiro, el compañero de negocios de Salomón. Al construir una flota de barcos, viajó hasta Ofir para extraer oro y otros metales valiosos. Su empresa fue un gran éxito: Israel obtuvo 450 talentos de oro, el equivalente a 16 toneladas (2 Crónicas 8:17-18, HCSB).

Además de construir ciudades enteras, Solomon también completó otros proyectos de construcción que incluyen su palacio (una empresa de 13 años) y un palacio para la hija del Faraón, una de sus esposas (2 Crónicas 8:11).

El proyecto de construcción más importante de Salomón fue la construcción del templo de Jerusalén, que comenzó durante el cuarto año de su reinado. Utilizando las instrucciones y materiales que recibió de su padre David, el templo

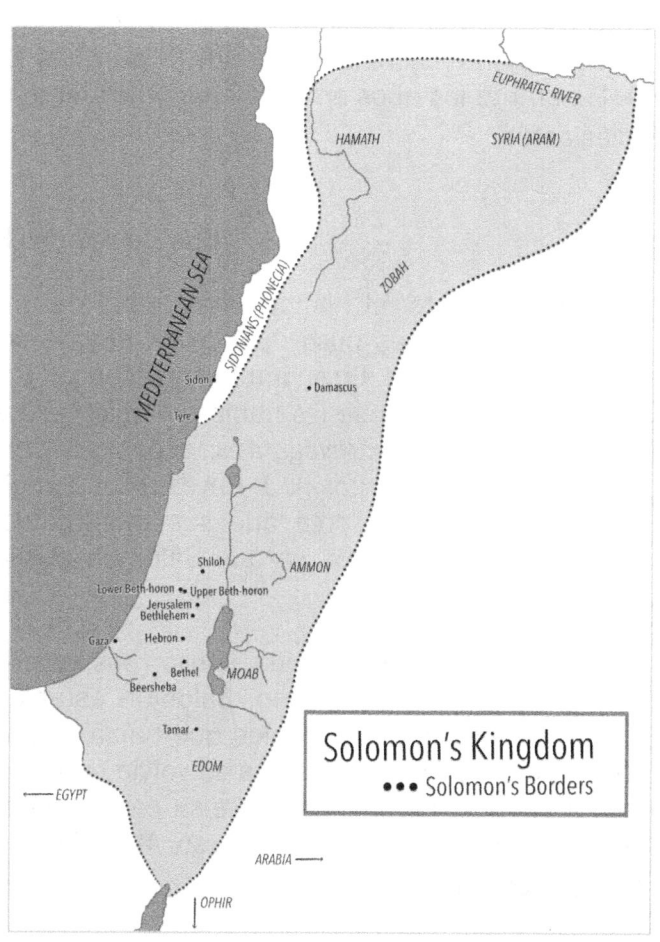

Introducción | 21

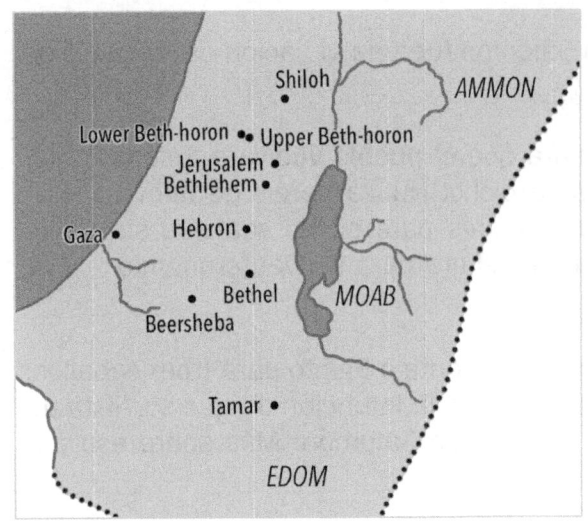

se completó en siete años con una fuerza laboral de más de 150.000 hombres. Si bien el templo fue construido de manera extravagante con cedro recubierto de oro, muebles lujosos y un valioso tesoro (piense en la bóveda de un banco), el tamaño real de la estructura tenía sólo 90 pies de largo, 30 pies de ancho, y 45 pies de alto. [9] Los detalles de la construcción del templo están registrados en 2 Crónicas 2-5 y 1 Reyes 5-6. Según el historiador judío del primer siglo, Flavio Josefo, "el templo fue quemado cuatrocientos setenta años, seis meses y diez días después de su construcción". [10] La estructura data del siglo X a.C. hasta que el rey Nabucodonosor lo destruyó a principios del siglo VI a.C.

Sus Escritos

Entre todos sus otros logros, Salomón también fue un escritor prolífico. Escribió 3.000 proverbios y compuso 1.005 cánticos (1 Reyes 4:32). Su sabiduría y vasto conocimiento le proporcionaron un pozo profundo del que sacar provecho en sus escritos. Bajo la inspiración del Espíritu Santo, a Salomón se le atribuye haber escrito el Salmo 72, el Salmo 127, Proverbios 1-29, Eclesiastés y Cantar de los Cantares. Warren Wiersbe afirma: "Salomón probablemente escribió Proverbios (Proverbios 1:1; 1 Reyes 4:32) y el Cantar de los Cantares (1:1) durante los años en que caminó fielmente con Dios, y cerca del final de su vida, escribió Eclesiastés." [11]

Sus Decisiones Equivocadas

Lamentablemente, el hombre más sabio del mundo antiguo se enamoró de las cosas del mundo que Satanás puso delante de él y se convirtió en un idólatra hambriento de poder, lujurioso y codicioso. En su autocomplacencia, Salomón terminó haciendo exactamente lo que a los reyes de Israel se les había prohibido expresamente hacer en Deuteronomio 17:14-20: acumuló riquezas extravagantes, esposas y concubinas (una pareja sexual con un estatus inferior al de una esposa). 1 Reyes 11:1-3 registra que Salomón tuvo 700 esposas y 300 concubinas. Wiersbe nota que sus matrimonios "fueron motivados principalmente por la política, no por el amor, ya que Salomón buscaba alianzas con las naciones alrededor de Israel". [12]

Para pagar su estilo de vida lujoso, sus extensos proyectos de construcción y los gastos relacionados con el gobierno, Salomón estableció doce distritos fiscales (1 Reyes 4:7-19), ignorando los límites originales que habían sido creado para las doce tribus de Israel. Pero, con el tiempo, "todo el sistema se volvió opresivo y corrupto". [13] Fuera de Israel, Salomón era muy admirado, pero no así entre su propio pueblo, que llevaba la peor parte de sus políticas de altos impuestos y trabajo forzoso. Al final de su vida, su reputación entre el pueblo de Israel decayó seriamente.

Y si todas esas decisiones equivocadas no fueran lo suficientemente malas, Salomón construyó altares a los dioses paganos de sus esposas extranjeras en las colinas que rodean a Jerusalén (1 Reyes 11:4-8). Salomón se casó con mujeres de las mismas naciones con las que Dios había dicho a los israelitas que no se casaran (1 Reyes 11:2). Estas mujeres "desviaron su corazón tras dioses ajenos; y su corazón no estaba del todo dedicado a Jehová su Dios, como había sido el corazón de David su padre" (1 Reyes 11:4). Y no sólo construyó los altares, sino que también se unió a sus esposas en la adoración pagana.

Debido al pecado de Salomón, Dios retiró su mano de bendición del rey (1 Reyes 11:9-13). Su desobediencia a Dios no sólo afectó su experiencia personal, sino que también puso a Israel en el camino hacia la ruina. Dios le dijo a Salomón que le iba a quitar el reino, pero por amor a su padre, David, no lo haría mientras aún estuviera vivo. Dios también prometió no arrancar todo el reino. Sin embargo, durante el resto de la vida de Salomón, la paz con la que Dios había bendecido a Israel se disipó cuando Dios levantó adversarios contra Israel (1 Reyes 11:14-25). Jeroboam, quien se convertiría en el primer rey de Israel después de la división del reino, también comenzó a rebelarse contra Salomón pero finalmente huyó (1 Reyes 11:26-40). Después de la muerte de Salomón, el reino fue dividido durante el reinado de su hijo Roboam (1 Reyes 12).

La historia completa de Salomón se puede leer en 2 Samuel 12:24-25, 1 Reyes 1-11 y 2 Crónicas 1-9.

La Fecha

Lo más probable es que Salomón escribiera Eclesiastés alrededor del año 935 a.C., en los años previos a su muerte en el 931 a.C. El siglo X a.C. es la Era del Reino en las Escrituras, una época en la que Israel floreció bajo el liderazgo de los hombres que Dios levantó para gobernar a su pueblo.

El Género

Eclesiastés es uno de los libros de la literatura sapiencial del Antiguo Testamento y comparte características con Proverbios, Job y el Cantar de los Cantares (algunos eruditos también incluyen los Salmos en este género). Sean O'Donnell explora las similitudes en la literatura sapiencial:

> Hay una gran cantidad de poesía. Hay montones de paralelismos (sinónimos, antitéticos, sintéticos e invertidos), así como muchas metáforas, símiles, hipérboles, aliteraciones, asonancias y otros maravillosos juegos de palabras. Incluso podría haber onomatopeyas. Hay proverbios. Hay narraciones breves con finales puntiagudos, parecidos a parábolas. Hay advertencias prácticas. Hay estribillos de calidad rítmica. Hay preguntas retóricas. Hay términos clave compartidos, como sabiduría, locura e hijo mío. Hay conceptos compartidos, como el temor de Dios. [14]

Los libros de sabiduría proporcionan precisamente eso: sabiduría práctica y conocimientos para guiar nuestras vidas. Eclesiastés es también la historia de la vida real de la búsqueda de Salomón del significado y propósito en la vida. Sinceramente, el rey comparte sus luchas por comprender a Dios, el sufrimiento, la injusticia y la vida después de la muerte. Hablando desde su experiencia personal, Salomón cuenta los callejones sin salida que encontró en su búsqueda de satisfacción aparte de Dios y advierte a sus lectores que no cometan los mismos errores.

Al leer Eclesiastés, es importante comprender el tiempo de Salomón en la historia redentora. Cuando se escribió Eclesiastés, las únicas partes de la Biblia que existían eran la Ley (Génesis, Éxodo, Levítico, Números y Deuteronomio), Josué, Jueces, probablemente 1 y 2 Samuel y algunos de los Salmos. Durante la vida y el reinado de Salomón, Israel estaba en una relación de pacto con Dios. Él había cumplido su promesa de llevarlos a la Tierra Prometida y los estaba convirtiendo en una nación próspera.

Dios también les había prometido un Libertador que aplastaría al enemigo (Génesis 3:15). Dios expandió en Su promesa a través de un pacto que hizo con el padre de Salomón, David. En este pacto incondicional, Dios prometió que el Mesías vendría del linaje de David y de la tribu de Judá. Este Rey venidero no sólo liberaría al pueblo de Dios, sino que también establecería un Reino que perduraría para siempre. Siglos más tarde, el Mesías sería revelado como el Hijo de Dios, Jesús. Pero durante el tiempo que vivió Salomón, la nación de Israel todavía estaba esperando la llegada del Mesías prometido.

Tener presente que Salomón no conocía el panorama completo del plan redentor de Dios, nos ayuda a comprender por qué luchó con tantas preguntas sobre el significado de la vida y lo que sucede después de la muerte. Al final, todas las preguntas de Salomón nos señalan nuestra necesidad de Jesús y cambian nuestra perspectiva de lo temporal a lo eterno.

El Mensaje

Cada año, el pueblo judío leía (y todavía lee) Eclesiastés durante la Fiesta de los Tabernáculos. Esta fiesta fue establecida por Dios como una manera de recordatorio a los israelitas en cada generación de su liberación de Egipto:

> "El día quince del mes séptimo, cuando hayan recogido el fruto de la tierra, celebrarán la fiesta del Señor por siete días, con reposo en el primer día y reposo en el octavo día. "Y el primer día tomarán para ustedes frutos de árboles hermosos, hojas de palmera y ramas de árboles frondosos, y sauces de río; y se alegrarán delante del Señor su Dios por siete días. "Así la celebrarán como fiesta al Señor por siete días en el año. Será estatuto perpetuo para todas sus generaciones; la celebrarán en el mes séptimo. "Habitarán en tabernáculos por siete días; todo nativo de Israel vivirá en tabernáculos, para que sus generaciones sepan que Yo hice habitar en tabernáculos a los israelitas cuando los saqué de la tierra de Egipto. Yo soy el Señor su Dios""." (Levítico 23:39-43, NBLA)

La Fiesta de los Tabernáculos se centró en el contraste entre lo temporal y lo permanente. Durante siete días, los judíos construían refugios frondosos (conocidos como cabañas o tabernáculos) y vivían en ellos. Si bien el follaje de las casetas era hermoso al comienzo del festival, al final comenzaba a deteriorarse y desmoronarse y ya no podían proporcionar un refugio básico.

Éste es el mensaje de Eclesiastés: Aparte de Dios, toda búsqueda humana es, en última instancia, un camino que lleva a la destrucción. Si bien estos esfuerzos pueden proporcionar una satisfacción temporal, también eventualmente se evaporan en una futilidad sin sentido. Las palabras finales de Salomón en Eclesiastés señalar la única alternativa significativa: "La conclusión, cuando todo ha sido escuchado, es: teme a Dios y guarda sus mandamientos, porque esto es el todo del hombre" (Eclesiastés 12:13). El Catecismo Menor de Westminster capta la esencia del mensaje de Salomón: "El fin principal del hombre es glorificar a Dios y disfrutar de Él para siempre". [15] Al final de su vida, Salomón finalmente descubrió la diferencia entre lo temporal y lo eterno. Y Eclesiastés es el manual de instrucciones que él nos da para que sepamos vivir en la tierra *Con la Vista en la Eternidad.*

Lección Uno

¿De qué trata todo esto?
Eclesiastés 1

En lo profundo de todos nosotros hay un santuario interior Asombroso del alma, un lugar santo, un centro divino, una voz que habla, a la que podemos volver continuamente. La eternidad está en nuestros corazones, presionando sobre nuestras vidas desgarradas por el tiempo, calentándonos con indicios de un destino asombroso, llamándonos a casa desde nuestro ser. [1]
~ Thomas Kelley

Eclesiastés 1

Vanidad de todo esfuerzo

[1] Palabras del Predicador, hijo de David, rey en Jerusalén.

[2] "Vanidad de vanidades", dice el Predicador,

"Vanidad de vanidades, todo es vanidad".

[3] ¿Qué provecho recibe el hombre de todo el trabajo

Con que se afana bajo el sol?

[4] Una generación va y otra generación viene,

Pero la tierra permanece para siempre.

[5] El sol sale y el sol se pone,

A su lugar se apresura. De allí vuelve a salir.

[6] Soplando hacia el sur,

Y girando hacia el norte,

Girando y girando va el viento;

Y sobre sus giros el viento regresa.

[7] Todos los ríos van hacia el mar,

Pero el mar no se llena.

Al lugar donde los ríos fluyen,

Allí vuelven a fluir.

[8] Todas las cosas son fatigosas,

El hombre no puede expresarlas.

No se sacia el ojo de ver,

Ni se cansa el oído de oír.

⁹ Lo que fue, eso será,

Y lo que se hizo, eso se hará;

No hay nada nuevo bajo el sol.

¹⁰ ¿Hay algo de que se pueda decir:

"Mira, esto es nuevo"?

Ya existía en los siglos

Que nos precedieron.

¹¹ No hay memoria de las cosas primeras

Ni tampoco de las postreras que sucederán;

No habrá memoria de ellas

Entre los que vendrán después.

Vanidad del saber

¹² Yo, el Predicador, he sido rey sobre Israel en Jerusalén. ¹³ Y apliqué mi corazón a buscar e investigar con sabiduría todo lo que se ha hecho bajo el cielo. Tarea dolorosa dada por Dios a los hijos de los hombres para ser afligidos con ella. ¹⁴ He visto todas las obras que se han hecho bajo el sol, y he observado que todo es vanidad y correr tras el viento. ¹⁵ Lo torcido no puede enderezarse, Y lo que falta no se puede contar. ¹⁶ Yo me dije: "Yo he engrandecido y aumentado en sabiduría más que todos los que estuvieron antes de mí sobre Jerusalén; mi corazón ha contemplado mucha sabiduría y conocimiento". ¹⁷ Y apliqué mi corazón a conocer la sabiduría y a conocer la locura y la insensatez. Me di cuenta de que esto también es correr tras el viento. ¹⁸ Porque en la mucha sabiduría hay mucha angustia, Y quien aumenta el conocimiento, aumenta el dolor.

¿De qué trata todo esto?

¿Alguna vez te has encontrado mirando hacia el sol, siendo atraído por su radiante belleza? ¿Qué pasa cuando tus ojos regresan a la tierra? Todo lo que ves sigue siendo impactado por el sol. Es como si la luz del sol se convirtiera en un filtro a través del cual ves el mundo que te rodea.

El libro de Eclesiastés es muy parecido a un encuentro con el sol que abre una nueva perspectiva. Cuenta la historia real de un hombre cuya búsqueda de significado y propósito en el aquí y ahora lo dejó vacío. Oh, no es que no supiera que su búsqueda horizontal sería inútil desde el principio. Este hombre vino de un hogar piadoso y creció aprendiendo las cosas de Dios. Cuando era joven, la bendición de Dios estuvo sobre su vida. Pero luego, en algún momento, se desvió en su relación con el Señor. Y no pasó mucho tiempo antes de que su forma de ver la vida quedara ligada a las cosas del mundo. Comenzó a vivir como si este mundo fuera su destino. Ahogó la voz de la eternidad que llamaba desde su corazón (Eclesiastés 3:11) y ajustó su oído a las sirenas del mundo. Pero en el fondo sabía que estaba hecho para más. Dios lo había creado con la eternidad grabada en su alma, y su canción no lo dejaba ir. Eclesiastés es la historia de su búsqueda inútil de significado sin el lente de la eternidad y su eventual llamada de atención.

Su historia nos invitará a ver los lugares donde nuestra historia se cruza con la suya y nos rogará que ampliemos nuestra perspectiva, de modo que "las cosas de la tierra se vuelvan extrañamente oscuras" a medida que comencemos a filtrar la vida *con la vista en la eternidad.*

Lección Uno | Eclesiastés 1

Día Uno | Eclesiastés 1:1

Al comenzar su viaje a través de Eclesiastés, dedique unos momentos a la oración, pidiéndole al Señor que le de sabiduría y comprensión mientras estudia con la ayuda del Espíritu Santo, nuestro Maestro.

Tome una taza de café o un vaso de te, siéntese en un lugar cómodo y lea todo el libro de Eclesiastés de una sola vez. Te tomará unos treinta minutos. El objetivo de esta tarea es obtener una visión panorámica del mensaje general de Eclesiastés.

1. ¿Cuáles son tus impresiones iniciales al leer Eclesiastés?

Si estás algo desconcertado después de tu primera lectura de Eclesiastés, no te impacientes. A medida que profundicemos en nuestro estudio, veremos cuán relevante es este libro para nuestras vidas y nuestros tiempos actuales. Con cruda honestidad, el escritor habla de muchas de las luchas y preguntas que tenemos sobre la vida, Dios, el sufrimiento, la injusticia y el propósito. A través de la combinación única de poesía, narrativa, diálogo y proverbios de Eclesiastés, descubriremos los principios que Dios quiere que aprendamos y apliquemos para que vivamos "no como necios sino como sabios" (Efesios 5:15).

Ahora, pasemos al texto de Eclesiastés 1 al comienzo de esta lección. Este primer capítulo sirve como introducción al libro en su conjunto y al mensaje que el escritor seguirá desarrollando a lo largo de los once capítulos siguientes. Mientras lees el pasaje una vez más, utiliza un marcador azul para marcar las palabras o frases clave. (Una palabra o frase clave es esencial para el texto y el escritor suele repetirla para transmitir su mensaje al lector).

2. La idea central de un pasaje es el tema que surge del texto, un resumen del tema, evento o enseñanza principal cubierto en el pasaje. Al escribir el tema, sea lo más breve posible y utilice palabras del pasaje. ¿Cuál es la idea central de Eclesiastés 1?

La idea central: Eclesiastés 1

32 | Lección Uno

3. Haz una lista de las palabras clave (incluidos sinónimos) que has identificado en Eclesiastés 1.

Palabras claves en Eclesiastés 1

Lea Eclesiastés 1:1.

Aunque Salomón nunca se menciona a sí mismo por su nombre, la descripción que da de sí mismo y las experiencias de vida que describe llevan a la mayoría de los teólogos a atribuirle la autoría. Investiguemos un poco en las Escrituras para obtener una biografía breve de Salomón.

4. Primero, veamos la información que el autor proporciona sobre sí mismo. ¿Qué aprendes sobre el autor en los siguientes pasajes de Eclesiastés?

- Eclesiastés 1:1

- Eclesiastés 1:12

- Eclesiastés 1:16

- Eclesiastés 2:4-9

- Eclesiastés 12:9-10

Varios de los detalles que el autor revela de sí mismo coinciden con lo que sabemos sobre el tercer rey de Israel.

Lección Uno | 33

5. Lea 2 Crónicas 1:1 y Proverbios 1:1. ¿Cuál de los hijos de David reinó después de él?

6. Lea 1 Reyes 3:5-15. ¿Qué aprendiste sobre Salomón en este pasaje?

¿Te imaginas cómo debió haber sido para Salomón escuchar a Dios decir: "Pide lo que quieras que te de" (1 Reyes 3:5)? Salomón pudo elegir entre cualquier cosa y eligió el don de la sabiduría. Su petición agradó a Dios y le fue concedida la sabiduría.

7. Lea 1 Reyes 4:20-34 y 1 Reyes 10:23-25. Resume lo que descubras sobre el reinado de Salomón.

Salomón disfrutó de una vida bendecida durante muchos años. Bajo su gobierno, Israel se hizo conocido en todo el mundo antiguo por su poder y riqueza. Salomón tomó decisiones acertadas y su pueblo lo amaba. La realeza de muchas naciones, incluida la reina de Saba, hizo peregrinaciones a Jerusalén para encontrarse con Salomón y "oír la sabiduría que Dios había puesto en su corazón" (1 Reyes 10:24). Su mayor logro fue construir una morada para Dios y su pueblo: el templo en Jerusalén. Si Salomón hubiera vivido hoy, habría aparecido en la portada de la *Revista People*. ¡Habría sido la Persona del Año de TIME más de una vez!

> Con cada pensamiento, acción y decisión, nos acercamos a Dios o nos alejamos de Él.

Pero luego, en algún momento del camino, Salomón comenzó a desviarse en su relación con Dios.

Si arrojas una ramita a un arroyo, naturalmente flotará con el flujo del agua. Los científicos llaman a ese proceso corriente, "el movimiento del agua de un lugar a otro". [2] En nuestra relación con Dios, nunca nos acercaremos pasivamente a Él. Las corrientes naturales de nuestra alma pecadora nos empujan en la dirección opuesta. Para avanzar en la dirección de Dios, tenemos que nadar contra la corriente. No podemos simplemente flotar en el lugar. Con cada pensamiento, acción y decisión, nos acercamos a Dios o nos alejamos de Él. (Haga una pausa y piense en eso por un momento).

Con Salomón, las malas decisiones comenzaron a acumularse, hasta que finalmente, "su corazón se alejó del Señor" (1 Reyes 11:9).

8. Lea 1 Reyes 11:1-13.

- ¿De qué manera se alejó Salomón de Dios? (vv. 1-8)

- ¿Cuál fue la respuesta de Dios al pecado de Salomón? (vv. 9-13)

La deriva de Salomón hacia las cosas del mundo lo llevó a transigir y atrofiar espiritualmente. Danny y Jon Akin resumen la caída de Salomón:

> Violó los mandatos reales de Deuteronomio 17 y acumuló posesiones y mujeres para sí. Tuvo setecientas esposas y trescientas concubinas (1 Reyes 11:3). Las mujeres extranjeras con las que se casó alejaron su corazón de Yahweh y lo acercaron a dioses falsos (1 Reyes 11:1-8). No se negó a sí mismo nada de lo que quería. [3]

Durante una temporada, la vida de Salomón podría caracterizarse como una persecución de lo siguiente que pensó que le traería satisfacción. Pero lo siguiente nunca fue suficiente. Ningún placer, posesión o persona podría llenar el vacío de la vida sin Dios.

Ahora, con más años detrás de él que por delante, Salomón toma su pluma y confronta honestamente los restos de los años desperdiciados, advirtiendo a sus lectores sobre el peligro de buscar lo temporal en lugar de lo eterno.

Al abrir su libro, Salomón se refiere a sí mismo como "el Predicador", la palabra hebrea *qohelet* (v. 1). En griego, la palabra se traduce ecclesia, que significa líder de una congregación, un pastor. [4] A lo largo de la historia de Israel, el rey solía reunir al pueblo. Salomón había adoptado este papel anteriormente en su reinado cuando reunió al pueblo en la dedicación del templo (1 Reyes 8:1-5), y es un papel al que ahora ha regresado al reunir al pueblo para enseñarles desde su experiencia personal. Salomón, el rey sabio, ha regresado, deseoso de que otros aprendan de sus errores en lugar de cometerlos por su cuenta. Los doce capítulos de Eclesiastés son palabras de un pastor que representa al Pastor divino y se dirige al pueblo de Dios. Jeffrey Myers explica:

> Lo que tenemos aquí en el libro que llamamos Eclesiastés es la cúspide de la sabiduría de Salomón; no la pseudo-sabiduría de un Salomón apóstata. Esta es la sabiduría de Salomón mientras ocupa el oficio de pastor de Israel, mientras habla en nombre del Jefe de los Pastores. [5]

Divinamente inspirado por el Espíritu Santo, Eclesiastés es la Palabra de Dios para su pueblo, transmitida a través de Salomón, para darnos la sabiduría que necesitamos para vivir para el cielo mientras estamos en la tierra, para vivir *con la eternidad en mente.*

*La sabiduría multiplicará tus días y añadirá años a tu vida.
Si te vuelves sabio, serás tú quien se beneficie.
Si desprecias la sabiduría, serás tú quien sufra.*
Proverbios 9:11-12, NTV

Día Dos | Eclesiastés 1:2

Salomón no pierde tiempo en llegar al tema central de Eclesiastés con su inflexible declaración: 'Vanidad de vanidades', dice el Predicador, '¡Vanidad de vanidades! Todo es vanidad'" (v. 2). Dado que nos cruzaremos con la palabra "vanidad" cerca de cuarenta veces a lo largo de este libro, nos ayudará a familiarizarnos con ella. Cuando escuches la palabra "vanidad", puedes pensar en un mueble con un espejo. O tal vez la palabra te recuerde a alguien con un ego desmesurado. Indique el éxito de 1972 de Carly Simon, "You're So Vain". [6] Pero en el siglo X a.C., "vanidad" tenía un significado diferente.

La palabra hebrea para vanidad que Salomón usa cinco veces en Eclesiastés 1:2 es *hevel*, que significa "vacío, inutilidad, vapor". [7] En Proverbios 21:6, *hevel* se traduce como "vapor fugaz". Es como la niebla que se posa en el valle en una fresca mañana de primavera y luego se disipa con la salida del sol. *Hevel* me recuerda la personificación de la niebla en el poema de Carl Sandburg:

> "Niebla"
> viene la niebla
> sobre pequeños pies de gato.
> se sienta mirando
> sobre el puerto y la ciudad
> en cuclillas silenciosas
> y luego sigue adelante. [8]

Lea el poema de Sandburg una vez más, esta vez reemplazando "La niebla" por "Una vida". Una vida "viene... y luego sigue adelante". *Hevel*.

Salomón ya no se deja atrapar por las pretensiones del mundo. Mientras el rey se sienta en su palacio, pensando en su vida fugaz, tal vez recuerde las palabras de su padre, David, en el Salmo 39:

> He aquí, has hecho mis días como palmos, y mi vida como nada delante de ti; Seguramente cada hombre en su mejor momento es un simple **suspiro**. (v.5)

> Con represiones castigas al hombre por su iniquidad; consumes como polilla lo que para él es precioso; seguramente cada hombre es un mero **soplo**. (v. 11) [énfasis mío]

1. Lea Salmo 62:9 y Salmo 144:4. ¿Qué palabra en español corresponde a *hevel* en estos versículos?

Lección Uno | 37

Ahora, tómate un momento. Inhala, exhala. En el calendario de la eternidad, así de rápido pasa la vida. *Hevel* lleva consigo la idea de que la vida en la tierra es temporal y desaparece rápidamente. Es como tu aliento en un día frío que flota por un momento y luego desaparece.

2. Lea Santiago 4:14. Basándose en esta misma imagen verbal, ¿cómo describe Santiago la vida?

Hevel también se usa en las Escrituras en relación con la idolatría. En Jeremías 10:15, el profeta describe a los ídolos como *hevel*, que se traduce como "inútiles" en la mayoría de las traducciones modernas:

> [Los ídolos] son **vanidad**, obra de burla; en el tiempo de su castigo perecerán [énfasis mío].

Encontramos el mismo significado en Zacarías 10:2 (NTV):

> Los dioses domésticos dan consejos **inútiles**, los adivinos solo predicen mentiras y los intérpretes de sueños pronuncian falsedades que no brindan consuelo [énfasis mío].

Cuando buscamos satisfacción y significado en cualquier cosa creada en lugar de nuestro Dios Creador, es idolatría, incluso si es algo bueno. Akin y Akin señalan acertadamente: "Una cosa buena convertida en algo divino se convierte en algo malo. Se convierte en un ídolo". [9]

3. ¿Cuáles son algunos ejemplos de las vanidades/ídolos/heveles que perseguimos hoy? (Recuerde, algunas de estas cosas pueden ser "cosas buenas". Lo que es "algo bueno" para uno, puede ser "algo divino" para otra persona).

Plantador de semillas

Esta semana, busque la oportunidad de comenzar una presentación del Evangelio preguntándole a alguien: "¿Dónde encuentras sentido a la vida?" (Una posible transición a la pregunta podría ser contarle a la persona lo que está aprendiendo de su estudio de Eclesiastés). Escuche atentamente su respuesta y luego comparta cómo encontró sentido a la vida a través de su relación con Cristo. Continúe con: "¿Alguna vez has hecho ese tipo de compromiso con Cristo o es algo en lo que todavía estás trabajando?" Si el Señor abre la puerta para compartir el evangelio, ¡salta sobre ella!

En este momento, puede parecer que estas cosas traen felicidad y significado a la vida, pero nunca son suficientes. Y nunca duran. Son como un vapor, un aliento, una niebla: temporales y de corta duración. Cualquier intento de encontrar satisfacción en la vida apartado de Dios es como un castillo de arena que pronto da paso al mar. Y aunque sabemos que esto es cierto en nuestras cabezas, nuestros corazones engañosos todavía nos desvían, tal como lo han hecho desde el principio de los tiempos.

Cuando Dios creó el Jardín del Edén como hogar para Adán y Eva, lo miró y vio que "era muy bueno" (Génesis 1:31). Dios diseñó creativamente el mundo como el lugar perfecto para que la humanidad viviera. Pero cuando Adán y Eva se rebelaron contra Dios, la maldición del pecado entró en el mundo. Ahora vivimos en un mundo donde nada funciona como Dios planeó y tenemos que lidiar con la enfermedad, la muerte, la maldad, la pobreza y la injusticia.

Curiosamente, *hevel*, la palabra que usa Salomón para describir nuestra vida en la tierra, es el nombre del segundo hijo de Adán y Eva. Recuerdas la historia de Abel, ¿no? Después de que Adán y Eva fueron expulsados del Jardín, tuvieron dos hijos, Caín y Abel. Cuando Caín nació, Eva creyó con esperanza que él sería el prometido que aplastaría la cabeza de la serpiente (Génesis 3:15, 4:1). Pero pronto descubrió que esas esperanzas estaban fuera de lugar cuando, en un ataque de celos, Caín mató a Abel porque el sacrificio de su hermano menor agradaba a Dios y el suyo no. [10] La muerte de Abel no sólo fue el primer asesinato, sino que también fue la primera muerte registrada, punto. Para Adán y Eva, la muerte de su hijo se convirtió en un recordatorio concreto de las consecuencias fatales de su rebelión contra Dios. A partir de ese momento, apenas dos capítulos después de que Dios sopló vida en el hombre por primera vez, el nombre de Abel se convirtió en un recordatorio aleccionador de que la vida no es más que un soplo, un vapor. Pero, afortunadamente, hay más en la historia de Abel.

4. Lea Génesis 4:10. ¿Qué dice Dios sobre la sangre de Abel?

Al igual que la niebla, los gritos de Abel se elevaron al cielo. Dios escuchó su angustia y sufrimiento. Y Él escucha también el nuestro.

5. Lea Romanos 8:20-21. ¿Qué dice Pablo que anhelamos nosotros, parte de la creación posterior a la caída?

Anhelamos ser rescatados de "todas las cosas vanas que nos encantan", [11] de las baratijas del mundo que nos dejan deseando más. En Eclesiastés, Salomón expondrá lugares de nuestras vidas en los que intentamos vivir sin Dios como fundamento y nos señalará una y otra vez hacia Él.

Lección Uno | 39

Que las palabras de este gran himno sean la oración que hoy respiramos:

>Oh Dios de mi alma se Tú mi visión
>Nada te aparte de mi corazón
>Noche y día yo pienso en Ti
>Noche y día (yo pienso en Ti)
>Noche y día yo pienso en Ti
>Y tu presencia es luz para mí (es luz para mí)
>Y tu presencia es luz para mí
>
>Se mi escudo, mi espada en la lid
>Mi única gloria, mi dicha sin fin
>Del alma amparo (se Tú mi torreón)
>Del alma amparo (condúceme Dios)
>Del alma amparo se Tú mi torreón
>A las alturas condúceme Dios
>
>Oh Rey de gloria, del triunfo al final
>Guíame al cielo a morar en tu hogar
>Luz de mi alma, mi dueño y Señor
>Oh Dios de mi alma (eres mi Dios)
>Y siempre serás Tú mi visión (mi guía Señor)
>En vida o en muerte se Tú mi visión
>En vida o en muerte se Tú mi visión [12]
>
>~ Dallan Forgaill, traducido por Federico Pagura

Día Tres | Eclesiastés 1:3-11

¿Alguna vez has entrado en una tienda de mascotas y te has encontrado parado frente a la jaula de los hámsters, hipnotizado por las pequeñas criaturas mientras corren sin cesar sobre sus ruedas de hámster? Siempre me sorprende la forma en que gastan toda esa energía persiguiendo nada en sus cintas de correr circulares. Corren, corren, corren, pero nunca llegan a ninguna parte. Atrapado en un ciclo interminable, un hámster pasa compulsivamente sus días en actividades inútiles y frenéticas, sin ningún propósito ni destino en mente. Y supongo que, si eres un hámster, está bien.

Pero con demasiada frecuencia nos encontramos atrapados en una rueda de hámster que nosotros mismos hemos creado. Nos encontramos siempre corriendo, siempre haciendo, siempre esforzándonos, pero nunca satisfechos. De alguna manera, nos convencemos de que, si podemos llegar a lo siguiente, sea lo que sea, finalmente seremos felices. ¿Alguna de estas afirmaciones te suena familiar?

> Seré feliz cuando consiga un nuevo trabajo.
> Seré feliz cuando pierda 20 libras.
> Seré feliz cuando tenga una casa más grande.
> Seré feliz cuando tenga hijos.
> Seré feliz cuando los niños crezcan.
> Seré feliz cuando pueda jubilarme.
> Seré feliz cuando termine esta temporada en la vida y comience la siguiente.

Pero ¿alguna vez has notado que cuando alcanzas esa meta o llegas a esa temporada, nunca te sientes satisfecho? Claro, es posible que experimentes una euforia temporal al alcanzar un hito, pero muy pronto ese sentimiento se disipa y nos quedamos con hambre de más a medida que el círculo vicioso comienza de nuevo. Luego, a medida que los años se acumulan, la inutilidad de perseguir una cosa tras otra se instala en nuestras almas, dejándonos desilusionados y vacíos. Levantamos las manos con desesperación y nos preguntamos: "¿De qué se trata todo esto?"

Rich Villodas da en el clavo cuando dice:

> Nuestras almas no fueron creadas para el tipo de velocidad a la que nos hemos acostumbrado. Por lo tanto, somos un pueblo fuera de ritmo, un pueblo con demasiado que hacer y sin tiempo suficiente para hacerlo... El ritmo al que vivimos es a menudo destructivo. La falta de un margen es debilitante. Estamos agotados. En todo esto, el problema que tenemos ante nosotros no es sólo el ritmo frenético al que vivimos sino lo que, como resultado, queda excluido de nuestras vidas; es decir, la vida con Dios. [13]

No fuimos diseñados para realizarnos aquí en la tierra. Fuimos creados a imagen de Dios para tener una relación con Él. Cualquier búsqueda menor de amores mundanos es simplemente aferrarse a un clavo ardiendo; el vacío dentro de nosotros solo puede ser llenado por Él.

Salomón comprende la sombría desesperación que acompaña el darse cuenta de que todos nuestros esfuerzos no nos han llevado a ninguna parte. Su propio currículum está lleno de logros terrenales que repetidamente no han logrado llenar su alma maltrecha. Desde la voz de la experiencia, nos llama a venir, escuchar y aprender.

Lea Eclesiastés 1:3-8.

Salomón escribe estos versos en un género común a la literatura sapiencial, un poema, e inmediatamente nos confronta con una pregunta retórica: "¿Qué provecho tiene el hombre en todo el trabajo que hace bajo el sol?" La RVR60 traduce "provecho" como "ganancia". La palabra hebrea *yithrown* es exclusiva de Eclesiastés y significa "beneficio, ventaja, ganancia". [14] David Gibson nos ayuda a comprender lo que dice Salomón:

> La palabra ganancia aquí conlleva la idea de un excedente, algo que sobra, una vida que termina en números negros, no en rojos. Se refiere al deseo innato que todos tenemos de una forma u otra de dejar un legado con nuestra vida, y de que lo que hacemos tenga un significado duradero más allá de todo el esfuerzo y el trabajo que ponemos en nuestras vidas. [15]

La frase preposicional "bajo el sol" al final de la pregunta se usa veintinueve veces (LBLA) en Eclesiastés. Algunos comentaristas interpretan "bajo el sol" en términos de espacio, creyendo que Salomón se refiere al reino de este mundo. Sin embargo, una mejor interpretación es ver la frase como algo más que un marcador espacial, con "bajo el sol" como algo basado en el tiempo.

En Génesis 1:14, "Dijo Dios: 'Haya lumbreras en la expansión de los cielos para separar el día de la noche, y sirvan de señales, de las estaciones, de los días y de los años'". Dios creó el sol para marca el día y la noche, las estaciones y los años. Piense en "bajo el sol" como una especie de marca de tiempo que se refiere a la vida de este lado de la eternidad. Salomón dice que durante el tiempo que dure la tierra, así serán las cosas. Él está estableciendo la yuxtaposición del tiempo "bajo el sol" versus el tiempo en la eternidad.

1. Reformule la pregunta de Salomón en Eclesiastés 1:3 usando sus propias palabras.

> No fuimos diseñados para realizarnos aquí en la tierra.

Para ilustrar su punto de que no se gana nada con todo nuestro ajetreo, Salomón adopta un enfoque científico y examina patrones repetitivos en la naturaleza mientras presenta sus argumentos sobre la vida bajo el sol.

2. Complete la tabla con las observaciones que da Salomón en los versículos 4-7.

Ilustración de la naturaleza	Los hechos
Vida y muerte del hombre (v. 4)	
Rotación del Sol (v. 5)	
Curso del viento (v. 6)	
Ciclo del agua (v.7)	

La gente nace y luego muere. El sol sale y luego se pone. El viento sopla del norte, luego del sur y luego nuevamente del norte. Todos los ríos y arroyos desembocan en los océanos, pero los océanos nunca se desbordan.

A veces sentimos la frustración de Salomón por lo repetitivo de la vida. Piénsalo. Lavas y secas cinco cargas de ropa, las doblas y las guardas. Al día siguiente, el cesto de la ropa sucia vuelve a rebosar. Pasas horas arrancando las malas hierbas de tus macetas de flores, dos días después, aparecen más malas hierbas. Terminas un proyecto en el trabajo y te asignan otro. Cuanto más haces, más hay por hacer y el ciclo sigue y sigue.

3. ¿Cómo puede resultar liberador, en lugar de frustrante, comprender que la vida es repetitiva?

En los versículos 4-7, Salomón también contrasta sobriamente la naturaleza transitoria del hombre con la permanencia de los ciclos de la tierra. La gente vive. La gente muere. Pero la tierra continúa, como si nunca hubieran existido.

4. ¿A qué cruda conclusión llega Salomón en el versículo 8?

El lamento de Salomón nos recuerda las limitaciones de nuestra humanidad y nos expone a la insatisfacción que nos queda al final de nuestro trabajo y esfuerzo. Como dice la letra de la

Lección Uno | 43

canción de los Rolling Stones, "no podemos obtener ninguna satisfacción" [16] por mucho que lo intentemos. Zack Eswine escribe:

> Cuando comenzamos a ver cómo es realmente el mundo, las cosas que tenemos ante nuestros ojos ya no nos satisfacen. Las cosas que suenan en nuestros oídos no nos traen descanso. La razón es que todo en el Edén está enfermo. Incluso lo más bello y bueno tiene un "cansancio" en sus huesos. [17]

A lo largo de Eclesiastés, Salomón contempla lo que significa vivir en un mundo que Dios creó y llamó bueno, pero que, después de Génesis 3, está contaminado por el pecado y el quebrantamiento. En el fondo, sabemos que esta no es la forma en que Dios quiso que fuera, pero la maldición del Edén permanece:

> Maldita será la tierra por tu causa;
> Con trabajo comerás de ella
> Todos los días de tu vida.
> Espinas y cardos te producirá;
> Y comerás las plantas del campo;
> Por el sudor de tu frente
> Comerás el pan,
> Hasta que regreses a la tierra,
> Porque de ella fuisteis sacados;
> Porque eres polvo,
> Y al polvo volverás (Génesis 3:17b-19).

Una vez escuché a alguien decir: "Primero naces. La vida es dura. Entonces mueres". Lo más probable es que Salomón esté de acuerdo en que esas palabras son una descripción adecuada de la vida bajo el sol. De este lado de la eternidad, la vida es un mero soplo. Y la realidad inevitable es que vivimos en un mundo en el que algún día moriremos. Al principio, Salomón nos desafía a aceptar la realidad de nuestra muerte para que podamos aprender lo que significa estar vivo. Gibson explica que Salomón quiere que la certeza de nuestra muerte "se hunda en nuestros huesos y se aloje profundamente en nuestros corazones. Pero eso es que está escribiendo un libro sobre lo que significa vivir". [18] La pregunta fundamental que hace Salomón es: "Si no viviremos para siempre, o incluso lo suficiente como para marcar una diferencia duradera en el mundo, ¿cómo deberíamos vivir entonces?" [19]

Lea Eclesiastés 1:9-11.

En estos versículos, Salomón pasa del papel de científico al de historiador.

5. ¿Cómo retrata Salomón el tiempo y la historia? (v. 9)

El cuadro que Solomon pinta aquí me recuerda al personaje que interpreta Bill Murray en la película "Atrapado en el Tiempo". [20] Si has visto la película, recordarás que Murray interpreta a un meteorólogo llamado Phil que cubre el evento anual del día de la marmota en Punxsutawney, Pensilvania. Phil queda atrapado en una tormenta de nieve que no predijo y se encuentra atrapado en una tormenta, lo que lo obliga a revivir el 2 de febrero repetidamente. De manera similar, Salomón quiere que nos apoderemos de la redundancia de nuestra vida terrenal. Lo que pasó ayer es lo que pasará hoy. Lo que sucede hoy se repetirá mañana.

Luego, mientras Salomón continúa en los versículos 10-11, el rey sabio agrega que no sólo no hay nada nuevo ni diferente del pasado, sino que nada será recordado en el futuro, incluyéndonos a nosotros.

En el versículo 10, Salomón no dice que nunca se inventará nada "nuevo", sino que nunca se creará ni se diseñará nada para romper el ciclo bajo el sol y brindarnos una satisfacción duradera.

Luego, en el versículo 11, nos confronta una vez más con nuestra propia existencia finita. Viviremos. Moriremos. Seremos olvidados. Si bien es posible que no obtengamos un caso de "felicidad y satisfacción" por lo que dice Salomón, sabemos que es cierto. Aunque José, en su sabiduría, literalmente salvó a Israel y Egipto de la extinción, pronto fue olvidado. "Y se levantó sobre Egipto un nuevo rey, que no conocía a José" (Éxodo 1:8). Moisés, Josué y todo lo que Dios hizo por ellos pronto se desvanecieron de la memoria de Israel. "Se levantó después de ellos otra generación que no conocía al Señor, ni aún la obra que había hecho por Israel" (Jueces 2:10).

> No fuimos creados para vivir al nivel del suelo. Anhelamos más. Anhelamos la vida para la que fuimos creados: la vida con Él.

6. ¿Cómo impacta el argumento de Salomón de que nuestras vidas eventualmente se borrarán de la memoria (v. 11) en el legado que quieres dejar?

En este punto, quizás te preguntes si la experiencia de la vida de Salomón lo ha convertido en un cínico hastiado. Sin embargo, este no es el caso. Más bien, el sabio está construyendo su argumento para que adoptemos una nueva perspectiva, una forma diferente de ver el mundo y a nosotros mismos. Como un estadounidense que conduce en Inglaterra, requerirá que nos sentemos en un asiento diferente en el automóvil y cambiemos nuestra vista a un lado diferente de la carretera. Phil Ryken explica:

> Hay un Dios que gobierna sobre el sol. Así que no nos limitamos a lo terrestre; También podemos salir de nuestro propio sistema solar y ver las cosas desde una perspectiva celestial. Eclesiastés nos ruega que hagamos eso. Nos muestra el cansancio de nuestra existencia, por lo que no esperamos encontrar significado y satisfacción en las cosas terrenales, sino solo en Dios arriba... [Esto] muestra nuestra necesidad de una perspectiva "por encima del sol" que traiga alegría y significado a la vida. [21]

La intención de Salomón es crear hambre dentro de nosotros por una vida mejor: la vida que Dios nos creó para vivir por encima del sol, una vida que es más satisfactoria que cualquier ofrenda debajo del sol. Agustín escribe que Salomón expone "el vacío de esta vida, con el objetivo último, sin duda, de hacernos anhelar otro tipo de vida que no sea una sombra insustancial debajo del sol, sino una realidad sustancial bajo el Creador del sol". [22]

No fuimos creados para vivir al nivel del suelo. Anhelamos más. Anhelamos la vida para la que fuimos creados: la vida con Él.

*Nos has hecho para ti, oh Señor, y nuestro corazón está
inquieto hasta que encuentre su descanso en Ti.* [23]
~ Agustín

Día Cuatro | Eclesiastés 1:12-18

Este mundo no es nuestro hogar. Pero no fue así al principio. Dios creó el Jardín y luego se lo dio a Adán y Eva para que lo habitaran. El Edén era hermoso, pacífico, perfecto y puro. Eswine ofrece esta adecuada descripción:

> Dios, las personas, los animales, las plantas, el espacio y el tiempo, todos se tomaron de la mano y se unieron en verdadera paz. Todas las cosas habitaban la esencia tranquila de los días sin crímenes bajo la alegre provisión de Dios. Debido a esto, cada hoja, cada pedazo de tierra desmenuzada y cada estrella brillante que rodeaba el Edén compartían esta condición serena y decidida. Habitar "debajo del sol" fue siempre y en todas partes "edénico". Entonces, si algún portavoz de Dios saliera y echara un vistazo, usaría dos palabras para orientarnos a nosotros, invitados o viajeros, sobre esta geografía. La vida bajo el sol con todas sus criaturas y relaciones era "muy buena" (Génesis 1). [24]

Adán y Eva florecieron en este jardín paradisíaco. Todas las necesidades que tenían fueron cubiertas. Sus vidas estaban llenas de propósito y disfrutaban de una intimidad sin obstáculos entre ellos y con Dios. De hecho, fue una vida "muy buena". Pero entonces la pareja se rebeló contra Dios y cayó en pecado. Atrás quedó la vida "muy buena" (Génesis 1:31), la forma en que Dios originalmente quiso que fuera nuestra vida. Adán y Eva pasaron de estar marcados por la bendición y la vida perpetua a estar marcados por la maldición y la muerte.

Desde el día en que la primera pareja fue expulsada del Jardín, el hombre ha estado buscando recuperar algo parecido a la vida edénica. Al vivir como migrantes "sin raíces permanentes en este mundo y sin sentido de pertenencia", [25] anhelamos volver a lo que alguna vez fue.

Si bien Génesis comienza con la vasta extensión del universo, luego limita su alcance a un hombre, Abraham y su familia, a través de quien Dios preparará el escenario para redimir y restaurar la creación. Dios vino a Abraham en Ur y le dio un mandato y una promesa:

> Sal de tu tierra, de tus parientes y de la casa de tu padre, a la tierra que yo te mostraré; y haré de ti una nación grande, y te bendeciré, y engrandeceré tu nombre; y así serás de bendición; y bendeciré a los que te bendigan, y al que te maldiga, maldeciré y en ti serán benditas todas las familias de la tierra (Génesis 12:1-3).

El escritor de Hebreos resume el resto de la historia de Abraham:

> Por un acto de fe, Abraham dijo sí al llamado de Dios de viajar a un lugar desconocido que se convertiría en su hogar. Cuando se fue no tenía idea de hacia dónde se dirigía. Por un acto de fe vivió en el país que le había prometido, vivió como un extraño acampando en tiendas de campaña. Isaac y Jacob hicieron lo mismo, viviendo bajo la misma promesa. Abraham lo hizo manteniendo sus ojos puestos en una ciudad invisible con cimientos reales y eternos: la ciudad diseñada y construida por Dios (Hebreos 11:8-10, MSG).

Bajo la promesa, Abraham, Isaac y Jacob vivieron vidas nómadas, sin echar nunca raíces, siempre conscientes de que simplemente estaban de paso, con los ojos enfocados en su hogar eterno "real" pero "invisible".

Leemos sobre la estancia de fe de los patriarcas y quizás nos sentimos atraídos por su desapego del mundo, pero en realidad, nuestras vidas son diferentes. En lugar de vernos aquí como transeúntes con visas temporales, actuamos como si estuviéramos tratando de convertirnos en residentes permanentes. Nos sumergimos en la cultura que nos rodea, acumulando tesoros en el aquí y ahora. Jesús conocía la inclinación del hombre hacia las cosas del mundo, por eso nos dio esta advertencia:

> No acumulen tesoros en la tierra, donde la polilla y el orín corrompen, y donde ladrones minan y hurtan. sino acumulen tesoros en el cielo, donde ni la polilla ni el orín corrompen, y donde ladrones no minan ni hurtan; porque donde esté tu tesoro, allí estará también tu corazón (Mateo 6:19-21).

Salomón ha aprendido esta lección por las malas y nos invita a aprender de sus errores. La erudita del Antiguo Testamento, Sandra Richter, dice que cuando Salomón "sube la escalera dorada del éxito final y mira hacia abajo, en realidad tiene los medios para retroceder desde la cima, volver a bajar y decirnos al resto de nosotros... que no hay nada ahí arriba".[26]

Lea Eclesiastés 1:12-18.

En los versículos 12-18, Salomón inserta la historia de su búsqueda personal para darle sentido al mundo. Comienza con: "Yo, el Predicador, he sido rey de Israel en Jerusalén" (v. 12), lo que sugiere que ahora es mayor y tiene más experiencia de vida.

1. ¿Qué se ha propuesto Salomón? (v. 13)

El versículo 13 contiene la primera mención de Dios en el libro. Aquí, Salomón afirma la soberanía de Dios sobre toda la vida al señalar las limitaciones humanas.

2. Salomón observa que, aunque la vida bajo el sol es dura ("penosa"), es un regalo de Dios. ¿Tu visión de la vida es la misma? ¿Por qué o por qué no?

Conviene recordar que la búsqueda que describe Salomón es puramente académica, un intento de utilizar la lógica y la razón para buscar las respuestas a la vida. Derek Kidner define este tipo de sabiduría como "el mejor pensamiento que el hombre puede hacer por sí solo". [27] Con el tiempo, Salomón nos dará una perspectiva "más allá del sol". Pero por ahora, quiere que entendamos lo que sucede cuando vemos las cosas desde el punto de vista del mundo "debajo del sol".

3. ¿A qué conclusión llega Salomón? (v. 14)

Esta es una imagen poderosa. Piénsalo. Puedes perseguir el viento, pero nunca lo atraparás. Independientemente de lo mucho que lo intentes, terminarás agotado y sin nada que mostrar por tus fuerzas.

4. ¿Cuáles son algunas de las formas en que la gente persigue el viento hoy en día?

En el versículo 15, Salomón describe el quebrantamiento del mundo al contemplar el desastre en que se ha convertido el Edén. Suplica a sus lectores que despierten, se salgan de la rueda del hámster y reconozcan que "lo que está torcido no se puede enderezar". Por nuestra cuenta somos impotentes para volver a unir los pedazos rotos de nuestras vidas. Akin y Akin escriben: "Recurrimos a posesiones y experiencias placenteras, estatus y relaciones e incluso a la religión tratando de arreglar lo que está roto, pero es inútil... esta realidad es parte de la bondad de Dios en nuestras vidas. Él impuso la inutilidad en la esperanza que anhelamos y esperamos en Él". [28]

Si alguna vez ha habido alguien con el conocimiento suficiente para desentrañar los problemas de la vida y encontrar las respuestas, ese habría sido Salomón, el hombre cuya sabiduría supera la de cualquier otra persona. Pero la sabiduría humana es incapaz de dar la respuesta al significado de la vida. Al darse cuenta de esto, Salomón tiene una conversación sincera consigo mismo: "Mira, soy más sabio que cualquiera de los reyes que gobernaron en Jerusalén antes que yo. Tengo mayor sabiduría y conocimiento que cualquiera de ellos" (v. 16, NTV).

Entonces, decide probar un ángulo diferente: pone "[su] mente en conocer la sabiduría y en conocer la locura y la necedad" (v. 17). En los libros de sabiduría, la locura es el equivalente al pecado. He aquí una paráfrasis del siglo XXI del lamento de Salomón: "Lo intenté todo. Viví la vida de la manera correcta (sabiduría) y viví la vida de la manera incorrecta (locura), y nada me dio significado". [29] Salomón luego reitera: "Pero aprendí de primera mano que perseguir todo esto es como perseguir el viento" (v. 17, NTV). Ninguno de los esfuerzos de Salomón bajo el sol le ha ayudado en su búsqueda de respuestas. Por el contrario, en el versículo 18, dice que su sabiduría solo ha aumentado su pena y dolor.

5. ¿De qué manera crees que la sabiduría terrenal podría conducir al dolor y el conocimiento podría resultar en dolor? (v.18)

Si bien Salomón pinta un panorama sombrío del siglo X a.C., su análisis es aún más indicativo de nuestros tiempos modernos. Nunca antes en la historia de la humanidad habíamos tenido tanto conocimiento a nuestra disposición. Sin embargo, las tasas de ansiedad y depresión nunca habían sido tan altas como hoy. Según la "Encuesta de pulso familiar" de la Oficina del Censo de EE. UU., casi un tercio de los adultos (32,3%) informaron síntomas de ansiedad y depresión en 2023. Casi la mitad de ellos (49,9%) tenían entre 18 y 24 años, el 38% tenían entre las edades de 25 y 49 años, el 29,3% tenía entre 50 y 64 años, y el 20,1% tenía más de 65 años. [30] Muchos expertos creen que existe una correlación directa entre las crecientes tasas de ansiedad y la cantidad de información que recibimos diariamente a lo largo de la tecnología 24/7. La especialista en ansiedad Justine Carino dice: "Tenemos problemas para comprender ante qué debemos reaccionar y qué información debemos dejar a un lado". [31] Si bien la mayoría de nosotros tenemos más conocimiento disponible que el que naciones enteras alguna vez tuvieron en sus bibliotecas, esto solo nos informa de una visión horizontal "debajo del sol". Sin el aspecto vertical de la eternidad, el conocimiento por sí solo equivale a un gran vacío que deja nuestras almas saqueadas y desesperadas.

A medida que avanzamos con Salomón a lo largo del resto de Eclesiastés, descubriremos que él no está tratando de informarnos con conocimiento, sino de transformarnos con sabiduría piadosa. Él quiere arrestarnos con el quebrantamiento terminal de este mundo presente y temporal para que ya no lo veamos como nuestro destino final, sino más bien como una preparación para estar para siempre con Él. [32]

6. Repasa Eclesiastés 1. ¿Qué versículo o frase te llamó más la atención? ¿Por qué?

Día Cinco | ¿De qué trata todo esto?

Todos queremos creer que vivimos la vida como debe ser vivida. Sin embargo, una mirada superficial a la evidencia que nos rodea valida los gemidos de Salomón: "¡Vanidad de vanidades! ¡Todo es vanidad!" (v. 2). La verdad es que la vida aquí y ahora, la vida debajo del sol, es un perpetuo viaje por el desierto plagado de dificultades, confusión, desilusión y dolor. Es un mundo lleno de alegrías falsas y placeres ilusorios donde las metas del propósito y la satisfacción siempre parecen estar más allá de nuestro alcance. En nuestros mejores días, estamos controlados por agendas ocupadas y distraídos por los detalles de la vida, adormecidos en la falsa comodidad del momento. Pero luego, cuando sucede algo doloroso o aterrador, cuando nuestro mundo tal como lo conocemos se sacude, nos preguntamos: "¿De qué trata todo esto?".

Responder a esa pregunta requiere una perspectiva diferente con la cual ver la vida, una perspectiva vertical, donde aprendamos a ver la vida desde la posición ventajosa que está por encima del sol, *Con la Vista en la Eternidad*. El escritor de Hebreos describe la forma en que Abraham, Isaac y Jacob adoptaron esta perspectiva:

> Cada uno de estos hombres de fe murió sin tener aún en la mano lo prometido, pero creyendo todavía. ¿Cómo lo hicieron? Lo vieron a lo lejos, lo saludaron con la mano y aceptaron el hecho de que eran transeúntes en este mundo. Las personas que viven de esta manera dejan claro que están buscando su verdadero hogar. Si sintieran nostalgia por el viejo país, podrían haber regresado cuando quisieran. Pero buscaban un país mucho mejor que ese: el país celestial. Puedes ver por qué Dios está tan orgulloso de ellos y tiene una Ciudad esperándolos (Hebreos 11:13-16, MSG).

Estos Patriarcas conocían la verdad espiritual que nosotros hemos olvidado funcionalmente: somos "pueblo para siempre". Paul Tripp diagnostica este malestar como "amnesia eterna" y explica los síntomas:

> La amnesia de la eternidad nos afecta a todos, haciéndonos difícil, si no imposible, imaginar vivir para siempre. Nos resulta difícil creer en algo que contradiga la perspectiva de "aquí y ahora es todo lo que hay" que rige el día. De modo que hemos descartado funcionalmente la creencia alguna vez ampliamente extendida en una vida futura, una realidad que no podemos abrazar sin que influya en la forma en que vivimos. Sin estar siempre en el centro de nuestro pensamiento, nuestra imagen de la vida es como un rompecabezas al que le falta una pieza central. Simplemente no tendrás una visión precisa de la imagen sin la pieza del rompecabezas titulada "para siempre". [33]

Déjame no dejarte aquí. Como cristiano, sé que crees en la eternidad, crees en el cielo como tu destino eterno. Pero el problema no es lo que creemos en nuestra cabeza, sino la forma en que esa creencia realmente se manifiesta en nuestra vida diaria. Y bajo ese microscopio, estoy convencido de que la "amnesia de la eternidad" nos ha impactado más de lo que nos gustaría admitir o incluso darnos cuenta.

1. Piensa en lo que hiciste ayer, desde el momento en que abriste los ojos hasta que apoyaste la cabeza en la almohada y te quedaste dormido. ¿De qué manera viviste aquí como transeúnte con una visa temporal? ¿En qué sentido te pareció que en tu día intentabas convertirte en un residente permanente del aquí y ahora?

La vida eterna no es meramente cuantitativa, no se trata solo de pasar la eternidad en el cielo. Es la forma cualitativa en la que podemos vivir ahora. No se trata solo de una duración infinita de la vida en la eternidad, sino del valor de la vida que estamos viviendo en este lado de la eternidad. Es el tipo de vida que tenemos en Cristo. Pablo nos da una directiva clara sobre cómo experimentar la vida eterna ahora:

> Por tanto, si habéis resucitado con Cristo, busquen las cosas de arriba, donde está Cristo sentado a la diestra de Dios. Pongan la mira en las cosas de arriba, no en las de la tierra (Colosenses 3:1-2).

2. Circule cada instancia o sinónimo de "arriba" en Colosenses 3:1-2.

El desafío de Pablo para que pongamos nuestra mente en "las cosas de arriba" es contrario a la vida "debajo del sol" que Salomón ha estado describiendo en Eclesiastés 1. La vida que Pablo está relatando es una vida moldeada por Jesús, una vida donde cada palabra y cada comportamiento está bajo su influencia. Es la vida a la que Jesús hizo referencia cuando dijo: "Yo he venido para que tengan vida, y la tengan en abundancia" (Juan 10:10b). Ésta es la vida que no nos pueden quitar. Es nuestra. Pero requiere algo de nosotros: una mente fija en Dios.

Con toda probabilidad, Salomón escuchó la importancia de redirigir su mente "arriba" de su padre, David, quien dijo: "He puesto al Señor continuamente delante de mí; porque él está a mi diestra, no seré conmovido" (Salmo 16:8). Pero en todo el ruido y el caos que Salomón permitió en su vida, puso su mente en una dirección diferente: "Me propuse buscar y explorar con sabiduría todo lo que se ha hecho debajo del cielo" (Eclesiastés 1:13). Mirar "abajo" en lugar de "arriba" dejó a Salomón desilusionado, decepcionado, frustrado e insatisfecho.

¿Te suenan familiares esos sentimientos? Cuando procesamos nuestras vidas a través de la perspectiva del mundo y aceptamos la mentira de que este mundo es todo lo que existe, sentimos lo mismo. Pero cuando elevamos nuestro punto de vista, las cosas cambian.

3. ¿Cuáles son algunas formas de practicar cómo fijar la mente en "las cosas de arriba"?

Fijar nuestra mente en "las cosas de arriba" nos lleva a darnos cuenta de que este mundo no es nuestro destino final; es un recordatorio de que nuestra breve vida aquí es solo la preparación para lo que está por venir.

4. ¿Qué harías esta semana para prácticamente cambiar tu visión de "debajo del sol" a "por encima del sol"?

> Fijar nuestra mente en "las cosas de arriba" nos lleva a darnos cuenta de que este mundo no es nuestro destino final; es un recordatorio de que nuestra breve vida aquí es solo la preparación para lo que está por venir.

Debido a que Salomón vivió antes de la encarnación de Cristo, no conocía el panorama completo del plan redentor de Dios. Cuando pregunta: "¿Hay algo de lo que uno podría decir: 'Mira esto, es nuevo'?" (Eclesiastés 1:10), Salomón no sabe que, en Cristo, viene lo "nuevo": "De modo que si alguno está en Cristo, **nueva** criatura es; las cosas viejas pasaron; he aquí son hechas cosas **nuevas**" (2 Corintios 5:17). Y no sabe que un día, cuando entremos a la eternidad, Dios nos estará esperando en la Persona de su propio Hijo y todo será hecho nuevo, como escribe Juan:

> Entonces vi un cielo **nuevo** y una tierra **nueva**; porque el primer cielo y la primera tierra pasaron, y ya no hay mar. Y vi la ciudad santa, **la nueva** Jerusalén, descender del cielo, de Dios, dispuesta como una novia ataviada para su marido. Y oí una gran voz desde el trono, que decía: He aquí el tabernáculo de Dios está entre los hombres, y él habitará entre ellos, y ellos serán su pueblo, y Dios mismo estará entre ellos, y Él borrará cada lágrima de sus ojos; y ya no habrá muerte; ya no habrá luto, ni llanto, ni dolor; las primeras cosas han pasado". Y el que está sentado en el trono dijo: "He aquí, yo hago **nuevas todas las cosas**" [énfasis mío] (Apocalipsis 21:1-5).

Te invito a comenzar a vivir hoy para ese día, a bajarte de la rueda de hámster de tu vida atada a la tierra, reclamar la canción de la eternidad que resuena en tu corazón y vivir, vivir de verdad, *Con la Vista en la Eternidad*.

5. La Declaración de Independencia (1776) es un documento que establece los principios en los que se basan el gobierno de los Estados Unidos y nuestra identidad como ciudadanos estadounidenses. De manera similar, escribe tu Declaración de Vida personal que establezca los principios sobre los cuales vivirás *Con la Vista en la Eternidad* en el aquí y ahora.

Lección Dos

¿Es esto todo lo que hay?
Eclesiastés 2

Lo que arruina los placeres de la vida para nosotros es nuestra hambre de obtener de ellos más de lo que jamás podrán ofrecer. Conseguir el significado eterno y supremo en temporal y las actividades temporales están destinadas al fracaso. [1]
~Derek Kidner

Eclesiastés 2

Vanidad de las cosas terrenales

¹ Entonces me dije: "Ven ahora, te probaré con el placer; diviértete". Y resultó que también esto era vanidad. ² Dije de la risa: "Es locura"; y del placer: "¿Qué logra esto?". ³ Consideré en mi corazón estimular mi cuerpo con el vino, mientras mi corazón me guiaba con sabiduría, y echar mano de la insensatez, hasta que pudiera ver qué hay de bueno bajo el cielo que los hijos de los hombres hacen en los contados días de su vida.

⁴ Engrandecí mis obras, me edifiqué casas, me planté viñas; ⁵ me hice jardines y huertos, y planté en ellos toda clase de árboles frutales; ⁶ me hice estanques de aguas para regar el bosque con árboles en pleno crecimiento. ⁷ Compré esclavos y esclavas, y tuve esclavos nacidos en casa. Tuve también ganados, vacas y ovejas, más que todos los que me precedieron en Jerusalén. ⁸ Reuní también plata y oro para mí y el tesoro de los reyes y de las provincias. Me proveí de cantores y cantoras, y de los placeres de los hombres, de muchas concubinas.

⁹ Me engrandecí y superé a todos los que me precedieron en Jerusalén; también la sabiduría permaneció conmigo. ¹⁰ Y de todo cuanto mis ojos deseaban, nada les negué, ni privé a mi corazón de ningún placer, porque mi corazón gozaba de todo mi trabajo. Esta fue la recompensa de toda mi labor. ¹¹ Consideré luego todas las obras que mis manos habían hecho y el trabajo en que me había empeñado, y resultó que todo era vanidad y correr tras el viento, y sin provecho bajo el sol.

¹² Yo volví, pues, a considerar la sabiduría, la locura y la insensatez. Porque ¿qué hará el hombre que venga después del rey sino lo que ya ha sido hecho? ¹³ Y yo vi que la sabiduría sobrepasa a la insensatez, como la luz a las tinieblas.

¹⁴ El sabio tiene ojos en su cabeza,
Pero el necio anda en tinieblas.
Aunque yo sé también que ambos corren la misma suerte.

¹⁵ Entonces me dije: "Como la suerte del necio, así también será la mía. ¿Para qué, pues, me aprovecha haber sido tan sabio?". Y me dije: "También esto es vanidad. ¹⁶ Porque no hay memoria duradera del sabio ni del necio, ya que todos serán olvidados en los días venideros. ¡Cómo mueren tanto el sabio como el necio!". ¹⁷ Y aborrecí la vida, porque me era penosa la obra que se hace bajo el sol, pues todo es vanidad y correr tras el viento.

¹⁸ Asimismo aborrecí todo el fruto de mi trabajo con que me había afanado bajo el sol, el cual tendré que dejar al hombre que vendrá después de mí. ¹⁹ ¿Y quién sabe si será sabio o necio? Sin embargo, él tendrá dominio sobre todo el fruto de mi trabajo con que me afané obrando sabiamente bajo el sol. También esto es vanidad.

²⁰ Por tanto me desesperé en gran manera por todo el fruto de mi trabajo con que me había afanado bajo el sol. ²¹ Cuando hay un hombre que ha trabajado con sabiduría, con conocimiento y con destreza, y da su hacienda al que no ha trabajado en ella, esto también es vanidad y un mal muy grande. ²² Pues, ¿qué recibe el hombre de todo su trabajo y del esfuerzo de su corazón con que se afana bajo el sol? ²³ Porque durante todos sus días su tarea es dolorosa y penosa; ni aun de noche descansa su corazón. También esto es vanidad.

[24] No hay nada mejor para el hombre que comer y beber y decirse que su trabajo es bueno. Yo he visto que también esto es de la mano de Dios. [25] Porque ¿quién comerá y quién se alegrará sin Él? [26] Porque a la persona que le agrada, Él le ha dado sabiduría, conocimiento y gozo; pero al pecador le ha dado la tarea de recoger y amontonar para dárselo al que agrada a Dios. Esto también es vanidad y correr tras el viento.

¿Es esto todo lo que hay?

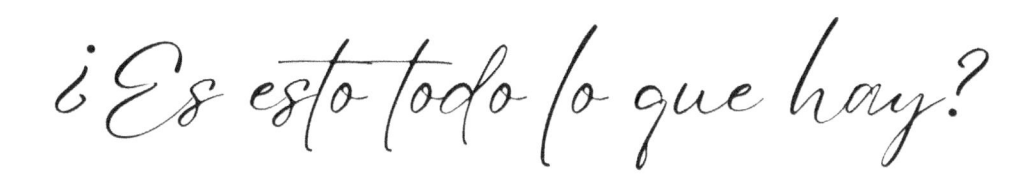

Qué te saca de la cama en la mañana? ¿Es el pensamiento de ese primer sorbo de café? ¿Es un trabajo que amas? ¿Es emoción por algo especial planeado para el día?

¿O es el zumbido del despertador, el tirón de manitas listas para tomar jugo de manzana y panqueques, o el sonido de una pata arañando la puerta? Para muchos de nosotros, las exigencias del día son las que nos sacan del sueño y, si somos honestos, puede parecer una subida cuesta arriba cada mañana. O como dice Salomón sin rodeos: puede parecer más bien inutilidad, falta de sentido y trabajo duro bajo el sol.

Mientras escribo esto, imagino que eres alguien no muy diferente a mí. Quizás la vida te haya deprimido un poco. La mayoría de las tareas parecen más arduas que satisfactorias y significativas. Y la vida, en general, parece un poco más decepcionante de lo que esperabas. Supongo que solo quiero que sepas que no estás solo si te preguntas: "¿Es esto todo lo que hay?"

Como seguidores de Cristo, ¿puedo sugerir con gentileza y empatía que esto podría deberse a que hemos perdido de vista la eternidad? Y perder de vista la eternidad está teniendo un impacto negativo en nuestra vida cotidiana. Resulta que las cosas que esperábamos que provocaran alegría y felicidad sólo nos dejan decepcionados. Como afirma Paul Tripp: "Si caemos en el pensamiento de que la vida se encuentra en el placer y las comodidades de las personas, las cosas y las experiencias de este mundo del aquí y ahora, entonces viviremos para eso. No viviremos para Dios". [2]

En Eclesiastés 2, Salomón nos lleva a una prueba de todas las cosas que, según ha oído, pueden dar felicidad a una persona. Pero su experimento confirma lo que ya especulamos: vivir bajo el sol nunca podrá darnos lo que nuestra alma realmente necesita.

Lección Dos | Eclesiastés 2

De hecho, buscar la felicidad fuera de los dones perfectos de Dios puede estar provocando que nuestros corazones se sumerjan en una oscuridad más profunda. Como dice John Mark Comer: "La liberación está empezando a parecerse más a la esclavitud". [3]

Pero luego, al final de Eclesiastés 2, Salomón nos revela un descubrimiento que hace en toda su búsqueda. Este descubrimiento, si podemos internalizarlo, podría dar una nueva chispa a esa llamada de atención matutina y a cada momento de nuestro día.

Día Uno | Eclesiastés 2:1-11

Comience hoy leyendo Eclesiastés 2 en su totalidad y, mientras lo hace, busque el tema principal, o la idea central, del pasaje. Mientras lees, utiliza un mcarcador azul para marcar las palabras o frases clave.

Algo importante para recordar (porque es fácil de olvidar en este libro) es que a Salomón se le concedió la sabiduría del Señor. Eso no quiere decir que no perdió de vista en ocasiones lo que era verdadero, puro y beneficioso, pero al reflexionar sobre su viaje en la vida, lo hace a través de la perspectiva de la sabiduría de lo alto. Entonces, antes de pensar que Salomón fue un poco dramático, profundicemos y veamos la palabra de advertencia del "Predicador".

1. ¿Cuál es la idea central de Eclesiastés 2?

La idea central: Eclesiastés 2

2. Haz una lista de las palabras clave que encontraste en Eclesiastés 2.

Palabras claves en Eclesiastés 2

El comediante Brian Regan comparte una historia sobre alguien a quien todos hemos conocido al menos una vez en la vida. Casi todas las reuniones que implican "mezclarse" incluyen lo que él llama un "Yo Monstruo". [4] Esta es una persona que es un experto en volver constantemente la conversación hacia sí misma. ¿Tienes una historia interesante que contar?

Lección Dos | 63

Saben cómo localizar la historia y aportarle sus propias experiencias. ¿Tiene alguna noticia interesante que compartir? Encuentran una manera de contarte cómo han estado allí y cómo lo han hecho. Siempre se trata de mí, yo, yo. Si nunca has conocido a un "Yo Monstruo", odio ser yo quien te diga esto, ¡pero podrías ser uno! La verdad es, y lo que Salomón revela en este pasaje, es que todos tenemos un pequeño (o gran) "Yo Monstruo" viviendo dentro de nosotros.

Lea Eclesiastés 2:1-11.

En estos versículos, Salomón relata cómo trató de descubrir el significado de la vida construyendo por sí mismo tres reinos: el Reino del Yo, el Reino de las Cosas y el Reino de la Carrera.

El reino de uno mismo

3. Cuente el número de veces que Salomón usa la palabra "yo" en Eclesiastés 2:1-11.

4. Ahora cuenta la cantidad de veces que usa la frase "para mí".

El tercer rey de Israel está más interesado en invertir en su propia vida que en la de los demás. Está desesperado por que su vida tenga sentido.

5. ¿Dónde comienza su búsqueda? (vv.1-2)

Si bien es posible que todos disfrutemos sentarnos y ver una comedia buena y limpia, Proverbios 14:13 nos recuerda que "incluso en la risa puede doler el corazón" (NVI).

6. ¿Dónde busca Salomón el significado a continuación? (v.3)

David Guzik explica que Salomón está poniendo a prueba la idea de que el significado se encuentra en los placeres, el mensaje "debajo del sol" que transmite el mundo. No sólo busca una diversión placentera. Está buscando significado, algo más profundo. [5] Salomón no está desilusionado en su búsqueda. Es el hombre más sabio del mundo. Sabe que el vino y "apoderarse de la necedad" (v. 3) no lo harán feliz. Vemos esto cuando evalúa estos placeres y se queda con las manos vacías. No le satisface la risa. No se siente realizado por el placer. No son la respuesta a lo que busca su corazón.

El reino de las cosas

Después de que Solomon concluye que la búsqueda de significado en el placer es un callejón sin salida, se arremanga y se pone a trabajar. Quizás encuentre significado a través de los logros.

7. Haga una lista de las posesiones materiales (y humanas) que Salomón adquiere para sí. (vv.4-8)

El relato histórico de este período confirma que Salomón fue uno de los más grandes constructores de todos los tiempos. Pase a 1 Reyes 4:20-28 y lea acerca de todo lo que logró Salomón.

8. De las posesiones de Salomón enumeradas aquí, ¿cuál le parece más impactante? (1 Reyes 4:22-26)

Para mí, fueron todos los establos para sus caballos. De donde yo vengo, un garaje para dos coches es un lujo. Algunos manuscritos dicen 40.000 puestos, otros dicen 4.000. En cualquier caso, ¡son muchos puestos para caballos! Salomón es un rey que no quiere nada, excepto un propósito. Este mundo está lleno de Salomones. Hombres y mujeres que tienen toda la diversión que el dinero puede comprar, pero no importa cuán llenas estén sus casas y garajes, sus corazones están vacíos.

Por último, consideremos el Reino de la Carrera.

El reino de la carrera

9 ¿Cuál es el resultado del trabajo de Salomón? (Eclesiastés 2:9-10)

10. ¿Dirías que fue un hombre exitoso?

Según los estándares del mundo, Salomón ciertamente tiene éxito. Él tiene todo lo que cualquiera podría desear, todo lo que "sus ojos deseaban" (v. 10). Pero ¿qué pasa cuando tener lo que tus ojos desean no cumple lo que tu corazón desea?

Si bien Salomón realmente encuentra cierto placer en su trabajo (v. 10), incluso eso resulta ser fugaz.

Lección Dos | 65

11. Cuando Salomón se detiene a evaluar su experimento, ¿cuál es su conclusión? (v.11)

Allí volvemos a ver nuestra palabra. *Hevel.* Vanidad, vapor, un soplo.

Cuando dependemos de los placeres mundanos y del éxito para llenarnos, llegamos a la misma conclusión que Salomón: nunca es suficiente.

No nos equivoquemos, Dios nos ha dado buenos regalos en esta tierra. Pero descubriremos que "disfrutamos más de nuestros dones cuando los vemos como un subproducto de caminar con Dios". [6]

Según el Informe sobre la felicidad mundial 2024 realizado por Gallup, Estados Unidos pasó del puesto 15.º en ser el país más feliz del mundo al 23.º país más feliz, en sólo un año. El informe de este año es el primero en incluir clasificaciones separadas por grupo de edad y muestra que la disminución en los EE. UU. se debe a los bajos puntajes de felicidad entre quienes tienen entre 15 y 24 años. [7]

> Cuando dependemos de los placeres mundanos y del éxito para llenarnos, llegamos a la misma conclusión que Salomón: nunca es suficiente.

Consideremos ahora una investigación reciente que revela que los estadounidenses más jóvenes se están desviando hacia sus propias formas de religión y cosmovisión en lugar de abrazar una cosmovisión bíblica y los caminos de Jesús. George Barna comparte lo siguiente: "Los Millennials (nacidos entre 1984 y 2002) buscaron activamente formas alternativas de fe y espiritualidad [en su adolescencia] y está ampliamente documentado que abrazaron la etiqueta de 'espirituales pero no religiosos'". Por lo tanto, esta generación está criando niños que tienen aún menos interés en las cosas espirituales. "Menos de uno de cada cinco afirma orar a Dios (18%), conocer y hacer la voluntad de Dios (19%), leer o estudiar la Biblia (12%), o reconocer sus pecados y buscar el perdón de Dios (11%), durante una semana típica". [8]

Somos menos felices y dependemos menos de Dios para pasar el día. A riesgo de simplificar demasiado, ¿podría haber una correlación?

12. Lea Colosenses 3:23-24. Como seguidores de Cristo, ¿qué tenemos la seguridad de recibir?

Hay un "Yo Monstruo" acechando dentro de cada uno de nosotros, y está buscando devorar el significado mismo que Dios desea que nuestras vidas tengan. Pero cuando nuestros ojos están fijos en nuestra recompensa eterna, todo lo que hacemos no sólo es significativo, sino que nos llena.

*Todos los sedientos, vengan a las aguas;
Y los que no tengan dinero, vengan, compren y coman.
Vengan, compren vino y leche
Sin dinero y sin costo alguno.
¿Por qué gastan dinero en lo que no es pan,
Y su salario en lo que no sacia?
Escúchenme atentamente, y coman lo que es bueno,
Y se deleitará su alma en la abundancia.*
Isaías 55:1-2, NVI

Día Dos | Eclesiastés 2:12-17

¿Por qué dirías que eres conocido? No estoy haciendo la pregunta para incitar al orgullo o hacer que te envanezcas innecesariamente, pero ¿por qué eres más conocido? Quizás hornees las mejores galletas de chocolate. Quizás organices la mejor fiesta de Navidad. ¿O eres "el gracioso" de tu grupo de amigos? Sea lo que sea, es probable que haya alguna característica en ti que sea relativamente icónica para ti como persona, aunque solo sea entre tus familiares o amigos más cercanos.

1. Dado lo que sabes sobre la vida de Salomón, ¿por qué dirías que es conocido?

Salomón es conocido por muchas cosas, pero quizás lo más conocido es su sabiduría. De hecho, 1 Reyes 4:30 nos dice que él era el hombre más sabio de toda la región – y es probable que fuera el hombre más sabio que el mundo haya conocido (excepto Jesús). Y, sin embargo, todavía se siente arrastrado a perseguir las cosas del mundo.

Lea Eclesiastés 2:12-17.

Una vez que se da cuenta de que las cosas tangibles (los reinos del yo, las cosas y la carrera) no pueden proporcionar significado, se dirige en una dirección diferente.

2. ¿Qué examina Salomón a continuación?

Salomón ahora recurre a los intangibles: la sabiduría o la locura y la necedad (v. 12). Posiblemente, piensa, aquí es donde finalmente encontrará el verdadero significado.

3. Después de comparar la sabiduría con la necedad, ¿cuál determina Salomón que es mayor? (vv.13-14)

4. ¿En qué se parece su conclusión sobre la sabiduría a las cosas tangibles que ha considerado antes? (v.15)

Lo que Salomón descubre es que no importa cuán sabio o tonto seas, hay un gran ecualizador. No importa cuán sabio sea, se dirige hacia el mismo fin que el tonto.

5. ¿Qué le molesta a Salomón sobre el destino tanto de los sabios como de los necios? (v.16)

Salomón se está dando cuenta de que su sabiduría, aunque sea un regalo de Dios, en realidad no cambiará su destino final. Aparentemente es un trago amargo para él.

6. ¿Qué declaración extrema hace Salomón sobre su vida al comienzo del versículo 17?

Salomón ha llegado a otro callejón sin salida. Pero recuerde, en este punto, él está evaluando la vida sin Dios. Al reflexionar sobre su vida, Salomón se da cuenta de la inutilidad de intentar encontrar la felicidad en su propia sabiduría. Esa búsqueda en realidad le ha hecho odiar la vida. Ninguno de nosotros ha experimentado el nivel de sabiduría que Dios le concedió a Salomón, pero él ha dado por sentado ese regalo. Ahora, al recordar su vida, se da cuenta de que ni siquiera la sabiduría le dio satisfacción.

Plantador de semillas

A Salomón le faltaba la visión de encontrar un propósito en su trabajo. En Jesús, todo lo que hacemos tiene significado, incluso la forma en que trabajamos cada día. No importa tu situación, pones mucho trabajo en tu día, a través de un trabajo, una familia u, oye, ¡incluso simplemente levantarte de la cama puede ser un trabajo en algunas etapas de la vida! El plantador de semillas de esta semana está diseñado para ayudarte a ver cada día a través de la perspectiva de la eternidad. Pídele a Dios que te recuerde a alguien que necesite que se le recuerde que hay esperanza. Cuando Él te recuerde a alguien, considera invitarle a tomar un café o almorzar. Obtenga más información sobre su historia. Y busque una oportunidad para compartir el evangelio. Incluso como cristianos, necesitamos escuchar el evangelio una y otra vez. No, no necesitamos que ser salvos nuevamente. Pero quizás conozcas a alguien a quien necesita que le recuerden que está perdonada, redimida y libre. Sé esa voz en la vida de un amigo.

Retrospección. Todos hemos pasado por eso: miramos hacia atrás y deseamos haber estado más presentes en las vacaciones familiares que estresándonos por el trabajo. Ojalá nos hubiésemos empapado de los momentos en que los niños eran pequeños en lugar de desear una mayor independencia. Y miramos hacia atrás lamentándonos por no estar contentos con lo que nos habían dado. En cierto sentido, odiar la vida que hemos tenido en lugar de estar agradecidos. Desafortunadamente, al igual que Salomón, la mayoría de la gente recibe estas revelaciones cuando ya es demasiado tarde. Ahora que la muerte está a su puerta, todo lo que el rey sabio puede hacer es dar una palabra de advertencia a los que vienen detrás.

Entonces, ¿qué hacemos conociendo la realidad de que que todos moriremos algún día? ¿Nos sentamos enojados porque todo parece sin sentido si vamos a morir de todos modos? ¡No! Todo lo contrario, de hecho. ¡Porque sabemos que estamos muriendo, debemos vivir! Lo que le otorga su próximo certificado de defunción es la capacidad de ver la belleza y, sí, la inutilidad de la vida.

¿Belleza y futilidad? ¿Como puede ser ambos? Porque cada regalo que Dios elige darnos es hermoso. Es nuestro permiso para "no preocuparnos por las cosas pequeñas" e, incluso con las cosas grandes, verlas a través de la perspectiva de la eternidad.

Tyler Staton ofrece una perspectiva profunda desde la vista de un cementerio:

> Mi vista favorita del horizonte de Manhattan siempre fue el ángulo desde el cementerio Green-Wood en Brooklyn. Siempre me sentí extrañamente reconfortado cuando miraba a través de todas esas lápidas y las torres de la ciudad detrás de ellas... Esta vista tiene una forma de recordarme que todo lo que me estresa, cada conflicto que se repite en el fondo de mi mente, cada ansiedad que me invade mi estómago y todas las preocupaciones que tengo sobre mañana por la mañana; todo ese ruido algún día cesará. "Cuando le falta el aliento, vuelve a la tierra; ese mismo día sus planes fracasan". (Salmo 146:4) Esas lápidas son un recordatorio importante de lo temporal que soy. [9]

7. ¿Qué es algo por lo que estás estresado actualmente?

8. ¿Cómo cambia tu visión de esa cosa una visión de la muerte (es decir, la eternidad con Jesús)?

David Gibson lo dice de esta manera,

> La muerte puede permitirnos radicalmente disfrutar de la vida. Al relativizar todo lo que hacemos en nuestros días bajo el sol, la muerte puede transformarnos de personas que quieren controlar la vida para obtener ganancias a personas que encuentran una profunda alegría al recibir la vida como un regalo. Este es, en pocas palabras, el mensaje principal de Eclesiastés: la vida en el mundo de Dios es un regalo, no una ganancia. [10]

Salomón ha creído erróneamente que podía utilizar su rasgo más distinguido – su sabiduría – para controlar su destino y su legado. Pero lo que la muerte nos dice es que esta vida está gloriosamente fuera de nuestro control. Cuando se trata de lo que Dios tiene reservado para nosotros, como le gusta decir a un compañero de trabajo: "No sabes lo que no sabes". ¡Deja que eso te haga libre! Saber que no tienes que tener el control "te libera para disfrutar la vida como realmente la experimentas, no como crees que debería ser". [11]

Libera el control de tu vida. Mantén tus manos abiertas para recibir y liberar los regalos que Dios te da. Y alaba a tu amoroso Padre porque Él es quien tiene el control.

Día Tres | Eclesiastés 2:18-23

Cuando dejé mi trabajo anterior por el que tengo ahora, me sentí culpable por la carga que dejaría al equipo después de que me fui. Un importante evento de recaudación de fondos estaba a la vuelta de la esquina y, a pesar de saber en mi corazón que no podía dejar pasar la oportunidad que se me presentaba, estaba seguro de que era una persona terrible por irme en un momento tan ocupado. Mi antiguo jefe, a quien todavía llamo cuando necesito hablar, me dijo: "Odio ser yo quien te diga esto, pero no se van a desmoronar sin ti". De acuerdo. Me lo merecía.

Hiere nuestro orgullo pensar que podemos ser reemplazados tan fácilmente. Ya sea un trabajo, un rol voluntario o simplemente nuestra ciudad, cuando nos vamos, hay una parte de nosotros que quiere escuchar: "¡Ya no es lo mismo desde que te fuiste!". Pero eso rara vez sucede, porque a pesar de nuestros mejores esfuerzos, todos somos reemplazables. Y esa es una verdad que Salomón no apreció.

Lea Eclesiastés 2:18-20.

1. ¿Por qué Salomón está tan angustiado por dejarle su trabajo a otra persona? (vv.18-19)

2. ¿Qué es lo que realmente le preocupa perder? (v.19)

Salomón ha pasado toda su vida construyendo su reino y ahora se da cuenta de que todo por lo que ha trabajado quedará en manos de otra persona. No tendrá control sobre lo que esa persona haga con el trabajo de su vida. Al considerar esta realidad inevitable, Salomón se retuerce las manos, sin saber si su obra pasará a manos de un sabio o de un tonto. Aunque Salomón no lo sabe en este momento, durante el reinado de su hijo Roboam, el ejército egipcio entrará en Jerusalén y se llevará el tesoro de Salomón (1 Reyes 14:25-26). En tan solo una generación, todo aquello por lo que Salomón trabajó habrá desaparecido.

3. ¿Qué palabra usa Salomón para describir lo que siente al no poder proteger su legado? (v.20)

4. Como comentamos en el primer día, ¿en torno de quién parece girar el mundo y la obra de Salomón?

5. ¿Revela el versículo 22 acerca de los motivos de Salomón para su arduo trabajo?

Cuando conocemos a alguien por primera vez, a menudo nos presentamos diciendo algo como: "Soy maestra, madre, enfermera o contadora". Tenemos una tendencia a ser definidos por nuestro trabajo. Salomón claramente ha descubierto que su identidad está en su trabajo y cree que debería ser recompensado por ello. Esto es lo opuesto a lo que vemos en la Palabra de Dios sobre el significado de nuestro trabajo.

6. Lea Colosenses 3:17. ¿A quién le asignamos el nombre de nuestro trabajo?

7. Lea 1 Corintios 10:31. ¿A quién deberían glorificar todas nuestras acciones?

No estamos llamados a trabajar duro para poder obtener un mejor salario. No tenemos el desafío de ganar más experiencia para poder conseguir una promoción mayor. No debemos dejarnos motivar por las palabras de afirmación de nuestro jefe o de nuestros clientes. Debemos trabajar diligentemente, para que, como discípulos de Jesús, el Padre sea glorificado.

Debido a que la muerte infectó la tierra después de la caída, todo lo que debería habernos dado satisfacción, placer y propósito –incluido nuestro trabajo– ahora puede ser torcido para obtener ganancias egoístas. Pero se pone aún peor cuando miramos las cosas de la tierra, las cosas creadas y ponemos nuestra esperanza en ellas. Si consideramos nuestros trabajos, nuestras relaciones y nuestros logros como motivación para levantarnos de la cama cada mañana, la mayoría de las veces nos encontraremos tapándonos la cabeza con las mantas. Lo que Salomón nos enseña tan dolorosamente, a través de la siempre presente antagonista llamada muerte, es que fijar nuestros ojos y nuestra esperanza en las cosas creadas es inútil. De hecho, como vimos en la Lección Uno, no es sólo futilidad – es adoración de ídolos.

> ¿Que pasa si la muerte no es el antagonista? ¿Y si es el protagonista recordándonos que hay más que esto?

8. Lea 1 Pedro 1:13. ¿Qué nos salvará de esta inutilidad de la miopía?

¿Qué pasa si la muerte no es el antagonista? ¿Y si es el protagonista recordándonos que hay más que esto? ¿Qué pasaría si fijar nuestros ojos en nuestro hogar eterno fuera lo que realmente nos da verdadero descanso y pone todo lo demás en perspectiva?

Lea Eclesiastés 2:23.

¿La preocupación impide que tu mente descanse? Es posible que su esfuerzo no esté en una carrera. Nuestras mentes pueden ser consumidas por muchas cosas que nos impiden centrarnos en el Señor y encontrar nuestra identidad en Jesús. En palabras de Salomón: "Esto también es vanidad".

Tripp nos brinda una perspectiva valiosa:

> Todos nos enfrentamos a este problema: mantenernos alerta sobre lo que es realmente importante en la vida. Cada día tú y yo debemos decidir una y otra vez qué es importante y qué no. Cuando las cosas se vuelven más importantes para nosotros de lo que realmente son, moldean cómo pensamos sobre nosotros mismos y cómo vivimos nuestras vidas. [15]

La cuestión es que vivir a la luz de la eternidad (vivir con una perspectiva "por encima del sol") te libera para soltar el control y vivir para lo que importa. Al darte cuenta de que este mundo está pasando, te liberas de las cadenas de la ansiedad, de pensar demasiado en lo mundano, de darle demasiada importancia a tus éxitos y de permanecer despierto por la noche estresado por los planes de mañana. Todo es un punto fugaz en el radar de la eternidad. Pero también (*porque* es un punto en el radar) haz que tus momentos cuenten. No por amor a tu nombre, sino por amor a Su nombre.

Día Cuatro | Eclesiastés 2:24-26

Cuando ayer dejamos a Salomón, parecía plausible que hubiera elegido vivir el resto de sus días en la desesperación. Pero en cambio, sin previo aviso ni transición, da un giro de 180 rados y hace una declaración audaz sobre la vida.

Lea Eclesiastés 2:24-25.

1. ¿A qué conclusión llega Salomón sobre la vida? (v.24)

2. ¿En qué se diferencia su nueva postura de lo que acaba de decir en los versículos 22-23?

Salomón intencionalmente coloca sus observaciones sobre la vida al lado de lo que cree por fe. Al hacerlo, está dejando al descubierto el vacío de la vida sin Dios. Danny y Jon Akin nos dan esta útil información:

> Salomón nos expone al fracaso de todos sus experimentos para mostrarnos que lo que se perdió en todos sus esfuerzos fueron los gozos simples que Dios le ofrecía. Todos sus experimentos fracasaron, por lo que ahora finalmente recurre a Dios. Dios es misericordioso con Salomón y con nosotros al exponer el fracaso de todo lo demás para satisfacer. ¡Dios nos permite sentir la falta de sentido de nuestros esfuerzos para llevarnos a Él! [13]

Luego, Salomón hace una pregunta que resume todo el capítulo, tal vez incluso todo el libro. Pero es una pregunta que nosotros, incluso como cristianos, rara vez nos detenemos a plantearnos cuando luchamos contra el descontento.

3. ¿Cuál es la pregunta retórica que hace Salomón en el versículo 25?

Si estás luchando con la satisfacción (y no creo que sea demasiado asumir decir que la mayoría de nosotros lo hacemos), ¿te has detenido a evaluar cómo has tratado de llenar ese vacío en el pasado y qué podrías necesitar hacer de manera diferente esta vez? Salomón se está dando cuenta de que incluso las cosas más placenteras de la tierra no tienen valor sin Dios. Ni siquiera podemos disfrutar del bien si no tenemos una relación con el Creador. El peligro es que cuando nos falta satisfacción, la buscamos a toda costa. En nuestra carne, no escatimaremos esfuerzos para sentirnos plenos y felices. Pero nada fuera de Jesús puede realmente satisfacernos.

4. Lea Juan 10:10. ¿Qué tipo de vida da Jesús?

5. Mirando el mismo pasaje, ¿qué desea hacer el enemigo en tu vida?

Dondequiera que te sientas descontento, puedes estar seguro de que el enemigo se está divirtiendo en tu mente. Él te está incitando con todo tipo de pensamientos sobre dónde puedes encontrar el disfrute. Ahora bien, ¿disfrutar es algo malo? Por supuesto que no. El punto de Salomón no es que sea malo disfrutar de los dones de la vida; Su punto es que no se pueden disfrutar verdaderamente estas cosas en su máxima extensión a menos que se experimenten de una manera que sea honorable para el Señor.

Akin y Akin lo explican de esta manera:

> Ninguna de esas cosas que Salomón mencionó es necesariamente mala. La música, la risa, el sexo con tu cónyuge y todas esas otras cosas pueden ser buenas y santas si se usan como Dios manda. El problema es que nos rebelamos contra Dios, por lo que ahora estamos quebrantados. Pero en Cristo somos redimidos para recuperarnos y perseguir el diseño de Dios para nuestras vidas, que incluye disfrutar de los dones materiales que Él nos ha dado. [14]

Lea Eclesiastés 2:26.

En este versículo, vemos a Salomón reconocer la mano soberana de Dios.

6. ¿Quién determina quién es "bueno"? (v.26)

7. ¿Qué tres cosas le da Dios a un hombre que es "bueno"? (v.26)

8. ¿Qué le da Dios al pecador?

Podemos pensar que sabemos lo que significa ser una buena persona. Ciertamente, todos podríamos nombrar a personas que conocemos, que diríamos que son decentemente buenas.

Incluso podríamos pensar que *somos* buenas personas, hasta que nos enfrentemos a la santidad y la bondad de Dios. Ese es un viaje para el que ninguno de nosotros es lo suficientemente alto. *Todos* somos pecadores que estamos destituidos de la gloria de Dios (Romanos 3:23). Ninguno de nosotros puede lograr nuestro camino a la gloria (Efesios 2:8-9). Cualquier intento de hacerlo es vanidad.

Cuando nos esforzamos, reunimos, recolectamos, perseguimos, construimos y, en general, tratamos de impresionar a Dios, todo lo que hacemos es sin sentido. Pero cuando hacemos todo con el propósito de glorificar el nombre de Jesús (1 Corintios 10:31), encontraremos el verdadero significado.

¿Cómo aprendemos a hacer las cosas para la gloria de Dios? Al darnos cuenta de que no somos nosotros quienes damos poder a nuestros esfuerzos. Se ha dicho: "Trabaja como si todo dependiera de ti; Ora como si todo dependiera de Dios".

Si descubres que hay una corriente subyacente de descontento en tu vida, revisa el trono de tu corazón. Todos somos adictos al sentimiento de seguridad y felicidad. Pero si continuamente lo encontramos fuera de nuestro alcance, es posible que nos hayamos puesto en el trono de nuestro corazón en lugar de Jesús. Sólo Él merece el trono por lo que ha hecho por nuestros corazones imprudentemente hambrientos.

El pastor Tim Keller arroja luz sobre esta forma de idolatría:

> El ídolo del éxito no puede simplemente ser expulsado, sino que debe ser reemplazado. El deseo del corazón humano por un objeto valioso en particular puede ser conquistado, pero su necesidad de tener algún objeto de ese tipo es invencible. ¿Cómo podemos romper la fijación de nuestro corazón en hacer "algo grandioso" para curarnos de nuestro sentimiento de insuficiencia y darle sentido a nuestra vida? Sólo cuando veamos lo que Jesús, nuestro gran Siervo sufriente, ha hecho por nosotros, entenderemos finalmente por qué la salvación de Dios no requiere que hagamos "algo grande". No tenemos que hacerlo porque Jesús ya lo hizo. [15]

9. Reflexiona en algún momento en el que Dios te llevó al final de ti mismo. ¿Qué algo nuevo descubriste sobre el carácter de Dios durante esa temporada? ¿Cómo te ayudó cuando pensabas que tenías que hacerlo por ti mismo?

Día Cinco | ¿Esto es todo lo que hay?

Mirando retrospectivamente Eclesiastés 2, hemos hablado mucho sobre las "cosas" de esta tierra y hemos tratado de encontrar significado a lo mundano. Nosotros, como seres humanos, hemos aprendido mal dónde encontrar satisfacción, hemos tergiversado nuestra fuente de satisfacción y hemos colocado la creación en el trono de nuestros corazones en lugar de nuestro Creador. Y todo eso nos ha dejado vacíos. Pero es más profundo que eso. En un acto aún más astuto del enemigo, hemos sido engañados para convertir los regalos del Dador en nuestro faro de esperanza.

Piénsalo. ¿Qué es lo que más te decepciona en este momento? ¿Es tu matrimonio? ¿Tu trabajo? ¿Tu dieta? ¿Tus amistades? Dondequiera que sientas que hay un agujero más grande, lo más probable es que sea donde has estado poniendo tu esperanza.

Tripp expone esta idea:

> Algo más está sucediendo en tu mundo de esperanza: el anhelo. La esperanza tiene sus raíces en el anhelo. Lo diré de nuevo: en lo más profundo de ti hay un anhelo por el regreso del paraíso para el cual fuiste creado, un paraíso que duraría para siempre ... De alguna manera, los seres humanos somos sólo un grupo de soñadores que anhelan un mundo mejor. Así que no está mal tener esperanza; es sólo que la esperanza siempre decepcionará a menos que esté unida para siempre. [16]

1. ¿A qué has unido tu esperanza?

2. ¿De qué manera eso te ha dejado decepcionado? O peor aún, ¿cómo ha hecho que tu vida parezca menos significativa?

> Dondequiera que sientas que hay un agujero más grande, lo más probable es que sea donde has estado poniendo tu esperanza.

Entonces, ¿cómo "fijamos nuestra esperanza para siempre"? Fijando nuestros ojos en lo que no se ve, viviendo nuestras vidas *con la vista en la Eternidad*.

Pablo se lo dice de esta manera a la iglesia de Corinto:

> Por tanto no desfallecemos, antes bien, aunque nuestro hombre exterior va decayendo, sin embargo nuestro hombre interior se renueva de día en día. Pues esta aflicción leve y pasajera nos produce un eterno peso de gloria que sobre pasa toda comparación, al no poner nuestra vista en las cosas que se ven, sino en las que no se ven. Porque las cosas que se ven son temporales, pero las que no se ven son eternas (2 Corintios 4:16-18, NBLA).

3. Lea 1 Pedro 1:25. ¿Qué dura para siempre?

4. Entonces, ¿cómo fijamos nuestros ojos en lo que es eterno?

No podemos escapar de ello. Sumergirnos en la Palabra y buscar una relación intencional con Jesús es lo que nos da una visión de la eternidad. Y cuando tenemos una visión adecuada de la eternidad, tenemos gozo y esperanza que realmente perduran. Barna escribe:

> Tu principal propósito en la vida – y el camino hacia la alegría, la plenitud, el significado y el florecimiento – es conocer, amar y servir a Dios con todo tu corazón, alma, mente y fuerzas. Jesús lo dijo (Marcos 12:29-30). Entonces tu desafío es entender para quién te hizo ser, las circunstancias en las que te ha colocado, las habilidades y recursos que te ha dado, y cómo puedes aplicar esos recursos y habilidades dentro de tus circunstancias para honrarlo. [17]

¿Qué hubiera pasado si el corazón de Salomón hubiera permanecido firme en el Señor? ¿Qué hubiera pasado si, al adquirir riqueza y encontrar el éxito, hubiera usado esos dones para honrar al Señor? ¡Cuán diferente podría haber sido su perspectiva al comenzar cada nuevo día con un corazón lleno de esperanza y la mente puesta en la eternidad!

Phillip Yancey comparte cómo podemos fijar nuestra mente en la eternidad a través de la oración. Él describe la oración de esta manera sencilla: "La oración es el acto de ver la realidad desde el punto de vista de Dios". [18] Detente y vuelve a leerlo lentamente.

No estoy seguro de por qué, pero cuando leí eso a la luz de este estudio sobre Eclesiastés, las lágrimas subieron hasta el borde de mis ojos. La forma en que podemos vivir *Con la Vista en la Eternidad* es acercándonos a Dios en oración.

La oración es cuando nos detenemos y miramos nuestras vidas como lo hace Dios. Él ve toda la línea de tiempo. Él ve la imagen completa. Él ve desde el principio hasta el final. Cuando oramos, nos alejamos y recordamos que, afortunadamente, Dios está en control. El punto de vista de Dios es un punto de vista celestial.

En respuesta a la pregunta con la que comenzamos: "¿Es esto todo lo que hay?" - la respuesta es no." Gracias a Jesús, podemos descansar sabiendo que lo mejor está por venir.

Lección Tres

¿Qué hora es?
Eclesiastés 3

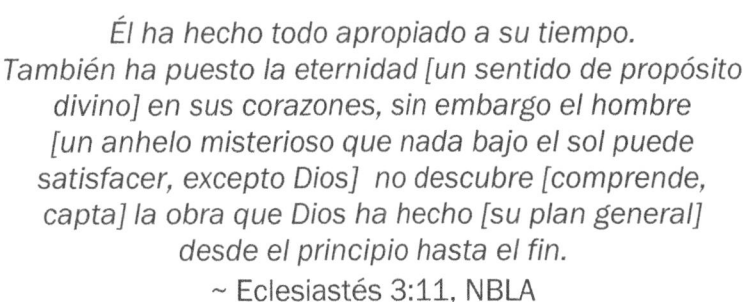

Él ha hecho todo apropiado a su tiempo. También ha puesto la eternidad [un sentido de propósito divino] en sus corazones, sin embargo el hombre [un anhelo misterioso que nada bajo el sol puede satisfacer, excepto Dios] no descubre [comprende, capta] la obra que Dios ha hecho [su plan general] desde el principio hasta el fin.
~ Eclesiastés 3:11, NBLA

Lección Tres | 83

Eclesiastés 3

Todo tiene su tiempo

¹ Hay un tiempo señalado para todo, y hay un tiempo para cada suceso bajo el cielo:

² Tiempo de nacer, y tiempo de morir;

Tiempo de plantar, y tiempo de arrancar lo plantado;

³ Tiempo de matar, y tiempo de curar;

Tiempo de derribar, y tiempo de edificar;

⁴ Tiempo de llorar, y tiempo de reír;

Tiempo de lamentarse, y tiempo de bailar;

⁵ Tiempo de lanzar piedras, y tiempo de recoger piedras;

Tiempo de abrazar, y tiempo de rechazar el abrazo;

⁶ Tiempo de buscar, y tiempo de dar por perdido;

Tiempo de guardar, y tiempo de desechar;

⁷ Tiempo de rasgar, y tiempo de coser;

Tiempo de callar, y tiempo de hablar;

⁸ Tiempo de amar, y tiempo de odiar;

Tiempo de guerra, y tiempo de paz.

⁹ ¿Qué saca el trabajador de aquello en que se afana? ¹⁰ He visto la tarea que Dios ha dado a los hijos de los hombres para que en ella se ocupen. ¹¹ Él ha hecho todo apropiado a su tiempo. También ha puesto la eternidad en sus corazones, sin embargo el hombre no descubre la obra que Dios ha hecho desde el principio hasta el fin.

¹² Sé que no hay nada mejor para ellos que regocijarse y hacer el bien en su vida; ¹³ además, sé que todo hombre que coma y beba y vea lo bueno en todo su trabajo, que eso es don de Dios.

¹⁴ Sé que todo lo que Dios hace será perpetuo;

No hay nada que añadirle

Y no hay nada que quitarle.

Dios ha obrado así

Para que delante de Él teman los hombres.

¹⁵ Lo que es, ya ha sido,

Y lo que será, ya fue,

Porque Dios busca lo que ha pasado.

¹⁶ Aun he visto más bajo el sol:

Que en el lugar del derecho está la impiedad,

Y en el lugar de la justicia está la iniquidad.

¹⁷ Yo me dije:

"Al justo como al impío juzgará Dios",

Porque hay un tiempo para cada cosa y para cada obra.

¹⁸ Me dije también en cuanto a los hijos de los hombres: "Ciertamente Dios los ha probado para que vean que son como los animales". ¹⁹ Porque la suerte de los hijos de los hombres y la suerte de los animales es la misma: como muere el uno así muere el otro. Todos tienen un mismo aliento de vida; el hombre no tiene ventaja sobre los animales, porque todo es vanidad.

[20] Todos van a un mismo lugar.

Todos han salido del polvo

Y todos vuelven al polvo.

[21] ¿Quién sabe si el aliento de vida del hombre asciende hacia arriba y el aliento de vida del animal desciende hacia abajo, a la tierra? [22] He visto que no hay nada mejor para el hombre que gozarse en sus obras, porque esa es su suerte. Porque ¿quién le hará ver lo que ha de suceder después de él?

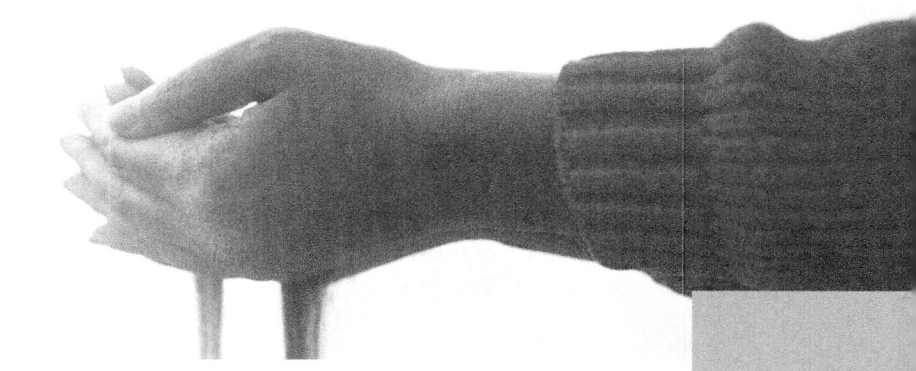

¿Qué hora es?

Todos tenemos una cosa en común: el tiempo. Cada uno de nosotros tiene veinticuatro horas al día. Son 1440 minutos, ni más ni menos. Además, sólo tenemos una oportunidad de dedicar cada minuto que tenemos. Una vez que desaparecen, nunca volveremos a ver esos minutos. Como resultado, vivimos con una tensión constante en lo que respecta al tiempo. A menudo sentimos que nuestro día no tiene suficientes horas. Pero luego, otros días parecen prolongarse. Leemos libros y blogs para ayudarnos a "administrar" nuestro tiempo y "programar" nuestros días para no "desperdiciar" ni un solo momento. Pero no importa cómo intentemos controlarlo, el tiempo tiene una manera de seguir avanzando, de deslizarse entre nuestros dedos.

Ninguno de nosotros puede escapar de nuestra limitación temporal. Nos encontramos diciendo cosas como: "¿Qué hora es?", "¿Adónde se fue todo el tiempo?" y "Simplemente no hay suficientes horas en el día". Y cuanto más envejecemos, más rápido parece que pasa el tiempo. Frederick Buechner hace esta apropiada observación sobre la correlación entre el tiempo y la marea del océano:

> Las palabras tiempo y marea remontan su ascendencia a una raíz indoeuropea común, y parte de lo que todavía tienen en común después de tomar caminos separados todos estos años es la sensación de flujo y reflujo. El tiempo, como las aguas del océano que retroceden, nos lleva a todos los que somos hijos del tiempo cada vez más lejos de la costa cercana y más y más cerca de esas misteriosas profundidades donde finalmente llegaremos al fin de nuestro tiempo. [1]

Como la marea, el tiempo tiene un ritmo. Nuestras vidas están cronometradas por el sol y la luna, el día y la noche, las estaciones y el clima. Salomón es consciente del significado de esta cadencia y del papel que juega en nuestras vidas. En este momento de su vida, también se da cuenta de que el tiempo también nos da el don de la perspectiva. Ahora ve las cosas de manera diferente que en sus primeros años. El tiempo le ha concedido la capacidad de ver lo temporal a través de la perspectiva de lo eterno. Mientras escribe, nos invita a aprender de su descubrimiento personal de que vivir debajo del sol es inútil y nos invita a unirnos a él en el plano elevado por encima del sol.

Día Uno | Eclesiastés 3

Cuando Salomón comienza Eclesiastés 3, continúa reflexionando sobre la vida, lo que lo lleva a recitar rítmicamente acerca de los tiempos y estaciones de nuestra existencia en la tierra. Muy a menudo, no reconocemos la estación en la que nos encontramos hasta que termina. Un día estamos celebrando y al día siguiente nos encontramos lamentando una pérdida. La sabiduría nos permite comprender que hay un tiempo señalado por Dios para todo lo que experimentamos debajo del sol y nos ayuda a aprender a vivir a la luz de ese entendimiento.

Hoy comenzaremos con una descripción general del capítulo y luego nos centraremos en algunos de los puntos principales de Salomón. Lea Eclesiastés 3 en su totalidad. Mientras lees, marca las palabras y frases clave con un marcador azul.

1. ¿Cuál es la idea central (tema) de Eclesiastés 3?

La idea central: Eclesiastés 3

2. Enumere las palabras clave que ha identificado en Eclesiastés 3.

Palabras claves en Eclesiastés 3

3. "Tiempo" es una de las palabras clave en este pasaje. ¿Cuántas veces usa Salomón la palabra "tiempo"?

Lección Tres | 89

4. Defina "tiempo".

En el versículo 1, la primera frase, "Hay un tiempo señalado", también se puede traducir como "Para todo hay un tiempo (NTV)". Si has vivido alguna época, sabrás que hay estaciones en la vida. Actualmente estoy en la temporada de "nido vacío". Algunos lo llamarían el "cuarto trimestre" o, si describimos la vida por las estaciones del año, estoy en el otoño de mi vida. Es bueno estar consciente de la temporada en la que te encuentras y de lo que Dios ha designado para ti durante ella.

5. ¿Cómo describirías la etapa actual de tu vida?

Necesitamos ser conscientes de que en esta vida lo único que nunca cambia es que todo cambia. N.D. Wilson nos da una idea de la frustración que tenemos con el tiempo:

> El tiempo es duro para los mortales. Esa aspereza es lo que envió a Salomón a su pluma. Lee Eclesiastés y siente el dolor que sentía en el pecho mientras él, potentado más poderoso de su mitad del planeta, perseguía con palabras el vapor de la vida, incapaz de capturar el tiempo y ralentizarlo, pero capaz de captar la futilidad, porque todo lo que necesitamos para eso son las manos vacías. [2]

El tiempo nunca es neutral. Nos desafía constantemente a hacer algo aquí y ahora.

6. Lea Eclesiastés 3:11. ¿Qué ha puesto Dios en nuestros corazones?

Dios nos ha dado la capacidad de anhelar algo eterno, pero nuestra comprensión es limitada cuando se trata de las formas soberanas en que Dios obra. Nuestras limitaciones nos harán sentir inquietos y frustrados, o nos llevarán a Dios, que no tiene límites.

Recientemente, escuché un mensaje de Matt Chandler sobre Eclesiastés 3. Describió los 14 pares de contrastes en los versículos 1-8 como "una lista de ingredientes que Dios mezcla para moldearte y convertirte en el resultado deseado". [3] Los ingredientes de por sí no deben comerse solos. Sólo después de mezclarlos todos y aplicarles calor en el horno, el producto terminado estará listo para disfrutarse, ¡y está bueno!

Los ingredientes de nuestra vida son elegidos soberanamente para cada uno de nosotros. Dios, el Maestro Diseñador, sabe exactamente lo que necesitamos y cuándo. Él permite que algunas de las cosas que consideramos difíciles formen parte de nuestras vidas porque sabe cómo la adversidad fortalece nuestra fe y nos lleva a una mayor dependencia de Cristo.

A lo largo de las páginas de las Escrituras, notamos repetidamente cómo la prosperidad es una maldición mayor que la adversidad. El "ciclo del pecado" de los Jueces prueba mi punto. Cada vez que había paz y prosperidad en la tierra, los israelitas volvían a la idolatría pagana. Tendemos a olvidar nuestra necesidad de Dios cuando nos sentimos cómodos.

7. ¿Cómo has visto esta verdad en tu propia vida?

Al enfrentar las tormentas de la vida, nuestras raíces se hacen más profundas y nuestra fe se fortalece. Durante estos momentos, es crucial que nos volvamos al Señor y no al mundo. Al permanecer en Cristo, Él nos fortalece en nuestro hombre interior para los tiempos en que nos encontramos.

> El Padre no está obligado a satisfacer nuestra comodidad, sino a proveer nuestra conformidad con Cristo.

Lea Jeremías 17:5-8 de la *Biblia Ampliada*:

> Así dice el Señor:
> Maldito el hombre que confía y se apoya en el hombre,
> Haciendo de la carne [humana débil y defectuosa] su fuerza,
> Y cuya mente y corazón se apartan del Señor.
>
> Porque será como arbusto en el desierto;
> Y no verá la prosperidad cuando llegue,
> sino que habitará en los lugares pedregosos del desierto,
> En una tierra salada deshabitada.
>
> Bienaventurado [con seguridad espiritual] el hombre que cree, confía y depende en el Señor y cuya esperanza y expectativa está confiada en el Señor.
>
> Porque será [nutrido] como un árbol plantado junto a las aguas,
> Que extiende sus raíces junto al río;
> Y no temerá el calor cuando llegue;
>
> Pero sus hojas estarán verdes y húmedas.
> Y no estará ansioso ni preocupado en un año de sequía.
> Ni dejará de dar frutos".

Vemos a dos hombres diferentes contrastados en estos versículos de Jeremías 17.

8. ¿Cómo contrasta el Señor a estos dos hombres? (vv. 5-8)

9. ¿Cuáles son los resultados de sus vidas debido al objeto de su confianza? (vv. 5-8)

El deseo de Dios es que crezcamos profundamente en nuestra dependencia de Él y que recurramos a Él en las cambiantes estaciones de la vida. El Padre no está obligado a satisfacer nuestra comodidad, sino a proveer nuestra conformidad con Cristo.

David Gibson nos da palabras apropiadas para reflexionar al cerrar nuestro tiempo de hoy:

El mensaje de Eclesiastés no es que la vida está llena de buenos y malos momentos y que por eso hay que aguantar los golpes. Más bien, el mensaje es que la vida está llena de buenos y malos momentos que no podemos controlar, pero el patrón de nuestras vidas de esta manera es parte de un patrón más grande que Dios controla… La satisfacción llega cuando sabes que eres una criatura atada al tiempo y Dios es el Creador eterno. La satisfacción se aloja en mi corazón cuando acepto los límites de mi existencia como criatura y acepto las estaciones de mi vida como si vinieran de sus manos buenas y sabias. [4]

Día Dos | Eclesiastés 3:1-8

El tercer capítulo de Eclesiastés comienza con un poema que es probablemente la sección más conocida del libro debido al éxito de la canción número uno en Billboard de Pete Seeger en 1965, "Turn, Turn, Turn", escrito en el contexto de la guerra de Vietnam. En la canción, Seeger tomó todas menos seis palabras de la versión King James del texto bíblico, razón por la cual el 45% de las regalías de la canción se envían a Israel. [5]

Como escritor de canciones y proverbios, ciertamente parece apropiado que Salomón usara la poesía para transmitir su mensaje a sus lectores. Sin embargo, para asegurarnos de que entendamos lo que está diciendo en el poema, proporciona una declaración de tesis desde el principio: "Hay un tiempo señalado para todo" (v. 1a).

Un "tiempo para todo". El poema de Salomón considera la naturaleza de ida y vuelta del tiempo. La vida es una mezcla de cosas. Ocurren cosas buenas. Suceden cosas malas. Hay días maravillosos, luego hay días de prueba e incluso de tragedia. Algunas etapas de la vida son asombrosas, mientras que otras son duras. Los ritmos cambiantes de la vida son parte de vivir en un mundo roto.

Michael Eaton nos recuerda: "La sabiduría implica conocer 'los tiempos' (Ester 1:13); la piedad dice: 'En tus manos están mis tiempos' (Salmo 31:15). [Salomón] sostiene un punto de vista similar: los 'tiempos' de la vida no pueden conocerse completamente (9:11s.). Pero 'en todo tiempo' (9:8) uno debe estar contento". [6] Encontrar satisfacción en el tiempo que Dios ha elegido para nosotros es el secreto de una gran prosperidad, independientemente del tiempo o la estación.

Lea Eclesiastés 3:1-8. Quizás quieras leer el poema de Salomón en voz alta, prestando atención a los ritmos de sus contrastes.

1. Escribe la tesis de Salomón con tus propias palabras. (v. 1)

El tiempo no es sólo un concepto vago, ni aleatorio ni vacío. Dios creó esta forma de medida como un sistema para la humanidad. Desde la separación del día y la noche en Génesis 1, Dios nos ha dado el método del tiempo para poner orden en nuestras vidas. Sin la estructura que proporciona, el mundo y nuestras vidas serían caóticos.

Warren Wiersbe hace esta observación sobre el tiempo y los propósitos de Dios:

> No sólo hay tiempos y estaciones en este mundo, sino que también hay una providencia dominante en nuestras vidas. Desde antes de nuestro nacimiento hasta el momento de nuestra muerte, Dios está cumpliendo sus propósitos divinos, aunque no siempre entendamos lo que está haciendo. [7]

El poema de Salomón que abarca los versículos 2 al 8 es poesía hebrea en su máxima expresión. Utiliza catorce declaraciones para señalar la soberanía de Dios en nuestras vidas. Cada evento es de su mano. Cada uno es bueno en su "tiempo señalado".

Salomón emplea una figura retórica literaria conocida como merismo, la combinación de dos partes opuestas para referirse al todo. Salomón usa estas ideas contrastantes para describir la suma de la experiencia humana bajo el sol. El objetivo de su breve poema es capturar la esencia de todos los acontecimientos de la vida humana. Como explica Gibson, Solomon "reúne tanto el panorama general (la totalidad de la vida) como las partes individuales (las estaciones de la vida) y comienza a explicar por qué nuestra falta de control sobre cualquiera de ellas es precisamente lo que puede darnos esperanza". [8]

2. Enumere los catorce contrastes en el poema de Salomón. (vv. 2-8)

Un Tiempo para...	Un Tiempo para...

94 | Lección Tres

Un Tiempo para...	Un Tiempo para...

Cuando miro esa lista, mi tendencia es decir: "Tomaré todas las experiencias positivas y pasaré por alto las negativas". ¡Nos gusta la parte del "tiempo de nacer"! Pero no tanto el "tiempo de morir". Hacemos ejercicio y comemos sano para prolongar nuestra vida y vitalidad y, sin embargo, algún día moriremos. Si bien la muerte no era parte del plan original de Dios, después de Génesis 3, se convirtió en el remate del nacimiento en la existencia humana.

Esta lista de contrastes contiene todos los elementos de nuestras vidas, desde el "tiempo de nacer" hasta el "tiempo de morir", y todo lo demás. Estamos viviendo nuestra pequeña historia dentro de la historia más grande de Dios: Creación, Caída, Redención y Restauración. Comprender la verdad de que no somos el autor principal de nuestras historias conduce a un mayor descanso y confianza en Él.

Al revisar esta lista, ciertos contrastes le llamarán la atención. Puede ser que estén describiendo su hora o temporada actual. No podemos predecir cuándo aparecerán determinadas temporadas en nuestra línea de tiempo personal y, en ocasiones, nos toman totalmente por sorpresa. Cuando eso sucede, nos damos cuenta del poco control que tenemos sobre nuestras vidas.

3. Piensa en el último año de tu vida. Al describir su vida durante los últimos doce meses, termine la frase: "Un tiempo para..."

Me gusta sembrar plantas en la tierra, pero realmente odio tener que volver a arrancarlas. Mientras escribo esto, ha llegado la primavera. El clima se está volviendo más cálido y es hora de arrancar mis pensamientos (que están mostrando su belleza) para dejar espacio a las flores que puedan soportar el calor del verano. ¡Pero me cuesta tanto levantarlos! Zack Eswine escribe: "Muchas de nuestras frustraciones surgen de nuestra ceguera ante el cambio de estación o ante el dolor o la alegría de ellos, y luchamos por ajustar nuestras expectativas". [9]

> Comprender la verdad de que no somos el autor principal de nuestras historias conduce a un mayor descanso y confianza en Él.

Sinceramente, elegiría sanar antes que morir, edificar antes que derribar, reír antes que llorar y bailar antes que lamentar. ¿No lo harías? Pero no podemos elegir.

4. ¿Y tú? ¿Con qué luchas en esa lista?

Gibson observa que tener claridad sobre el tiempo es lo que nos ayudará a comprender la fragilidad de nuestra humanidad: "Parte de vivir bien es aceptar dos cosas: primero, estamos encerrados dentro de los límites del tiempo y, segundo, Dios no. Lo que hacemos va y viene, pero 'todo lo que Dios hace permanece para siempre'". [10]

5. Lea Salmo 119:89. Cuando Dios habla, sus Palabras tienen impacto en nuestro "ahora", pero también son eternas. ¿Cómo debería afectar esto la forma en que leemos la Biblia?

6. Lea Isaías 40:8. ¿Qué dice acerca de la Palabra de Dios?

7. Lea Salmo 139:13-18. ¿Qué revelan estos versículos acerca de la soberanía de Dios?

Dios es el Maestro Tejedor, Aquel que entrelaza el tapiz de nuestras vidas. Estamos en desventaja, porque sólo podemos ver el tapiz desde debajo del telar (debajo del sol). La belleza de la obra maestra que Dios está tejiendo sólo puede verse desde arriba.

Corrie Ten Boom hizo famoso el poema "La vida no es más que un tejido", ya que a menudo hacía referencia a él. En la última edición de su biografía, *The Hiding Place*, Joni Erickson Tada escribe el prólogo. En él, cita algunas de las frases que Corrie repetía a menudo, entre ellas: "No hay pozo tan profundo que el amor de Dios no sea aún más profundo" y "Solo el cielo revelará la parte superior del tapiz de Dios". [11] El tapiz al que se refería Corrie en la segunda cita, es la parte superior del tejido que el Señor está elaborando para cada uno de nosotros que vivimos debajo del sol. Desde nuestra vista, sólo vemos las cuerdas y los nudos. Pero la perspectiva de Dios está por encima del sol. Joni continúa diciendo que después de la muerte de Corrie, "Sonreí al imaginar que el Cielo estaba aplaudiendo y que Jesús probablemente le estaba explicando su elección de hilos extraños y oscuros mezclados entre el oro del tapiz del que ella hablaba tan a menudo". [12]

Al terminar tu estudio de la Palabra de Dios hoy, lee el poema que Corrie amaba y renueva tu compromiso de confiar en la soberanía de Dios mientras Él teje el tapiz de tu vida.

"La vida no es más que un tejido"
Mi vida no es más que un tejido
Entre mi Dios y yo.
no puedo elegir los colores
Él teje constantemente.
Muchas veces teje el dolor;
Y yo con tonto orgullo
Olvido que él ve la parte superior.
Y yo la parte de abajo.
No hasta que el telar esté en silencio
Y las lanzaderas dejan de volar
¿Dios desenrollará el lienzo?
Y revela el motivo.
Los hilos oscuros son tan necesarios
En la hábil mano del tejedor
Como los hilos de oro y plata
En el patrón que Él ha planeado
Él sabe, ama, se preocupa;
Nada que esta verdad pueda atenuar.
Él les da lo mejor a aquellos
Que le dejan la elección a Él. [13]
~ Grant Colfax Tullar

Plantador de semillas

Esta semana, busque una oportunidad para compartir el evangelio preguntando: "¿Crees en la eternidad?" Mientras habla, hágale saber a la persona que está estudiando el libro de Eclesiastés y que ha estado pensando mucho en el versículo que dice: "Dios ha puesto la eternidad en nuestros corazones". Todos sabemos que hay más en la vida que esto. Si él o ella está dispuesto a seguir conversando, pídale permiso para compartir cómo pasamos la eternidad con Dios a través de Su Hijo, Jesús.

Día Tres | Eclesiastés 3:9-15

Después de su poema al comienzo de Eclesiastés 3, Salomón continúa con sus reflexiones filosóficas mientras se refiere una vez más a la inutilidad de buscar significado y satisfacción en las cosas del mundo.

Lea Eclesiastés 3:9-10.

1. ¿Qué pregunta plantea Salomón en el versículo 9?

Si todo tiene su momento y simplemente pasa de una cosa a la siguiente, ¿cuál es el propósito del trabajo de un hombre? Por supuesto, veremos algunos frutos de nuestro trabajo. Pero piense en las palabras del poema de Salomón (vv. 2-8). Algunas obras tendrán que ser "desarraigadas" (v. 2), otras tendrán que ser "[derribadas]" (v. 3). Algunas de nuestras labores nos producirán lágrimas (v. 4), y otras nos harán sentir frustrados hasta el punto de que "lo desperdiciemos" (v. 6).

Danny y Jon Akin sacan esta conclusión del poema de Salomón y su pregunta posterior:

> Hay 14 ventajas y 14 desventajas, ¡y eso se iguala a cero! Cada nacimiento termina en muerte, cada cosecha plantada es arrancada, cada edificio finalmente es condenado, cada celebración da paso a un funeral y cada paz da paso a otra guerra. No se gana nada. [14]

La respuesta a la pregunta del versículo 9 queda clara en el versículo 10: No hay ningún "beneficio" del trabajo que Dios da "con el cual ocuparnos" nosotros mismos. Y, sin embargo, nuevamente, esto es por diseño de Dios. Dios ha orquestado todos los acontecimientos de nuestras vidas para que sólo encontremos verdadera satisfacción en Él.

Lea Eclesiastés 9:11-15.

En los versículos 11-15, Salomón cambia nuestros pensamientos de considerar la vida aparte de Dios a examinar la vida con Dios.

Recuerda, sólo vemos la parte inferior del tapiz. Desde la perspectiva de Dios, las cosas se ven completamente diferentes. Él ve las cosas a través de la perspectiva de la "eternidad", como escribe Paul Tripp:

> La eternidad es una realidad. Es el producto del plan y diseño de Dios. Y una vez que creas en la eternidad y vivas con ella siempre en mente, no sólo entenderás cosas que nunca antes habías entendido, sino que vivirás de una manera radicalmente diferente a como lo hacías antes. [15]

Akin y Akin notan que Salomón usa "eternidad" en el versículo 11 como contraste con "tiempo" en su poema y hacen una aplicación similar: "Sabemos que la vida debajo del sol no es todo lo que hay, por lo que es absurdo vivir como si esta vida es todo lo que hay. Hay un deseo de vivir para siempre: hay un deseo de algo más que la vida debajo del sol, y hay conocimiento de una eternidad más allá de esta vida". [16]

Dios ha puesto la eternidad en nuestro corazón – una huella de la creación – un anhelo y un conocimiento de que fuimos creados para más que esta vida. Tripp nos recuerda: "Tenemos una eternidad dentro de nosotros y eso crea una decepción natural con el quebrantamiento del aquí y ahora". [17] Dios creó al hombre a su imagen, para que fuera inmortal. La muerte nunca estuvo destinada a existir, es el resultado del pecado. Sin embargo, el recuerdo del Edén perdura dentro de todos nosotros, al igual que el anhelo de buscar lo eterno. Como resultado, concluye Eswine, "Nuestras almas anhelan instintivamente una vida con propósito y sin fin bajo este sol encadenado en el tiempo". [18]

Abrimos el estudio de esta semana con Eclesiastés 3:11 de la *Biblia Ampliada*. Léelo nuevamente aquí:

> Él ha hecho todo apropiado a su tiempo. También ha puesto la eternidad [un sentido de propósito divino] en sus corazones, sin embargo el hombre [un anhelo misterioso que nada bajo el sol puede satisfacer, excepto Dios] no descubre [comprende, capta] la obra que Dios ha hecho [su plan general] desde el principio hasta el fin.

2. La *Biblia Ampliada* ofrece sinónimos de algunas de las palabras clave de un pasaje. ¿Cómo se explica la eternidad en este pasaje?

3. Escribe tu propia paráfrasis de Eclesiastés 3:11.

4. ¿Cómo describirías la eternidad?

La conclusión del versículo 11 a menudo se pasa por alto: "el hombre no descubrirá la obra que Dios ha hecho desde el principio hasta el fin". En este lado de la eternidad, nunca podremos comprender plenamente el plan de Dios. Aquí, "debajo del sol", como lo expresa el obispo Kallistos Ware, "estamos en un viaje a través del espacio interior del corazón, un viaje que no se mide por las horas de nuestro reloj ni por los días del calendario, porque es un viaje fuera del tiempo hacia la eternidad". [19]

5. ¿Cómo podemos vivir cada día *Con la Vista en la Eternidad*?

En este punto, podríamos esperar que Salomón hiciera una declaración teológica profunda sobre los propósitos ocultos de Dios, pero eso no es lo que hace. En cambio, se apoya en algunos consejos prácticos.

6. ¿Qué instrucción práctica da Salomón en los versículos 12-13?

Salomón quiere que sus lectores experimenten gozo y placer duraderos, que sólo provienen de Dios. ¡Él es nuestra fuente de alegría! La satisfacción en nuestra vida y trabajo es un regalo de Él. Sólo cuando busquemos nuestro significado y propósito en el Eterno, nuestros deseos eternos serán satisfechos. Y cuando nuestros deseos eternos sean satisfechos, disfrutaremos de la vida sin importar el tiempo o la estación.

En el versículo 14, Salomón luego hace una declaración acerca de la eternidad de Dios. Si bien somos criaturas frágiles, irremediablemente limitadas en el tiempo, cualquier cosa que Dios haga "permanecerá para siempre". Como nos recuerda Hebreos 4:3: "Sus obras fueron consumadas desde la fundación del mundo".

7. Busque los siguientes versículos y observe cómo revelan que Dios no está limitado por el tiempo:

- Salmo 90:2

- Isaías 57:15

- 2 Timoteo 1:9

- Tito 1:2

- Efesios 1:4

- 1 Pedro 1:20

Al final del versículo 14, Salomón señala que Dios "ha obrado de tal manera que los hombres le teman". Dios usará toda nuestra insatisfacción y frustración para llevarnos a Él. La gran diferencia entre nosotros y Él debería crear en nosotros un temor reverencial, un sentido de adoración y asombro por el Señor.

8. ¿Qué frase usa Salomón para describir la naturaleza cíclica de los acontecimientos en la tierra? (v.15a)

9. ¿Qué razón da Salomón para explicar lo que dice? (v.15b)

Gibson explica el significado de las imágenes que usa Salomón cuando dice: "Dios busca lo que pasó":

> Las imágenes sugieren un pastoreo, donde un granjero busca deliberadamente al animal que ha huido del redil, va a buscarlo y lo trae de regreso. En este caso, son todos los acontecimientos de la historia humana los que el tiempo ha ahuyentado al pasado, y para nosotros ya no están y se han perdido para siempre. Pero no para Dios. Él retrocederá en el tiempo y traerá el pasado a su presente para rendir cuentas. [20]

¡Sí y amén! Mientras nosotros estamos atrapados entre el tiempo y la eternidad, Dios no lo está. Actualmente vivimos en la Era de las Misiones. Lo siguiente en el calendario profético de Dios es el regreso de Cristo, que marcará el comienzo del fin de los tiempos. Philip Ryken escribe: "Cuando llegue ese día, el tiempo ya no existirá y nuestro profundo anhelo por la eternidad quedará satisfecho. Estaremos con Dios para siempre. Mientras tanto, somos sabios al orar de la manera en que oró Moisés: 'Enséñanos a contar nuestros días para que tengamos un corazón sabio' (Salmo 90:12)". [21]

Hasta ese día, que podamos entregar el control de nuestras vidas a Dios y confiar en la soberanía de Aquel que nos sostiene en sus manos. ¡Él siempre llega a tiempo!

¡Dad gracias al SEÑOR, porque él es bueno! Su fiel amor perdura para siempre.
Salmo 136:1, NTV

Día Cuatro | Eclesiastés 3:16-22

En nuestros versículos de ayer, Salomón puso nuestras esperanzas en la realidad de que todo lo que experimentamos en la vida es parte del plan eterno de Dios. Él es quien determina los tiempos y las estaciones. Todo lo que Él decreta se cumple, sin que se agregue ni se quite nada a su plan. Ahora, a la luz de esta verdad, Salomón mira a su alrededor, ve injusticia en todas partes y se pregunta por qué Dios ha demorado en emitir juicio.

En algún momento, probablemente todos nos hayamos preguntado: "¿Por qué Dios no hace algo con respecto a todo el sufrimiento y la maldad en el mundo?" Parece que dondequiera que miremos nos enfrentamos a las duras realidades de la injusticia. La única manera de armonizar la idea de un Dios bueno y justo con las condiciones de la sociedad es reconocer la existencia permanente del pecado.

Lea Eclesiastés 3:16-17.

1. ¿Qué problemas específicos relacionados con la injusticia presencia Salomón? (v. 16)

Incluso nuestros mejores intentos de lograr justicia son defectuosos. Salomón está profundamente perturbado al ver la prevalencia del mal bajo el sol. En los tribunales del país, el lugar donde se debe defender la justicia, hay maldad. En los lugares de justicia, la iglesia, hay maldad. Esta es la naturaleza del pecado: existe, incluso en los buenos lugares.

2. ¿Qué dice Salomón que se hará con respecto a la injusticia? (v. 17)

El juicio de Dios no siempre es inmediato, pero viene. Podemos estar seguros de que el Dios de toda la tierra hará lo correcto (Génesis 18:25). Un día, llegará el Día del Juicio final para toda la humanidad (Apocalipsis 20:13). Dios no ignora la injusticia ni se ha hecho de la vista gorda. Con el tiempo, las ruedas de la justicia de Dios corregirán todo error. Aunque tengamos que esperar, su justicia prevalecerá. El poema de James Russell Lowell, "La crisis actual", describe la realidad de esta verdad:

> La verdad por siempre en el andamio, el error por siempre en el trono.
> Sin embargo, ese andamio mueve el futuro y, detrás de lo oscuro y desconocido,
> Dios está dentro de la sombra, vigilando a los suyos. [22]

Lea Eclesiastés 3:18-22.

3. ¿Qué es lo siguiente que observa Salomón? (vv. 18-22)

4. ¿En qué aspectos los humanos se parecen a los animales? (vv. 19-20)

Algunas de las palabras que usa Salomón – "hijos de los hombres", "bestias" y "polvo" – nos recuerdan los primeros capítulos del Génesis. Los Akins exploran una de las consecuencias de la caída del hombre:

> Dios creó a Adán para gobernar sobre las bestias. La humanidad era distinta y superior a las bestias, pero en Génesis 3 Adán y Eva se sometieron a una bestia: la serpiente. Como resultado, Dios impuso una maldición sobre el mundo. Ahora bien, en esta existencia maldita, no gobernamos a las bestias, sino que somos como ellas. Hay tanto caos en este mundo maldito que actuamos como bestias. Vemos esta realidad descrita repetidamente a lo largo de la Biblia. Las naciones malvadas que atacan a Israel se llaman bestias (ver Salmo 80:13; Daniel 7:3); el anticristo y el falso profeta son llamados bestias (Apocalipsis 13). El reino animal es rojo en dientes y garras, pero también lo es el reino humano. El poder hace lo correcto y la opresión está en todas partes. La forma en que nos tratamos unos a otros es a menudo absolutamente despreciable. [23]

En el versículo 19, Salomón nota una similitud obvia entre humanos y animales para demostrar que el hombre no tiene ventaja sobre las bestias: ambos llegan al mismo fin: la muerte. Como dice el salmista acerca de todas las criaturas, cuando Dios les quita el aliento, mueren y vuelven a convertirse en polvo (Salmo 104:29, NTV). Todos venimos del polvo. Todos volvemos al polvo. El lenguaje de Salomón en Eclesiastés 3:20 hace eco de la declaración que Dios hizo en Génesis 3:19: "Porque polvo eres, y al polvo volverás".

5. Lea Salmo 49:10-20. ¿Qué observaciones hace el salmista sobre la muerte?

6. ¿Cómo afrontas la muerte?

Cuando Salomón concluye Eclesiastés 3, termina con una nota más alta.

7. ¿Qué consejo da Salomón en Eclesiastés 3:22?

Debido a que estamos atados por el tiempo, debemos disfrutar los dones dados por Dios y confiarle nuestra eternidad. Los Akins afirman: "El propósito de Salomón es exponer la necedad de una vida vivida sin Dios para impulsarnos a disfrutar de Dios y sus dones. La satisfacción en Dios y sus dones es la vida con sentido". [24]

¿Estás disfrutando de la vida? ¿Te ríes libremente? ¿Disfrutas de una buena comida, una conversación profunda o una impresionante puesta de sol? La próxima vez que estés en la mesa con tu familia, quédate. Haz buenas preguntas. Acurrúcate antes de acostarte y cuenta "sólo una historia más". Baja la velocidad. Se agradecido.

A ninguno de nosotros se le promete otro día. ¡Elige la alegría! Hemos elegido hacer eso en nuestro viaje actual con el cáncer de mi esposo. De hecho, el diario que uso para registrar las "tiernas misericordias" (Salmo 25:6) de Dios durante este viaje es de color amarillo brillante y en el lomo dice: "Cultivad el gozo".

La definición de cultivar es: "preparar, fomentar el crecimiento, mejorar mediante el trabajo, el cuidado o el estudio". [25] Esta definición nos permite saber que la alegría no ocurre por casualidad. Hay que elegirla y debemos fomentar el crecimiento de la alegría en nuestras propias vidas.

¿Cómo cultivamos la alegría? Eligiendo alabar al Señor sin importar la temporada en la que nos encontremos. Dios es bueno y sólo hace el bien. Él ha preparado un lugar para nosotros. Sólo estamos de paso por este mundo roto. Este no es nuestro hogar.

¡Fija tus ojos en Jesús! Él te guiará a través de cada estación al lugar que ha preparado para ti. ¡Un lugar donde toda lágrima será enjugada de tus ojos y tu alegría se desbordará!

Día Cinco | ¿Qué hora es?

La pregunta "¿Qué hora es?" es multifacética. Mientras que la respuesta simplemente requiere un vistazo a nuestro reloj o teléfono, la respuesta más profunda requiere más. Nos llama a discernir los tiempos en que vivimos. Y aunque nuestro discernimiento puede no ser el mejor, el de Jesús ciertamente lo es.

Él es el Originador y el Sustentador del tiempo. A medida que acudamos a Él, estaremos más en sintonía con los tiempos en que vivimos y el propósito para el cual Dios nos creó. Ryken observa cómo Jesús siempre está consciente del tiempo:

> Al presenciar la vida de Jesús en los Evangelios, vemos a un Salvador que siempre supo qué hora era. Hubo un momento para que Él naciera; de hecho, el momento justo. La Biblia dice que "cuando vino el cumplimiento del tiempo, Dios envió a su Hijo, nacido de mujer" (Gálatas 4:4). En el momento justo: cuando los gentiles estaban cansados de servir a los viejos dioses paganos, cuando los judíos estaban cansados de intentar y no cumplir la ley de Dios, cuando los griegos habían dado al mundo un idioma común, cuando los romanos habían establecido (relativamente) viaje seguro y fácil a través del Mediterráneo – Jesús vino con un mensaje de salvación para todo el mundo. [26]

Cuando pensamos en la vida de Jesús tal como está registrada en los Evangelios, reconocemos cuán sintonizado está con el propósito del Padre y el momento adecuado para todo lo que vino a lograr en la tierra. En Lucas 4, Jesús fue llevado al desierto por el Espíritu de Dios después de su bautismo. Fue en el desierto donde Jesús fue tentado por el maligno. Jesús respondió a cada tentación con la Palabra de Dios (v. 4, 8, 12). Por lo tanto, Él nos modeló cómo ser victoriosos sobre nuestro enemigo. Usamos la Espada del Espíritu que es la Palabra de Dios (Efesios 6:17). Del desierto, Jesús fue a Nazaret, su ciudad natal.

Lea Lucas 4:14-44.

1. Responda las siguientes preguntas sobre los hechos de la visita de Jesús a Nazaret. (vv. 14-30)

    - ¿Qué pasaje leyó?

    - ¿Quién estaba escuchando?

    - ¿Cuál fue su respuesta?

106 | Lección Tres

En el pueblo de Nazaret, Jesús estaba hablando con aquellos con quienes había crecido. Eran personas con las que había vivido durante treinta años. Estas eran las personas que mejor lo conocían y deberían haberlo amado y aceptado.

2. ¿Qué hizo que el pueblo de Nazaret se volviera contra Jesús con ira asesina? (vv. 20-28)

Pero todavía no era el "tiempo" de la muerte de Cristo, así que cuando la gente intentó arrojarlo desde el precipicio, la Escritura simplemente dice: "Pero pasando por en medio de ellos, se fue" (v. 30).

3. Ahora, responda las siguientes preguntas sobre los hechos de la visita de Jesús a Capernaum. (vv. 31-44)

- ¿Qué estaba haciendo Jesús?

- ¿Quién estaba escuchando?

- ¿Cuál fue su respuesta?

En Capernaum, a diferencia de su ciudad natal en Nazaret, Jesús fue ampliamente aceptado. Sanó a la suegra de Pedro y a todos los que le fueron llevados. Allí vinieron a Jesús multitudes que estaban enfermas y endemoniadas, y Él los sanó a todos.

4. Lea el relato paralelo de la visita de Jesús a Capernaum en Marcos 1:29-39. ¿Qué hechos adicionales incluye Marcos?

Para conocer el amor del Padre y derivar nuestra identidad de Él, debemos pasar tiempo con Él.

Después de una noche ocupada de ministerio, Jesús se levantó temprano y se fue a un lugar apartado para estar con el Padre. Los discípulos estaban gozosos por su aceptación en Capernaum y vinieron a buscarlo. Dijeron: "todos te buscan" (v. 37). Después de ser rechazados en Nazaret, asumieron que Capernaum era el lugar donde se alojarían. Pero Jesús tenía otra perspectiva, lo que Salomón habría llamado un punto de vista "por encima del sol". Jesús sabía que era "tiempo" de ir a otros pueblos y aldeas. En sus palabras, "porque para eso vine" (v. 38).

¿Por qué la perspectiva diferente? Jesús pasó tiempo con el Padre y fue dirigido por Él. Jesús no quedó devastado por el rechazo ni influido por una aceptación abrumadora. Su enfoque y propósito eran cumplir la voluntad del Padre. Él sabía quién era y qué había venido a hacer.

¿Sabes "quién" eres en Cristo? Si lo sabes, no te dejarás llevar por la opinión de los demás, sino sólo por la aceptación del Padre.

Max Lucado ha escrito un dulce libro para niños titulado Eres especial. [27] La historia trata sobre un pueblo ficticio conocido como los Wemmicks. Son pequeños personajes de madera tallados por un carpintero llamado Eli. Uno de los Wemmick, Punchinello, luchó por ser aceptado. Aunque todas las personas de su aldea habían sido creadas de manera única, había ciertas características que valoraban. Aquellos con las características favorecidas recibieron calcomanías de estrellas y aquellos considerados menos favorables recibieron puntos grises.

Punchinello nunca pareció poder recibir una estrella. Por mucho que lo intentara, seguía recibiendo puntos. Lo desanimaron todos los puntos grises que había acumulado hasta el día en que conoció a Lucía. Se diferenciaba de todos los demás Wemmick porque no tenía pegatinas. Lucado escribe:

> No es que la gente no intentara darle pegatinas [a Lucía]; es solo que las pegatinas no se pegaron. Algunos de los Wemmick admiraban a Lucía por no tener puntos, así que corrían y le daban una estrella. Pero se caería. Otros la despreciarían por no tener estrellas, por lo que le pondrían un punto. Pero tampoco se quedaría. [28]

Lucía le explicó a Punchinello la razón por la que sus pegatinas no se pegaban: "Todos los días voy a ver a Eli", [29] y ella lo animó a hacer lo mismo. Después de luchar con pensamientos de indignidad, Punchinello finalmente va a visitar a Eli. Es allí donde escucha que él es especial, creado por Eli, quien le dice:

> ¿Quiénes son ellos para dar estrellas o puntos? Son Wemmicks como tú. Lo que piensen no importa, Punchinello. Lo único que importa es lo que pienso. Y creo que eres bastante especial. [30]

Eli continúa diciéndole a Punchinello que la razón por la que las calcomanías de Lucía no se pegan es porque "ella ha decidido que lo que yo pienso es más importante que lo que ellos piensan. Las pegatinas sólo se pegan si las dejas". [31]

¿Leíste bien? Las pegatinas sólo se pegan si lo permites, si te importan. La única manera de vivir como lo hizo Jesús es preocuparse más por lo que dice el Padre que por lo que dice el mundo. A Jesús no le afectaron ni el rechazo ni los aplausos. Sólo vivió para la aprobación del Padre.

Para conocer el amor del Padre y derivar nuestra identidad de Él, debemos pasar tiempo con Él. Jesús sabía lo que el Padre tenía que hacer porque "se fue a un lugar apartado y estaba allí orando" (Marcos 1:35).

5. ¿Y tú? ¿Encuentras tu identidad en Cristo o vives para la aprobación de los demás? Hágase las siguientes preguntas y responda honestamente:

- ¿Estoy devastado por el rechazo?

- ¿Me conformo sólo con los aplausos?

Pasa algún tiempo a solas con el Padre. Pregúntale qué hora es para ti.

"Recuerda,"
Eli dijo mientras {Punchinello} salía por la puerta,
"eres especial porque yo te hice.
Y no cometo errores".

Punchinello no se detuvo, pero en su corazón pensó:
"Creo que realmente lo dice en serio".

Y cuando lo hizo, un punto cayó al suelo. [32]

Lección Cuatro

¿Valen la pena las relaciones?
Eclesiastés 4

Cuando haya aprendido a amar a Dios mejor que a mis seres más queridos en la tierra, amaré a mis seres más queridos en la tierra mejor que ahora. En la medida en que yo aprenda a amar a mis seres queridos terrenales a expensas de Dios y en lugar de Dios, estaré avanzando hacia el estado en el que estoy. No amaré en absoluto a mis seres más queridos en la tierra. Cuando se ponen las primeras cosas en primer lugar, las cosas en segundo lugar no se suprimen sino que se aumentan. [1]

~ CS Lewis

Eclesiastés 4

Injusticias de la vida

¹ Entonces yo me volví y observé todas las opresiones que se cometen bajo el sol:

Y vi las lágrimas de los oprimidos,

Y no tenían quien los consolara;

En mano de sus opresores estaba el poder,

Y no tenían quien los consolara.

² Así que felicité a los muertos, los que ya murieron,

Más que a los vivos, los que aún viven.

³ Pero mejor que ambos está el que nunca ha existido,

Que nunca ha visto las malas obras que se cometen bajo el sol.

⁴ He visto que todo trabajo y toda obra hábil que se hace es el resultado de la rivalidad entre el hombre y su prójimo. También esto es vanidad y correr tras el viento.

⁵ El necio se cruza de manos

Y devora su propia carne.

⁶ Más vale una mano llena de descanso

Que dos puños llenos de trabajo y correr tras el viento.

⁷ Entonces yo me volví y observé la vanidad bajo el sol:

⁸ Había un hombre solo, sin sucesor,

Que no tenía hijo ni hermano,

Sin embargo, no había fin a todo su trabajo.

En verdad, sus ojos no se saciaban de las riquezas,

Y nunca se preguntó: "¿Para quién trabajo yo

Y privo a mi vida del placer?".

También esto es vanidad y tarea penosa.

⁹ Más valen dos que uno solo,

Pues tienen mejor pago por su trabajo.

¹⁰ Porque si uno de ellos cae, el otro levantará a su compañero;

Pero ¡ay del que cae cuando no hay otro que lo levante!

¹¹ Además, si dos se acuestan juntos se mantienen calientes,

Pero uno solo ¿cómo se calentará?

¹² Y si alguien puede prevalecer contra el que está solo,

Dos lo resistirán.

Un cordel de tres hilos no se rompe fácilmente.

¹³ Mejor es un joven pobre y sabio

Que un rey viejo y necio,

Que ya no sabe recibir consejos.

¹⁴ Porque ha salido de la cárcel para reinar,

Aunque nació pobre en su reino.

¹⁵ He visto a todos los vivientes bajo el sol apresurarse a ir junto al joven sucesor que lo reemplaza. ¹⁶ No tenía fin la multitud de todos los que lo seguían, y ni aun los que vendrán después estarán contentos con él; pues también esto es vanidad y correr tras el viento.

¿Valen la pena las relaciones?

Cuando existamos en comunidad como Dios quiere, probaremos y veremos que el Señor es bueno (Salmo 34:8). En su divina sabiduría, Dios nos creó para tener relaciones. Como dice en Génesis 2:18: "No es bueno que el hombre esté solo". Desde las primeras páginas de su Palabra, el diseño magistral de Dios demuestra ser para nuestro bien y Su gloria.

Timothy Lane y Paul Tripp señalan que Génesis 2:18 "tiene más que ver con el diseño de Dios para la humanidad que con la necesidad de Adán. Dios nos creó para que seamos seres relacionales porque Él es un Dios social". [2] Nuestro Dios es un Dios relacional que "vive en comunidad dentro de la Trinidad como Padre, Hijo y Espíritu, y Él hizo a la humanidad a su imagen". [3]

Dios creó al hombre con una necesidad vertical de relación consigo mismo y una necesidad horizontal de relación con los demás. Y mientras "lo primero sea lo primero", mientras amemos a Dios primero, más nuestras relaciones prosperarán. Pero seamos honestos: nuestra tendencia natural es la opuesta. Nos inclinamos a invertir el orden y poner las cosas del segundo lugar en el lugar que Dios designa solo para sí mismo. Y cuando eso sucede, el resultado es doloroso. Pero fiel a su carácter, Dios redimirá ese dolor para recordarnos que lo necesitamos a Él por encima de todo.

En Eclesiastés 4, Salomón explora el valor de la comunidad, pero también observa la forma en que el pecado ha corrompido el buen diseño de Dios para las relaciones a través de la opresión, la envidia, el trabajo, la riqueza y el poder político. En cada una de estas áreas, las relaciones se ven afectadas.

Al comenzar el estudio de esta semana, tómate un momento para mirar a tu alrededor. Agradece al Señor por las relaciones en tu vida. Para aquellos que han sido difíciles o dolorosas, agradézcale por cómo ha refinado tu fe a través de las dificultades. Para aquellos que han sido vivificantes y alentadoras, agradézcanle por cómo ha mostrado su corazón de Padre a través de las vidas de los demás.

Como nos recuerda Tripp, "el objetivo principal de Dios en nuestras relaciones no es tanto nuestra felicidad personal, sino la transformación personal". [4] Mi oración es que a través de tu estudio, valores aún más la relación que tienes con tu Padre Celestial, abras tu corazón para ver lo que Él quiere que aprendas sobre las relaciones con los demás y le permitas transformarte por su gracia para ser cada vez más como su Hijo.

Día Uno | Eclesiastés 4:1-3

Por muy maravillosas que puedan ser las relaciones y la comunidad, a menudo encontramos conflictos y dificultades cuando vivimos la vida junto a personas imperfectas (lo que nos incluye a nosotros). Cuando esto sucede, nos preguntamos: "¿Valen la pena las relaciones?" Mientras Salomón considera el tema de las relaciones en Eclesiastés 4, mucho de lo que dice se centra en la forma en que saboteamos nuestras relaciones con nuestra propia pecaminosidad.

Para comenzar la lección de esta semana, tómate unos minutos para leer Eclesiastés 4 en su totalidad. Mientras lees, usa el marcador azul para marcar las palabras clave que encuentres.

1. ¿Cuál es la idea central (el tema) en Eclesiastés 4? Sea lo más conciso posible y utilice palabras del pasaje.

La idea central: Eclesiastés 4

2. Enumere las palabras clave (incluidos los sinónimos) que destacó en Eclesiastés 4. (Para comenzar, "mejor" es una de las palabras clave en este pasaje).

Palabras claves en Eclesiastés 4

Lección Cuatro | 117

Ahora, regresa y lee Eclesiastés 4:1-3 una vez más.

3. ¿Qué tema importante comienza a examinar Salomón en 4:1?

4. ¿Cuál es la definición de opresión?

Salomón está claramente preocupado cuando habla de cómo la comunidad es destruida por la opresión maliciosa que ve debajo del sol.

5. ¿Qué problemas dice que experimentan las personas oprimidas? (v.1)

Cuando Salomón mira a su alrededor, ve condiciones que están muy alejadas de los comienzos de Israel. David Hubbard nos brinda un contexto histórico útil:

> El sentimiento de preocupación por los pobres, las viudas, los extranjeros y los huérfanos hacía tiempo que se había atenuado, superado por las estructuras comerciales altamente organizadas que habían tomado prestadas de los fenicios y otros. Aparentemente, ésta era una época en la que los ricos seguían adquiriendo más, mientras los pobres trabajaban cada vez más para llegar a fin de mes. Los salarios eran bajos, las horas largas y los derechos pocos. Los oprimidos no tenían otra forma de expresarse excepto a través de las lágrimas, ni nadie para secar esas lágrimas excepto otros oprimidos. [5]

También es posible que cuando el corazón de Salomón se apartó del Señor (1 Reyes 11:4), se convirtió en uno de los opresores que describe aquí. Después de la muerte de Salomón, el pueblo se reunió ante su hijo Roboam y le suplicó: "Tu padre endureció nuestro yugo; Alivia, pues, ahora el duro servicio de tu padre y el pesado yugo que puso sobre nosotros, y te serviremos" (1 Reyes 12:4). Quizás una de las razones por las que Salomón está tan preocupado por la opresión que observa es que atribuye la causa a la degeneración de su corazón que no ha sido "totalmente dedicado a Jehová su Dios" (1 Reyes 11:4).

6. ¿A qué conclusión llega Salomón con respecto a la opresión que ve a su alrededor? (Eclesiastés 4:2-3)

Las palabras de Salomón son pesadas: deduce que sería mejor estar muerto o no haber nacido nunca que experimentar la plenitud de la depravación del hombre.

Al mirar el mundo que te rodea, ¿te encuentras sacando una conclusión similar a la de Salomón? Desafortunadamente, podríamos llenar páginas con todas las formas en que se ha producido la opresión a lo largo de la historia del mundo, incluso hasta nuestros días. Es una parte dura y fea de la vida en nuestro mundo roto. Fácilmente podemos sentirnos desanimados, consternados y oprimidos al considerar las muchas formas en que las personas experimentan la opresión. Cada ser humano en este planeta ha sido creado a imagen del Dios Todopoderoso. Ser testigo de opresión de cualquier tipo en la vida de un ser creado debería perturbarnos profundamente.

7. ¿Cómo se ve afectado tu corazón por la opresión que ves en el mundo hoy?

La observación de Salomón de la "actividad mala" (v. 3) provoca su respuesta pesimista. Y honestamente, admito que a veces puedo encontrar que mis pensamientos van en esa dirección si no me cuido de ello. El mundo puede ser un lugar oscuro y pecaminoso. Los titulares de las noticias y las experiencias personales pueden hacer que adoptemos un punto de vista deprimente y desesperado. Danny y Jon Akin señalan que el punto de Salomón aquí es que mientras vivamos debajo del sol, existirá opresión. Él explica:

> Es posible que trabajes muy duro para poner fin a la opresión en un pequeño rincón del mundo y veas cierto grado de éxito, pero la opresión reaparece en otro lugar. El siglo XX vio el derrocamiento de Hitler, pero luego estuvo Stalin, luego Pol Pot y ahora está ISIS. [6]

Plantador de semillas

Esta semana, busque una oportunidad para tener una conversación sobre el evangelio preguntando: "¿A quiénes consideras tus amigos más cercanos?" Considere compartir su experiencia personal sobre cómo ha formado amistades cercanas y cómo son, y los beneficios que ha disfrutado en esas relaciones. Comparta el diseño de Dios para que primero tengamos una relación con Él y luego Su diseño para que disfrutemos la bendición de la comunidad. ¡Pregúntale si alguna vez ha tomado la decisión de seguir a Cristo y disfrutar de la mejor amistad de todas!

Salomón escribe aquí para exponer la "falta de sentido de la vida en este mundo caído". [7] Al este del Edén y debajo del sol, la opresión nunca será erradicada. Y eso puede resultar desalentador. Pero eso no significa que metamos la cabeza en la arena e ignoremos lo que sucede a nuestro alrededor. Como creyentes, también estamos llamados a defender a los indefensos y a defender a aquellos que no pueden defenderse por sí mismos. En verdad y en amor, debemos denunciar la injusticia y las malas acciones. Como desafía Miqueas 6:8: "¿Qué exige el Señor de ti sino hacer justicia, amar la bondad y caminar humildemente con tu Dios?"

8. Piense en alguien que ha experimentado o está experimentando las dificultades de la opresión. Luego lea Juan 13:34-35 y 1 Corintios 15:19. ¿Qué enseñan estas verdades del Nuevo Testamento que nos ayudará a responder y ministrar a aquellos que están sufriendo?

Uno de mis atributos favoritos de Dios es su deseo y poder de restaurar. Ésta es la esencia de quién Él es. Desde el principio, Él tuvo un plan para restaurar a la humanidad caída a sí mismo a través de la redención. Esto no fue obra del hombre. Fue únicamente un acto de amor de un Padre perfecto por sus hijos quebrantados. No hay mayor amor. E incluso en las dificultades más duras, en los actos más espantosos de opresión y maldad, este mismo Dios descenderá del cielo y extenderá gracia sobre gracia a quienes más la necesitan. Para aquellos que no tienen esperanza, que han sido destrozados física y emocionalmente a manos de hombres pecadores, para aquellos que se están hundiendo en las profundidades de un dolor inimaginable, para ellos, Él vino a rescatar y restaurar.

Como seguidores de Cristo, que nunca seamos la razón de las lágrimas de los oprimidos. Que defendamos lo que es correcto y tengamos un mensaje de esperanza para compartir con aquellos que han sido tratados injustamente y con el corazón roto a manos de otro. Que podamos compartirles la buena noticia de que Dios los ama, y gracias a Jesucristo, pueden tener esperanza en esta vida, pero más aún, en la vida que está por venir. Que seamos nosotros quienes brindemos consuelo y amor y ofrezcamos la esperanza de vivir *Con la Vista en la Eternidad*.

Recuerde, Dios se propone con las dificultades del quebrantamiento
del aquí y ahora hacer algo bueno. [8]
~Paul Tripp

Día Dos | Eclesiastés 4:4-6

En capítulos anteriores, Salomón ya ha examinado el tema del trabajo. En el pasaje de hoy, profundiza un poco más, mientras evalúa la motivación para el trabajo y contrasta dos tipos diferentes de personas: el adicto al trabajo y el necio. Mientras estudias hoy, mi oración es que tu corazón sea tierno a la voz del Espíritu Santo. Hay una lección invaluable sobre la satisfacción y una consideración valiosa sobre cómo nuestra visión de esto impacta a quienes nos rodean: nuestra familia, amigos cercanos e incluso el mundo perdido que está observando. Todas nuestras relaciones se ven afectadas por nuestra visión del trabajo y la riqueza.

Lea Eclesiastés 4:4-5.

El primer tipo de persona que observa Salomón es el adicto al trabajo.

El adicto al trabajo

1. ¿Qué identifica Salomón como factor motivador de la persona que se consume por el trabajo? (v.4)

Eclesiastés 4:4 en la NTV dice: "Entonces observé que la mayoría de las personas están motivadas hacia el éxito porque **envidian** sus vecinos. Pero esto tampoco tiene sentido: es como perseguir el viento" (énfasis mío). Salomón no solo examina la obra de la mano de una persona, sino que hurga más profundamente en el corazón. ¿Y qué encuentra? Rivalidad y envidia. Ambos son subproductos de la caída. Ambos arruinan las relaciones.

> Todas nuestras relaciones se ven afectadas por nuestra visión del trabajo y la riqueza.

En Génesis 2:15, se introdujo el trabajo en el Jardín del Edén (antes de la caída en Génesis 3). En sí mismos, el trabajo y la competencia no son malos. Sin embargo, cuando estos factores colocan el razonamiento del hombre por encima del diseño de Dios, lo que se pretendía que fuera bueno se pervierte.

2. Lea los siguientes versículos y registre lo que dice la Biblia sobre el trabajo.

Lo que dicen las Escrituras sobre el trabajo	
Salmo 128:2	
Proverbios 12:14	
Colosenses 3:23-24	
1 Tesalonicenses 4:11-12	
1 Timoteo 5:8	

La Biblia deja claro que Dios ordena y bendice nuestro arduo trabajo. Pero se vuelve como "perseguir el viento" cuando ese trabajo nos consume o nos motiva a la avaricia, la codicia y la envidia. Cuando la envidia del prójimo se convierte en nuestra motivación para trabajar, el ciclo se vuelve implacable:

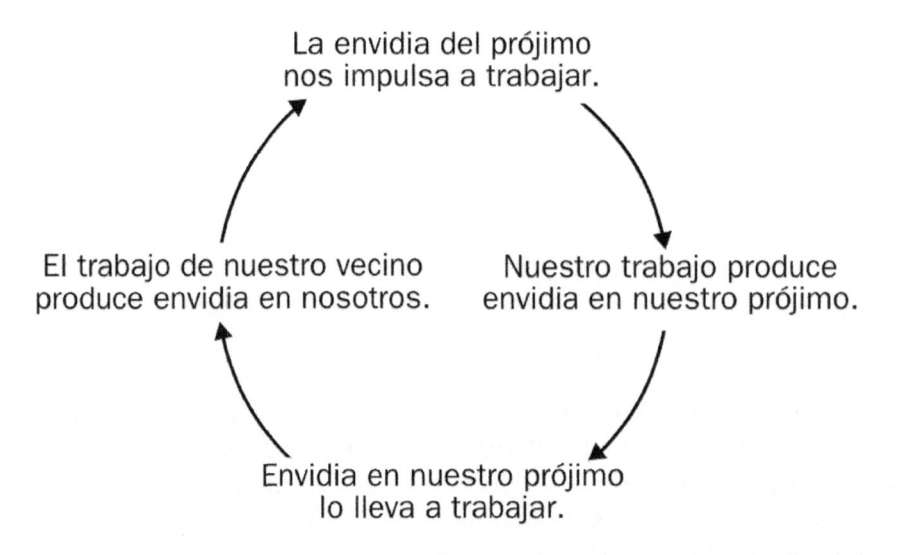

- La envidia del prójimo nos impulsa a trabajar.
- Nuestro trabajo produce envidia en nuestro prójimo.
- Envidia en nuestro prójimo lo lleva a trabajar.
- El trabajo de nuestro vecino produce envidia en nosotros.

Y así sigue y sigue. Derek Kidner afirma correctamente: "Gran parte de nuestro arduo trabajo y gran esfuerzo se mezcla con el anhelo de eclipsar o no ser eclipsados. Incluso en una rivalidad amistosa, esto puede desempeñar un papel más importante de lo que pensamos, ya que podemos soportar que algunas personas nos superen durante algún tiempo, pero no con demasiada frecuencia ni de una manera demasiado profunda".[9]

Nuestra envidia y descontento es en lo que las empresas basan sus planes de ventas y marketing. Un amigo obtiene el iPhone más nuevo y queremos la versión actualizada porque él la tiene. Nuestro vecino puso una piscina y nosotros también queremos una. La envidia nos lleva a perseguir lo que otros tienen, pero no logra satisfacernos una vez que lo conseguimos. Warren Wiersbe señala: "Dios no puso este 'factor egoísmo' en el trabajo humano; es el resultado del pecado en el corazón humano. Codiciamos lo que otros tienen; no sólo queremos tener esas cosas, sino que queremos ir más allá y tener aún más. La codicia, la competencia y la envidia a menudo van juntas". [10] La envidia y la rivalidad reemplazan la intención de Dios de que lo glorifiquemos en nuestro trabajo, mantengamos a nuestra familia, satisfagamos las necesidades de los demás e impactemos el Reino. ¡Salomón dice que esta forma de vida es un "desperdicio"! Es como "humo", como "escupir al viento" (Eclesiastés 4:4, MSG). Y cuando las posesiones se vuelven más importantes que las personas, las relaciones siempre sufren.

En el versículo 5, Salomón pasa a examinar un segundo tipo de persona, el extremo opuesto. El anciano rey pasa del trabajador consumido a lo que él llama "el necio".

El necio

3. ¿Cómo se describe al necio en Eclesiastés 4:5?

Diferentes traducciones usan estas palabras: "consume su propia carne" (LBLA), "lo lleva a la ruina" (NTV), "destruyéndose a sí mismo" (AMP).

Independientemente de la traducción que leas, la descripción del necio es grave y desesperada. La mentalidad del necio con la que habla Salomón le hace el juego al diablo y lo lleva a la destrucción. Esta destrucción puede ocurrir tanto emocional como físicamente.

Dios es un Dios de abundancia y bendición. El enemigo es un dios de privaciones y maldiciones. Puedes ver esta distinción en la vida del que trabaja duro como para el Señor versus el necio que se sienta con las manos ociosas.

4. ¿Cómo habla la Biblia de la pereza en los siguientes versículos?
- Proverbios 18:9

- Proverbios 21:25

- Proverbios 24:30-34

- 2 Tesalonicenses 3:10*

*Este versículo no se dirige a aquellos que tienen discapacidades mentales o físicas. Se dirige a la persona perezosa y vaga a quien se refiere Salomón en Eclesiastés 4:5.

Lección Cuatro | 123

5. Antes de continuar, tómate un momento y anota lo que has aprendido acerca de los dos tipos de personas que Salomón examina en Eclesiastés 4:4-5.

Adicto al trabajo	El necio

Ambos tipos logran un placer temporal; sin embargo, ninguno de los dos es sabio y ninguno de los dos caminos conduce a la satisfacción o a la verdadera realización. Entonces, si no debemos inclinarnos hacia los dos extremos que Salomón nos ha dado hasta este momento, ¿cómo debemos abordar nuestro trabajo?

Lea Eclesiastés 4:6.

Salomón ahora ofrece una solución, una tercera forma de vivir, lo que John Phillips llama "el hombre realista". [11]

El hombre realista

6. ¿Cuál concluye Salomón que es el mejor camino a seguir en Eclesiastés 4:6?

Phillips resume sus pensamientos diciendo: "El hombre realista se enfrenta a la vida tal como es. Mejor media carga que ninguna. Es mejor conformarse con menos y estar contento con lo que uno tiene que perder el control y tener que lidiar con preocupaciones y aflicciones constantes. Ganar dinero no es todo lo que hay en la vida". [12] Cuando se trata de nuestro trabajo, lo ideal es el equilibrio. No vayas persiguiendo dos puñados, pero tampoco vayas sin un puñado. En lugar de eso, trabajen por lo que se necesita –un puñado– y háganlo de una manera que se distinga por el descanso en lugar de la envidia.

Digo un cordial "¡Amén!" Es más, creo que el apóstol Pablo también estaría de acuerdo.

7. Lea 1 Timoteo 6:6-10. ¿Cómo te hablan estos versículos considerando lo que has estudiado hoy?

8. ¿Qué cambios deben realizarse en su propio corazón en relación con el trabajo y la riqueza?

En cuanto al dinero y las cosas materiales, por mucho o poco que tengas, que tu trabajo sea como para el Señor, todo para el bien de los demás y para la gloria de Dios. Trabaja duro porque a Él le agrada. Trabaja duro porque Él lo usará para avanzar en los propósitos de su Reino y bendice la vida de quienes te rodean.

> Elige la satisfacción. Tus relaciones valen la pena.

Elige la satisfacción. Tus relaciones *valen* la pena. Serán enriquecidos por vuestra obediencia y la fidelidad de Dios.

Mi suerte cualquiera que sea diré,
Aleluya estoy bien con mi Dios. [13]

Día Tres | Eclesiastés 4:7-12

Nuestro pasaje de hoy contiene algunos de los versículos más conocidos de Eclesiastés. Estos versos a menudo se encuentran impresos en tazas de café y cuadros decorativos. Las palabras traen calidez a nuestros corazones porque todos conocemos los beneficios y las bendiciones del compañerismo.

Fuimos diseñados para la comunidad. Como dice el comentario de la *Biblia del Diario Vivir*: "La vida está diseñada para el compañerismo, no para el aislamiento, para la intimidad, no para la soledad". [14] Desde el principio, el diseño de Dios fue que el hombre no estuviera solo. El aislamiento es una herramienta del enemigo y una de sus tácticas favoritas para usar en las vidas de los creyentes. Él sabe que no puede arrebatarnos de la mano del Padre, pero si puede alejarnos de los demás y convencernos de que permanecer solos es lo mejor para nosotros, ciertamente se afianzará en nuestras vidas.

Antes de llegar a estos versículos familiares, veamos lo que Salomón tiene que decir acerca de otro tipo de trabajador, el hombre independiente, el que está completamente solo.

El hombre independiente

Lea Eclesiastés 4:7-8.

1. ¿Cómo se describe a este hombre? (vv.7-8a)

2. ¿Qué preguntas se hace el hombre? (v. 8b)

3. ¿Qué concluye Salomón sobre el hombre independiente? (v. 8b)

Se puede escuchar el lamento en la voz de Salomón cuando determina que el fruto del trabajo de este hombre es en vano. El hombre trabaja duro y acumula riqueza, pero no tiene con quién compartirla. Está trabajando hasta el extremo y no se toma tiempo para disfrutar del ocio o el placer. Su trabajo es todo lo que tiene. Realmente parece un desperdicio, ¿no? Si bien la falta de compañía es trágica, Salomón tiene una preocupación aún mayor por este hombre. Al carecer de comunidad, se dedica a trabajar para llenar el vacío de compañerismo en su vida. Esto es como tratar de llenar un agujero cuadrado con una pequeña clavija redonda. Es una búsqueda inútil de un trabajo incesante que nunca satisfará.

La descripción de Salomón trae a la mente la imagen del infame personaje de Charles Dickens, Ebenezer Scrooge, solo en Nochebuena, comiendo sopa frente a un fuego encendido para calentar solo a uno. Todos los lujosos muebles que lo rodean no significan nada, porque nadie viene nunca a su casa a verlos. Es rico, pero su dinero no le ha granjeado amigos; de hecho, aparentemente ha hecho lo contrario. Ninguna parte de su riqueza puede competir con la soledad de su alma. [15]

> Necesitamos a Dios y necesitamos personas.

4. ¿De qué manera has visto que el aislamiento y la soledad impactan a las personas?

Si bien no hay nada inherentemente malo en la ambición, una carrera exitosa o las riquezas, el problema surge cuando esas cosas se convierten en nuestro amo y son más valiosas que Dios y las personas. Necesitamos a Dios *y* necesitamos personas. Cualquier cosa que ocupe el lugar de Dios en nuestros corazones es un ídolo. Cualquier cosa que aparte a la gente de nuestro camino, dejándonos solos para llegar a la cima, es una prioridad equivocada.

Para este hombre, su trabajo y su riqueza reinan. Salomón afirma correctamente que esta es una forma de vivir sin sentido.

5. Tómate un momento para evaluar tu vida y dónde gastas tu tiempo, energía, finanzas, esfuerzo, poder e influencia. ¿Hay algo que ocupa el lugar de Dios o que desvía tu atención de los demás?

Pasamos ahora a algunos de los versículos más bellos y alentadores de todas las Escrituras mientras Salomón profundiza en los beneficios de la comunidad.

Lea Eclesiastés 4:9-12.

6. ¿Cuál es el punto principal del mensaje de Salomón en estos versículos?

7. ¿Cuáles son las cuatro razones que da Salomón como evidencia de que "dos son mejores que uno"?

- v.9

- v.10

- v.11

- v.12

8. Lea los siguientes pasajes del Antiguo y Nuevo Testamento y tome nota de aún más beneficios de tener dos y tres personas.

- Deuteronomio 17:6; 19:15

- Mateo 18:19-20

Estos pasajes hablan del poder de los números. En el Antiguo Testamento, las personas estaban protegidas contra el peligro de un falso testimonio al requerir dos o tres testigos antes de imponer el castigo. Y en el Nuevo Testamento vemos el poder de la oración y la presencia. Orar junto a otros por la voluntad de Dios mueve el corazón de Dios. Reunirse con otros creyentes en el nombre de Jesús invita a la presencia manifiesta de nuestro Señor.

9. ¿Cuáles son algunas situaciones modernas de la vida real en las que dos son mejores que uno?

10. Regresando a Eclesiastés 4. ¿A qué conclusión llega Salomón al final de este texto? (v.12b)

Dos son mejores que uno, pero tres son aún mejores.

Phillips ofrece una hermosa visión del significado del número tres.

> El número tres significa aquello que es sólido, sustancial y completo. Se necesitan tres líneas rectas para completar una figura geométrica y así crear algo sólido. El universo tiene un carácter entrelazado y consta de materia, espacio y tiempo. El espacio se expresa en tres dimensiones: latitud, longitud, altitud; el tiempo se divide en pasado, presente y futuro; La materia se expresa en términos de energía, movimiento y fenómenos. Hay tres reinos: animal, vegetal y mineral. El hombre se compone de cuerpo, alma y espíritu.
>
> El número tres está asociado con la Deidad: en el número uno vemos la soberanía del único Dios; en el número dos, se revela la segunda Persona; y en el número tres aparece el Espíritu Santo. Así, la Divinidad es un místico tres en uno, armonioso y completo en toda su plenitud. [16]

Soy, por naturaleza, introvertida. Esto significa que podría pasar el día sola y estar muy contenta (increíblemente contenta, en realidad). Disfruto y me beneficio del tiempo a solas y disfruto mucho del silencio y la quietud. Ésta es mi inclinación natural.

Sin embargo, he aprendido la verdad de los versículos que hemos estudiado hoy. Mientras Dios me acompañaba en tiempos difíciles y me hacía crecer espiritualmente, me ha enseñado el poder de dos y tres (y a veces un par más). Me he beneficiado más en las áreas de oración y presencia. Cuando aprendí a orar y comencé a practicarlo junto con otros, cambió mi vida, tanto individual como relacional. Llegué a conocer el poder de orar con otros de una manera que nunca había conocido y vi la mano de Dios moverse de maneras sin precedentes. También comencé a experimentar Su presencia cuando me acostumbré a reunirme con otras mujeres, ya sea para orar, tener compañerismo, estudiar la Biblia, etc. No todas las reuniones están llenas de estas actividades espirituales, pero a menudo, cuando me reúno con mujeres con ideas afines, nuestra conversación gira hacia asuntos espirituales. Compartimos lo que estamos aprendiendo, cómo estamos luchando y nos animamos unos a otros. Dios está ahí.

Dios me ha bendecido con algunas relaciones especiales. Más recientemente, Él me ha regalado uno que ha sido un tesoro invaluable. Superaría con creces el número de palabras asignadas si registrara todas las formas en que ella formó mis "dos". Oración, aliento, corrección, consuelo... esto sólo roza la superficie del beneficio que ella es para mi vida. Dios también me ha bendecido con un grupo de cinco mujeres que prueban que Eclesiastés 4 es verdad. Este grupo de mujeres se reunió a través de un grupo de discipulado hace muchos años, y hemos formado este "cordón de tres dobleces" (bueno, cinco dobleces) del que habla Salomón. Realmente no hay nada parecido en toda mi vida. Me ayudan, me tienden la mano cuando caigo, calientan mi corazón, están conmigo cuando me siento derrotada y definitivamente me *apoyan.*

Gracias al Señor Jesucristo, estamos entrelazados, cuerdas que no se romperán fácilmente.

¿Quiénes son los compañeros en tu vida? En esta era moderna de individualismo, ¿ha sentido la tentación de vivir una vida de soledad en lugar de comunidad? Si no tienes el tipo de relaciones que Salomón ha descrito en tu vida, ora para que el Señor traiga personas que sean tus "dos" y "tres". Pídale que envíe mujeres que cumplan la bendición que Salomón ha esbozado. La voluntad de Dios es que usted lo busque a Él primero y haga de esa relación su máxima prioridad. Y luego Él desea que caminéis según su diseño para la comunidad. Él no te creó para caminar solo por la vida.

*No puedes vivir la vida cristiana sin un grupo de amigos cristianos,
sin una familia de creyentes en la que encuentres un lugar.* [17]
~Timothy Keller

Día Cuatro | Eclesiastés 4:13-16

Para ser honesto, parece que hubiera sido mejor para Salomón haber terminado Eclesiastés 4 con la nota alta del versículo 12. Pero el sabio tiene más cosas que decirnos sobre las relaciones. Todo lo que ha estado enseñando en este capítulo es para hacer que nuestras relaciones sean "mejores". Con su cuarta declaración "mejor" (4:3, 6, 9), Salomón cuenta una parábola que nos enseña acerca de la volatilidad del poder político y la naturaleza voluble de la popularidad.

Lea Eclesiastés 4:13-16.

1. ¿Cuál es la observación de Salomón al comparar a un joven sabio y un rey viejo y necio? (v.13)

2. ¿Qué reconoce sobre los limitados comienzos de la vida del joven? (v.14)

En su comentario, J. Vernon McGee señala que Salomón fue al mismo tiempo el joven sabio y el rey necio. [18] Personalmente, es muy posible que Salomón esté haciendo esta observación al reflexionar sobre su propia necedad y la promesa de Dios de levantar a Jeroboam como rey (1 Reyes 11). Por experiencia, Salomón sabe que la sabiduría supera con creces la necedad y que todas las riquezas del mundo no beneficiarán al hombre más que la sabiduría.

3. Según los siguientes versículos, ¿a quién considera y usa Dios?

- Salmo 138:6

- Santiago 4:6

4. ¿De qué se da cuenta Salomón acerca de la popularidad del joven gobernante? (vv.15-16a)

Mientras mira a través de la perspectiva del poder político, Salomón observa que aunque el joven rey inicialmente es admirado y adorado por todos, eso pronto se desvanece. Reconoce

Lección Cuatro | 131

que su popularidad es temporal. No conocemos los detalles detrás de la razón por la cual el entusiasmo disminuye. Quizás se volvió arrogante y orgulloso cuando se mudó a un lugar de prestigio y poder. O tal vez la gente simplemente se cansó de él y quería a alguien fresco y nuevo. Kidner llama a esta tendencia recurrente "la breve popularidad de los grandes". [19] Si disfrutamos de la popularidad o el poder sin tener en cuenta la eternidad, demostramos el punto de Salomón de que nada tiene sentido. ¿Qué pasaría si nosotros, como creyentes, estuviéramos de acuerdo con Salomón y reconociéramos la falta de sentido del caos que a menudo rodea al poder político y, en cambio, nos comprometiéramos a orar por sabiduría y humildad?

El mundo se centra en el poder, el prestigio y la popularidad. ¿Qué propósito eterno logra eso? El joven rey que asciende al poder y disfruta de los aplausos de la multitud rápidamente pasa a un segundo plano. Se vuelve reemplazable en poco tiempo. El erudito del Antiguo Testamento, Walter Kaiser, dijo:

> ¡Cuán fugaz y totalmente temporal es la popularidad según los hombres! ¿Qué importa si un hombre alguna vez tiene poder real? En un caso, el viejo rey, aunque nacido para el trono, se vuelve tonto, senil, incapaz de discernir que sus días de gobernar han terminado. En otra situación, un hombre joven pero pobre y sabio puede, como José, ascender de la prisión al trono. Así son los constantes altibajos de la vida. [20]

Las riquezas, el poder, la popularidad, la emoción de algo o alguien nuevo… todo pasa rápidamente.

La mayoría de nosotros no experimentaremos poder o posición política, pero a menudo podemos consumirnos con aquellos que sí lo experimentan. Sí, debemos prestar atención a lo que está sucediendo en el ámbito político y votar por líderes que defiendan la verdad bíblica, pero debemos darnos cuenta de que cada líder terrenal ocupa una posición temporal y pasajera. Reconocer esa realidad nos ayuda a cambiar nuestro enfoque y esfuerzos de lo temporal a lo eterno, para ajustar nuestra perspectiva desde debajo del sol hacia arriba del sol.

5. ¿Cuáles son sus consideraciones más importantes al elegir líderes políticos y luego orar por ellos?

6. Lea los siguientes pasajes bíblicos y observe la forma en que pueden dar forma a una perspectiva eterna con respecto a quienes están en el poder.

- 1 Timoteo 2:1-4

- Proverbios 21:1

- Filipenses 4:6

- Colosenses 1:16-17

Ya sea que nos encontremos en posiciones de poder o no, debemos hacer de Juan 3:30 la oración de nuestro corazón y luego estar dispuestos a orar por aquellos que ocupan esas posiciones.

Escriba Juan 3:30 en el espacio a continuación.

Ahora, dedica algo de tiempo a orar este versículo, primero por ti mismo y luego por líderes específicos.

La moraleja de la historia es que la riqueza y la posición no son garantía del éxito,
y la pobreza y el aparente fracaso no son barreras para el logro.
La clave es la sabiduría. [21]
~Warren Wiersbe

Día Cinco | ¿Valen la pena las relaciones?

Según una leyenda rusa, un campesino debía recibir mediante escritura toda la tierra que pudiera abarcar corriendo en un día. Cuando llegó el día, corrió y corrió, al final del día volvió al punto de partida y estaba cansado. El sol casi se había puesto, pero no del todo. Entonces, tomó otra dirección para adquirir más terreno. Regresó justo cuando el sol se hundía en el horizonte y cayó muerto. [22]

Esta ilustración de la inutilidad da una imagen clara de lo que Salomón enseña en Eclesiastés 4. Él continúa su búsqueda del propósito de la vida y lo hace analizando las áreas de opresión, envidia, trabajo, riqueza, compañerismo y poder político. El enfoque principal de Salomón es el valor de las relaciones, y declara categóricamente que todas estas cosas no tienen sentido si las hacemos solos.

Aparte de Dios, desconectada de una perspectiva eterna, la vida es tal como la describe Salomón: sin sentido.

Espero que este día de reflexión conduzca a una forma transformadora de pensar y vivir para ti. Ya sea un trabajo, una posición, tu cuenta bancaria, popularidad o comunidad, mi oración es para que permitas que el estudio de esta semana sondee tu corazón y evalúes honestamente dónde yace tu tesoro.

Al momento de escribir este artículo, mi familia está atravesando una tormenta, un conjunto de circunstancias difíciles que nos han tomado por sorpresa. Uno de ellos es una pérdida material y estrés, y el otro es un tema mucho más crítico y espiritual.

He tenido que esforzarme continuamente para ver ambos a la luz de la eternidad. Qué irónico que Dios permitiera circunstancias tan oportunas en mi vida que me desafiarían a tomar una decisión. (Por cierto, nunca es ironía, sino realmente la bondad de Dios). ¿Veré estas circunstancias a través de una perspectiva temporal o una perspectiva eterna? ¿Podré sentarme en mi escritorio y estudiar y escribir estas lecciones desde un lugar de refinamiento y autenticidad?

Admitiré mi fracaso. Varias veces, he cedido ante la frustración, la ansiedad, la ira, el miedo y, simplemente, "¡ya casi lo he tenido!" Esa es mi vieja naturaleza, apestosa que se eleva. Afortunadamente, después de esos episodios, el Espíritu Santo ha vivificado mi espíritu y me ha puesto a elegir una vez más: "¿Te centrarás en lo temporal o en lo eterno?"

Aparte de Dios la vida es sin sentido.

Salomón nos invita a hacer lo mismo. ¿Qué importa si tienes millones de dólares y toneladas de cosas a expensas de la paz, la alegría y personas preciosas con quienes compartirlas? ¿De qué te sirve si pasas tus días envidioso y codicioso de todo lo que no tienes *en* lugar de agradecer al Señor por todo lo que *tienes*? ¿Por qué elegirías aislarte y recorrer este viaje solo, en lugar de apoyarte en aquellos que Dios ha colocado perfectamente en tu camino para caminar a tu lado y recordarte Su verdad, bondad y fidelidad?

Si lo hacemos, estamos desperdiciando esta vida. Y no estamos preparando nuestro corazón para la vida que nos espera.

1. ¿Qué está plagando tu perspectiva en este momento?

2. ¿Dónde buscas significado y propósito en la vida?

En su libro *Forever*, Tripp comparte esta poderosa observación sobre la eternidad:

> La vida, la vida real tal como fue diseñada para ser, simplemente no puede funcionar sin la eternidad. Es la naturaleza del diseño ... Fuiste hecho para siempre. Esa es tu identidad ineludible. La vida sólo funciona como debe funcionar cuando se vive pensando en la eternidad. [23]

3. ¿De qué manera puedes "vivir con la vista puesta en la eternidad" al considerar las áreas que aborda Salomón en Eclesiastés 4?

Finalmente, quiero animarte a que nunca intentes recorrer este camino solo. Como experta introvertida, puedo dar fe de la tentación de simplemente aguantar y soportarlo todo. No queremos cargar a otros con nuestras cargas. Tenemos miedo de parecer débiles y necesitados si pedimos ayuda o nos desmoronamos. ¿Puedo por favor decirte que solo hay alguien que quiere que cargues con la carga y soportes el peso tú solo? Y ese sería el enemigo de tu alma, el padre de la mentira, el mismo diablo.

4. ¿Qué enseña la Biblia sobre la amistad, la comunidad y la bendición de los demás?

- Proverbios 17:17

- Proverbios 27:17

- Gálatas 6:2

- Hebreos 10:24-25

Para tener presente la eternidad en sus relaciones, primero debe creer que la Palabra de Dios es verdadera y que Él quiere decir en ella exactamente lo que dice. Tripp dice: "No hay lugar más confiable al que recurrir para comprender la vida, incluso a nivel de la calle, que el libro del Hacedor, la Biblia". [24] Y luego debes elegir caminar en obediencia a su Palabra y nutrir las relaciones que Él te ha regalado.

5. ¿Qué pasos tomarás esta semana para invertir intencionalmente en tus relaciones?

Entonces, déjame preguntarte: "¿Valen la pena las relaciones?"

Jesús dice: "¡Sí!"

Dios te ama tanto que envió a su único Hijo a morir por tus pecados, para rescatarte, redimirte y restaurarte... para que puedas disfrutar de una relación con Él... ahora y para siempre.

> *"O, ¿de qué le sirve a un hombre ganar el mundo entero y perder su alma?*
> *O, ¿qué dará un hombre a cambio de su alma?"*
> Marcos 8:36-37, NBLA

Lección Cuatro

¿Valen la pena las relaciones?
Eclesiastés 4

> *Por tres cosas doy gracias a Dios todos los días de mi vida: gracias porque Él me ha concedido el conocimiento de sus obras; profundas gracias que ha puesto en mis tinieblas la lámpara de la fe; profundo, más profundo Gracias porque tengo otra vida que esperar: una vida feliz. con luz y flores y canto celestial.* [1]
> ~ Helen Keller

Lección Cinco | 139

Eclesiastés 5

Vanidad de las palabras

¹ Guarda tus pasos cuando vas a la casa de Dios, y acércate a escuchar en vez de ofrecer el sacrificio de los necios, porque estos no saben que hacen el mal.

² No te des prisa en hablar,

Ni se apresure tu corazón a proferir palabra delante de Dios.

Porque Dios está en el cielo y tú en la tierra;

Por tanto sean pocas tus palabras.

³ Porque los sueños vienen de la mucha tarea,

Y la voz del necio de las muchas palabras.

⁴ Cuando haces un voto a Dios, no tardes en cumplirlo, porque Él no se deleita en los necios. El voto que haces, cúmplelo. ⁵ Es mejor que no hagas votos, a que hagas votos y no los cumplas. ⁶ No permitas que tu boca te haga pecar, y no digas delante del mensajero de Dios que fue un error. ¿Por qué ha de enojarse Dios a causa de tu voz y destruir la obra de tus manos? ⁷ Porque en los muchos sueños y en las muchas palabras hay vanidades; tú, sin embargo, teme a Dios.

Vanidad de las riquezas

⁸ Si ves la opresión del pobre y la negación del derecho y de la justicia en la provincia, no te sorprendas del hecho, porque un oficial vigila sobre otro oficial, y hay oficiales superiores sobre ellos. ⁹ Con todo, es de beneficio para el país que el rey mantenga cultivado el campo.

¹⁰ El que ama el dinero no se saciará de dinero,

Y el que ama la abundancia no se saciará de ganancias.

También esto es vanidad.

¹¹ Cuando aumentan los bienes,

Aumentan también los que los consumen.

Así, pues, ¿cuál es la ventaja para sus dueños, sino verlos con sus ojos?

¹² Dulce es el sueño del trabajador,

Coma mucho o coma poco;

Pero la hartura del rico no le permite dormir.

¹³ Hay un grave mal que he visto bajo el sol:

Las riquezas guardadas por su dueño para su mal.

¹⁴ Cuando esas riquezas se pierden por un mal negocio,

Y él engendra un hijo,

No queda nada para mantenerlo.

¹⁵ Como salió del vientre de su madre, desnudo,

Así volverá, yéndose tal como vino.

Nada saca del fruto de su trabajo

Que pueda llevarse en la mano.

¹⁶ También esto es un grave mal:

Que tal como vino, así se irá.

Por tanto, ¿qué provecho tiene el que trabaja para el viento?

¹⁷ Además, todos los días de su vida come en tinieblas,

Con mucha molestia, enfermedad y enojo.

[18] Esto es lo que yo he visto que es bueno y conveniente: comer, beber y gozarse uno de todo el trabajo en que se afana bajo el sol en los contados días de la vida que Dios le ha dado; porque esta es su recompensa. [19] Igualmente, a todo hombre a quien Dios ha dado riquezas y bienes, lo ha capacitado también para comer de ellos, para recibir su recompensa y regocijarse en su trabajo: esto es don de Dios. [20] Pues él no se acordará mucho de los días de su vida, porque Dios lo mantiene ocupado con alegría en su corazón.

¿Hay alegría en el viaje?

En el 2020, la pandemia de coronavirus nos tuvo a la mayoría de nosotros encerrados en nuestros hogares. Si bien muchos combatieron las restricciones repentinas adoptando nuevos pasatiempos como tejer, hacer jardinería o pintar, otros recurrieron a una dieta constante de Netflix u otros servicios de transmisión. Ver episodios de series y programas sin parar se convirtieron en un pasatiempo nacional, una forma de lidiar con el aburrimiento y adormecer algo de lo que parecía una ansiedad siempre presente. Se sirvieron bocadillos salados en tazones de gran tamaño mientras los cocineros caseros probaban nuevas recetas de galletas, pasteles y otros dulces.

Un artículo publicado por la Organización de Salud de UCLA confronta la realidad de la alimentación por estrés pandémico: "Muchos estadounidenses sabían que habían aumentado de peso con todo el estrés y el cambio de rutinas de quedarse en casa. Pero dos estudios recientes muestran que el aumento de peso pandémico ha sido significativo". El artículo continuaba diciendo que algunos habían ganado "más de 30 libras en 12 meses". [2] ¡Ay!

La repentina avalancha de tiempo libre inesperado también nos brindó la oportunidad de limpiar y organizar cajones, armarios y alacenas que habían estado intactos durante meses, si no años. Muchos encontraron su motivación e inspiración en la gurú del orden. Marie Kondo se hizo más conocida durante la pandemia cuando su serie, *Tidying Up with Marie Kondo,* llegó a Netflix. A medida que la gente abordaba el problema crónico de los cajones sobrecargados y los armarios desbordados, recurrieron a Kondo en busca de la ayuda que tanto necesitaban para crear un nido perfectamente organizado.

Probablemente ahora sea un buen momento para ofrecer mi descargo de responsabilidad: cuando tengo tiempo libre, lo último que quiero hacer es ocuparme de los cajones o limpiar los armarios. Por lo tanto, no leí su libro ni vi su serie de Netflix. Lo que he hecho es buscarla en Google para encontrar la premisa de su técnica, ya que muchos se convirtieron en verdaderos devotos de su método.

El señor Google revela lo siguiente: "En el Método KonMari, tus sentimientos son el estándar para la toma de decisiones, específicamente, saber qué genera alegría. Para determinar esto al ordenar, la clave es recoger cada objeto uno a la vez y preguntarse en voz baja: "¿Esto te genera alegría?".'" [3]

¿Y qué dice Kondo sobre provocar alegría? "La alegría es personal, por eso cada uno la experimentará de manera diferente; Marie lo describe como "...una pequeña emoción, como si las células de tu cuerpo estuvieran aumentando lentamente". A través del proceso de seleccionar sólo aquellas cosas que inspiran alegría, puedes identificar con precisión lo que amas y lo que necesitas". [4]

Ahora bien, con lo que voy a decir, de ninguna manera estoy denigrando la metodología de la señora Kondo para organizar un hogar. O, si usted es uno de los que encontró libertad al usar su método, ciertamente no deseo difamar su sistema de mantener una casa ordenada. Lo que me gustaría abordar, desde un punto de vista bíblico, es la cuestión de qué – o mejor, quién – verdaderamente "provoca" alegría.

Creo que todos queremos experimentar alegría: una alegría indescriptible, inquebrantable, innegable e incomparable en medio de nuestras circunstancias, a través de los altibajos y los giros y vueltas de la vida. Queremos ese tipo de alegría que burbujea en nuestras almas y salpica a todos los que nos rodean. Y ese tipo de gozo, amada hermana en Cristo, no proviene de nada que podamos tener en la mano. Ese género tiene su origen en Jesús y es producido en nosotros por el Espíritu Santo.

La respuesta a la pregunta: "¿Hay alegría en el viaje?" se descubre haciendo dos preguntas más: ¿Lo que tienes en tus manos genera verdadera alegría? Si te aferras a algo o a alguien que no sea Jesús, ¿lo entregarías a cambio del gozo que sólo Jesús proporciona?

Día Uno | Eclesiastés 5:1

En este punto, creo que todos estamos de acuerdo en que nuestro estudio del libro de Eclesiastés es cautivador. Si bien una lectura superficial puede hacer que el lector se sienta un poco melancólico, a medida que vamos quitando las capas, descubrimos que Salomón nos está brindando un estudio sobre el comportamiento humano sin la perspectiva del siempre.

Como preparación para el estudio de esta semana, tómate unos minutos y lee Eclesiastés 5, resaltando las palabras clave en azul mientras lo haces.

1. La idea central es el tema que el escritor expresa en el texto. Básicamente es un resumen de los puntos principales. Escribe tu observación. Intente incorporar tantas palabras o frases del pasaje. ¿Cuál es la idea central de Eclesiastés 5?

La idea central: Eclesiastés 5

2. Consideremos ahora las palabras clave. Son palabras o frases repetitivas que el escritor utiliza, generalmente para enfatizar un punto. Haz una lista de las palabras o frases claves de Eclesiastés 5.

Palabras claves en Eclesiastés 5

Durante el resto de nuestro estudio de hoy, nos centraremos en el versículo inicial de Eclesiastés 5, mientras Salomón se toma un breve descanso entre hacer observaciones y enseñar sobre la adoración.

Vuelva a leer Eclesiastés 5:1.

Lección Cinco | 145

3. ¿Qué advertencia en dos partes da Salomón a los adoradores que van a la casa de Dios? (v.1)

-

-

Salomón no está ajeno al magnífico templo que fue la joya de la corona de la ciudad de Jerusalén. Construido en el monte Moriah, Salomón había supervisado la construcción de esta obra maestra arquitectónica. El templo estaba "revestido con 100.000 talentos de oro que fácilmente podrían exceder los 250 mil millones de dólares en valor actual", [5] y representaba la presencia de Dios entre Su pueblo.

Sólo la vista de esta impresionante estructura, llamada la "casa de Dios" (2 Crónicas 3:3), seguramente habría hecho que los corazones de los adoradores judíos latieran con fuerza al verla brillar bajo el sol abrasador del Medio Oriente. Agregue a eso el aroma continuo de la carne asada al carbón (piense en la mejor barbacoa al aire libre en la que haya estado presente), mientras los levitas y sacerdotes ofrecían sacrificios de animales al Señor. A medida que esta sabrosa fragancia flotaba desde el altar de bronce, se mezclaba con el dulce aroma del incienso quemado, creando un aroma celestial.

El palacio de Salomón está a tiro de piedra del templo. Es probable que pueda sentarse en uno de sus pórticos magníficamente decorados y observar a los fieles mientras van y vienen. No puede dejar de notar que muchos no son tan sinceros en su adoración, confiando en el ritual religioso como un vano intento de encontrar el favor de Dios.

D. A. Hubbard da esta idea:

> Aparentemente el pueblo adoptó una actitud mecánica hacia los sacrificios que Dios había ordenado. Los ofrecían en grandes cantidades y con gran atención al detalle. Pero les faltaba el significado más profundo, el propósito clave de esas ofrendas de animales. [6]

La palabra "guarda" en Eclesiastés 5:1 es significativa. En el primer templo, el Jardín del Edén, Adán era responsable de "guardar" el Jardín. La palabra hebrea para "guardar" es *shamar*, que significa "guardar" o "vigilar y proteger". [7] Luego, cuando Adán y Eva pecaron, Dios colocó querubines a la entrada del Jardín para "guardar" el camino hacia el árbol de la vida (Génesis 3:24). Más tarde, en Números 1:53, Dios ordenó a los levitas que "guardaran" (NVI) la entrada del Tabernáculo, para proteger la santa morada de Dios de ser contaminada por el pecado del pueblo. Ahora, aquí en Eclesiastés 5:1, Salomón insta a los adoradores a "guardar" sus propios pasos cuando van a la casa de Dios.

Mientras "guardan" sus pasos, Salomón también amonesta a los adoradores a "acercarse para escuchar". Esta frase "acercarse" en el idioma hebreo original "describe con frecuencia la intimidad entre Dios y aquellos que acuden a Él en busca de adoración y compañerismo". [8]

En el idioma original, "escuchar" es *sama* y significa "oír, escuchar, obedecer". [9] Salomón advierte a los adoradores que entren humildemente a la casa de Dios para tener comunión con Él, escuchar su Palabra y obedecer sus mandamientos.

4. ¿Qué nombre despectivo asigna Salomón a los que vienen en vano ante Dios? (v.1)

Derek Kidner observa que el "objetivo de Salomón es la persona bien intencionada a la que le gusta una buena canción y se presenta lo suficientemente alegre como para ir a la iglesia; pero que escucha a medias y nunca llega a concretar lo que se ha ofrecido a hacer para Dios". [10]

5. ¿Qué término usa Salomón para describir su acto de adoración? (v.1)

A los israelitas se les han dado regulaciones específicas para acercarse a Dios. El sistema de sacrificios "se ocupaba de las principales necesidades humanas: traían el perdón, cuando iba acompañado de un corazón contrito; expresaron acción de gracias, cuando el ofrendante estaba verdaderamente agradecido; cumplían votos, cuando Dios les traía una bendición inusual". [11]

Los sacrificios fueron el medio por el cual el pueblo de Dios declaró su total dependencia de Él. Para muchos en los días de Salomón, los actos de adoración se habían reducido a rituales religiosos superficiales, poco sinceros e hipócritas.

Dios se deleita en la obediencia y aborrece la actividad religiosa sin un cambio de corazón. Como leemos, Salomón llama a esa arrogancia "el sacrificio de los necios" (Eclesiastés 5:1). Warren Wiersbe añade esta idea: "Las ofrendas en las manos sin una fe obediente en el corazón se convierten en 'el sacrificio de los necios', porque sólo un necio piensa que puede engañar a Dios. El necio cree que está haciendo el bien, pero sólo está haciendo el mal. Y Dios lo sabe". [12]

Salomón advierte a sus lectores que se acerquen a Dios con temor reverencial. Aunque actualmente la presencia de Dios no habita en los edificios como lo hacía en el templo, los cristianos de hoy deben dar crédito a la advertencia de Salomón. Muchos feligreses asisten por costumbre u obligación y ofrecen poco en forma de adoración genuina. Entrar libremente en la casa del Señor es robarle a Dios el respeto y el honor que merece.

6. Amada, tómate un momento y considera tu propia actitud hacia la adoración colectiva. Piensa en la última vez que estuviste en la iglesia (o la viste si actualmente no puedes asistir en persona). ¿Cuál fue la actitud de tu corazón mientras te preparabas para unirte a tus hermanos y hermanas en Cristo?

7. ¿Cuáles son algunas formas prácticas en las que podemos preparar nuestro corazón antes de reunirnos en la adoración colectiva?

Durante mi trayectoria contra el cáncer, estuve mayormente confinada en casa debido a varios aumentos en el número de casos de COVID-19. Mi equipo de oncología consideró prudente que evitara las multitudes ya que mi recuento de glóbulos blancos había tocado fondo debido al tratamiento, lo que me hacía especialmente vulnerable a infecciones que podrían resultar peligrosas para mi recuperación. Los domingos adoramos desde casa, viendo nuestros servicios religiosos en línea. Si bien estábamos agradecidos por esa capacidad, difícilmente reemplazó la asistencia en persona. ¡Oh, qué alegría cuando por fin fui liberada para regresar a la iglesia! ¡La adoración genuina, especialmente en el ambiente corporativo de la iglesia, es un refuerzo infalible para el gozo! David declara: "Me alegré cuando me dijeron: 'Vamos a la casa del Señor'" (Salmo 122:1).

Amados, Dios "al que no conoció pecado, por nosotros lo hizo pecado, para que nosotros fuésemos hechos justicia de Dios en él" (2 Corintios 5:21). ¡Aleluya! Por tanto, guarden sus pasos al dirigirse a la casa de Dios. Sólo un necio intentaría acercarse a Dios con un corazón sin devoción.

¡Que podamos acercarnos humildemente a la casa de Dios con un asombro reverente y lleno de corazón mientras nos acercamos para escuchar y obedecer! ¡Y que celebremos al Rey Jesús con nuestros hermanos y hermanas en Cristo mientras vivimos *con la vista en la eternidad!*. ¡Ay que alegría!

Día Dos | Eclesiastés 5:2-3

En nuestro pasaje de hoy, Salomón continúa con su segmento de enseñanza sobre la adoración. Como instrucción complementaria de 5:1 que decía a los adoradores lo que debíamos hacer, ahora explica lo que no debemos hacer.

Lea Eclesiastés 5:2-3.

Al rey sabio no sólo le interesa cómo escuchamos, sino también cómo hablamos. En contexto, nos está amonestando acerca de orar en el culto público.

1. ¿Qué guía da Salomón con respecto a la oración? (v.2)

En el contexto de 5:1, parece que nuestro comportamiento descuidado en la adoración conducirá a palabras apresuradas ante Dios. Nuestras oraciones, ya sean dichas en voz alta o en silencio en nuestro corazón, deben ser cuidadosamente elegidas y reverentes. ¿Por qué? Porque Dios habita en el cielo como Juez Supremo y Gobernante del universo. Él es santo, exaltado y soberano sobre su creación. Somos meros seres mortales aquí en la tierra, limitados por el tiempo y el espacio. La distancia entre Dios en el cielo y nosotros en la tierra es importante para la geografía teológica de Eclesiastés al proporcionar el contexto para todo lo que [Salomón] dice sobre la vida debajo del sol y también al abrir la posibilidad de una perspectiva de la vanidad de la vida "por encima del sol". [13]

> Nuestro Padre se deleita en escuchar nuestras oraciones fervientes y desordenadas, incluso en tiempos estresantes cuando nuestras palabras no son tan elocuentes.

Salomón concluye: "Sean, pues, pocas vuestras palabras". Lamentablemente, muchos recurren a largas oraciones públicas salpicadas de retórica religiosa en un vano esfuerzo por captar la atención de Dios. Como el necio que ofrece sacrificio sin obediencia, así es el necio que habla mucho, creyendo que sus muchas palabras influirán en Dios.

2. Vaya al Nuevo Testamento y lea Mateo 6:5-8. En este pasaje del Sermón del Monte, Jesús describe las oraciones del hipócrita, del creyente genuino y de los gentiles. Completa la tabla con tus observaciones.

La persona que ora	Descripción de sus Oraciones	La respuesta de Dios
El hipócrita		
El creyente		
Los gentiles		

En Lucas 18:9-14, Jesús contó la historia de dos hombres que fueron al templo a orar. Su parábola ilustra las instrucciones de Salomón acerca de la oración pública.

3. Lea el pasaje de Lucas y describa la conducta del fariseo y su oración como se revela en la parábola (vv. 11-12).

4. ¿Cuál fue el acercamiento del publicano a Dios? (v.13)

5. ¿Cuál fue la evaluación de Jesús con respecto a ambos hombres? (v.14)

- El fariseo

- El publicano

150 | Lección Cinco

Salomón continúa con su instrucción en Eclesiastés 5:3. Por segunda vez, califica de "necio" a quien se acerca a Dios con un motivo inadecuado.

Salomón nos ayuda a poner límites cuando oramos públicamente: "Porque con mucho esfuerzo surge el sueño, y con muchas palabras la voz del necio" (v. 3). Su comparación es razonable. Quien trabaja duro dormirá mucho y probablemente tendrá sueños extraños. Asimismo, existe una correlación entre un necio y una cantidad considerable de palabras. Así como los sueños siguen al sueño profundo, una multitud de palabras seguirán al necio. En Proverbios 10:19, Salomón lo expresa de esta manera: "Cuando hay muchas palabras, es inevitable la transgresión; pero el que refrena sus labios es sabio".

Salomón no está enseñando cómo orar en privado, sino que nos está enseñando cómo no orar en público. Dios escucha las oraciones sinceras ofrecidas por un corazón contrito. Y promete que el Espíritu Santo interpretará correctamente nuestras torpes oraciones de manera agradable al Padre: "De la misma manera también el Espíritu ayuda en nuestra debilidad; porque no sabemos orar como conviene, pero el Espíritu mismo intercede por nosotros con gemidos indecibles" (Romanos 8:26).

Personalmente he vivido momentos de gran dificultad y temporadas de dolor en los que ni siquiera podía formar palabras, sólo sonidos guturales. En esos momentos, descansé sabiendo que el Espíritu de Dios estaba tomando mis lamentables intentos de oración y traduciéndolos ante el trono. ¡Qué alegría saber que tenemos el oído del Padre y podemos acudir a Él en cualquier momento, en cualquier circunstancia! Me encantan las palabras de Tim Keller: "La única persona que se atreve a despertar a un rey a las 3:00 a. m. para pedirle un vaso de agua es un niño. Tenemos ese tipo de acceso". [14] El Señor se inclina para escuchar las palabras sencillas y sinceras de su hijo que verdaderamente se somete a su majestad y busca su intervención.

La oración es un misterio divino. Por qué funciona o cómo funciona es un enigma que nuestras mentes finitas no pueden desentrañar. Nuestro Padre se deleita en escuchar nuestras oraciones fervientes y desordenadas, incluso en tiempos estresantes cuando nuestras palabras no son tan elocuentes. Tyler Station ofrece este estímulo: "Si la Biblia nos dice algo sobre cómo orar, dice que Dios prefiere con mucho el borrador lleno de peroratas y errores tipográficos a la versión pulida y editada". [15]

Apocalipsis 5:8 nos ofrece una mirada bastante sorprendente del valor que Dios atribuye a nuestras oraciones: "Los veinticuatro ancianos se postraron delante del Cordero, cada uno con un arpa y copas de oro llenas de incienso, que son las oraciones de los santos." Nuestras oraciones se elevan ante el Padre como dulce incienso que se eleva como nubes de humo fragante, y Él las captura en copas de oro. Si Dios atribuye tal valor a nuestras oraciones, ¿no deberíamos ser fieles y acudir ante Él con regularidad? Creo que le produce gran alegría escuchar nuestras voces elevadas hacia Él.

6. El Espíritu Santo es capaz de traducir nuestras oraciones y presentarlas al Padre y el Padre captura nuestras oraciones en copas doradas de incienso. Y si todo eso no es suficiente, lea Hebreos 7:25. ¿Qué dice esto sobre el papel del Señor Jesús en la oración?

Salomón no nos desanima de orar; advierte a sus lectores que eviten caer en la trampa de rituales religiosos vacíos y oraciones de memoria. Amados, ¡qué alegría poder correr a los brazos reconfortantes de nuestro Padre Celestial! Hebreos 4:16 dice: "Por tanto, acerquémonos con confianza al trono de la gracia, para recibir misericordia y hallar gracia para el socorro en el momento de necesidad". Misercirodia. Gracia. ¡Discúlpenme mientras bailo de alegría!

Pasa unos minutos con el Padre en oración, disfrutando de su presencia y paz, y luego susúrrale esta oración:

Padre Celestial, ayúdanos a aprender a disfrutarte en oración. Dejemos la obligación y oraciones de memoria mientras aprendemos a buscar tu rostro para tener el gozo y el privilegio de venir a ti. Ayúdanos a ser rápidos para escucharte y tardos para hablar. Que podemos sentir la maravilla y la gravedad de quién eres. Y que te adoremos, no solo con nuestras palabras pero también en nuestro silencio. Como dice el salmista: "Amo al Señor, porque él oye mi voz y mis súplicas. Por cuanto a mí ha inclinado su oído, por eso Lo invocaré mientras viva"
(Salmo 116:1-2).
¡Amén y Amén!

Día Tres | Eclesiastés 5:4-9

Cuando mis hijos tenían tres y cinco años, los Ositos Cariñositos se habían apoderado del afecto de casi todos los niños en edad preescolar (y probablemente de los niños en edad de primaria) en Estados Unidos. El amor por los ositos de peluche de colores brillantes era tan profundo que dieron lugar a una serie de dibujos animados y una película de larga duración. El carácter saludable de estos lindos ositos nos hizo felices a las mamás y extendió la inocencia de la infancia a nuestros pequeños.

Al igual que otros niños en ese momento, mis hijos querían subirse al carro de los Cariñositos. Pasamos mucho tiempo hablando sobre qué oso elegiría cada uno para unirse a nuestra casa. ¡El día que compraron los dos osos, se produjo una gran alegría! En ese momento, nuestro hijo mayor estaba en el jardín de infantes. A la mañana siguiente, mientras nos preparábamos para ir a la escuela, preguntó si podía llevar su nuevo Oso del Cariño a Ve y Dilo. Dijo algo en el sentido de que prometió tener cuidado con él y asegurarse de regresar a casa con él. "Por supuesto que puedes", respondí. "Pero necesito recordarte algo. No te gusta que tus juguetes se estropeen o se ensucien. Puedes llevar a tu oso a la escuela contigo, pero recuerda, puede ensuciarse y sé que eso te decepciona. Pero es tu decisión. Sólo quiero que consideres esa posibilidad". Torció el rostro mientras reflexionaba sobre las opciones. Era cierto que le gustaba mantener sus cosas como nuevas y perdía el amor por cualquier juguete sucio o dañado. Después de varios minutos de deliberación interna, miró a su hermano menor y le dijo: "¿Puedo llevar *a tu* osito cariñoso a la escuela?".

Aunque mi hijo había prometido tener cuidado con su osito cariñoso, decidió que era mejor arriesgar el osito de su hermano menor que el suyo propio.

Mientras Salomón continúa enseñando sobre la manera apropiada de acercarse a Dios en adoración, pasa al tema de los votos, advirtiéndonos que tengamos cuidado cuando hacemos uno, no sea que, como mi hijo, descubramos que no podemos cumplirlo.

Lea Eclesiastés 5:4-9 mientras nos preparamos para desentrañar el texto. Mientras lees, recuerda que Salomón escribe en el contexto de advertir a sus lectores que no caigan en rituales religiosos y oraciones de memoria.

1. En Eclesiastés 5:4-6, Salomón nos da instrucciones sobre los votos. En tus propias palabras, resume estos tres versículos. ¿Qué tiene que decir sobre hacer votos?

    - Verso 4

    - Verso 5

    - Verso 6

Lección Cinco | 153

La instrucción de Salomón no es que necesariamente debamos hacer un voto, sino que si lo hacemos, debemos cumplirlo. Él está reafirmando la enseñanza de la Ley:

> Cuando hagas un voto al SEÑOR tu Dios, no tardarás en pagarlo, porque el SEÑOR tu Dios ciertamente te lo reclamará, y sería pecado en ti si no lo cumples. Sin embargo, si te abstienes de hacer un voto, no sería pecado en ti. Lo que salga de tus labios, cuidarás de cumplirlo, tal como voluntariamente has hecho voto al SEÑOR tu Dios, lo cual has prometido con tu boc. (Deuteronomio 23:21-23).

Nuevamente, no vemos ninguna obligación de hacer un voto, y la Ley es clara en que, si alguien "se abstiene de hacer un voto", no es pecado (Deuteronomio 23:22). Sin embargo, si haces un voto a Dios, hazlo. Aquí hay un ejemplo de la forma en que funcionaban los votos en el Antiguo Testamento:

> Entonces Israel hizo un voto al SEÑOR y dijo: "Si en verdad entregas a este pueblo en mis manos, yo destruiré por completo sus ciudades". Y oyó el SEÑOR la voz de Israel y les entregó a los cananeos; e Israel los destruyó por completo, a ellos y a sus ciudades. Por eso se llamó a aquel lugar Horma (Números 21:2-3).

Danny y Jon Akin explican que "se hicieron votos para ganarse el favor de Dios con el fin de instarlo a que hiciera una petición específica. El adorador podría ofrecer a Dios un sacrificio, dinero o propiedad a cambio de que Dios cumpliera su pedido. Por lo tanto, fue una especie de 'Haré esto por Ti si Tú haces esto por mí'". [16] Continúan explicando la forma en que las personas a menudo hacen votos a Dios hoy en día:

> Durante una crisis, la gente a menudo hace votos o promesas a Dios... Si Dios te quita el cáncer, te consigue un trabajo, te da un cónyuge o saca a tus hijos de un aprieto, entonces prometes caminar más estrechamente con Dios. El peligro hoy, como entonces, es que, una vez superada la crisis, la promesa podría quedar incumplida. [17]

2. ¿Cuáles son algunos ejemplos modernos de votos/compromisos que las personas hacen ante Dios, pero que no cumplen o no se toman en serio?

Salomón señala que el problema con los votos ocurre cuando una persona hace un voto pero no lo cumple. Un sermón puede traer convicción, un estudio bíblico puede conmoverlo o la simple presión de sus compañeros puede hacer que usted haga una promesa emocional al Señor. Proceda con cuidado. Dios toma los votos muy en serio.

De hecho, Salomón dice que no debemos simplemente cumplir con el compromiso, sino "no demorarnos" en hacerlo porque Dios no "se deleita en los necios" (v. 4). Esta es la tercera vez que Salomón usa la palabra "necio" en los primeros cuatro versículos de Eclesiastés 5. Detengámonos en eso por un momento. La palabra hebrea que Salomón usa para denotar

En Proverbios, Salomón usa la palabra "necio" unas 37 veces. Veamos sólo algunos ejemplos.

3. Lea Proverbios 14:16. ¿Cómo caracteriza Salomón a un sabio y a un necio?

- Un hombre sabio

- Un necio

4. Salomón no tiene muchas esperanzas para el necio en Proverbios 18:2. ¿Cómo describe a un necio?

5. Busque Proverbios 29:20. ¿Qué escribe Salomón acerca de quien se apresura en sus palabras?

Volviendo a Eclesiastés, Salomón continúa escribiendo: "Es mejor no hacer votos, que hacer votos y no pagar" (Eclesiastés 5:5). Si haces un voto y no lo cumples, tus palabras te han hecho pecar.

En los días de Salomón, los votos no eran obligatorios, sino que eran donaciones voluntarias hechas además de lo requerido. Si un adorador hacía un voto, pero no lo pagaba, se enviaba a un "mensajero de Dios" (Eclesiastés 5:6) o a un funcionario del templo para visitar a la persona y señalarle su fracaso. Si el adorador declarara que fue un error, su respuesta enojaría a Dios. Sólo un tonto pensaría que podría romper un voto sin consecuencias. Wiersbe opina:

> La gente hace votos vacíos porque vive en un "mundo de ensueño" religioso; piensan que las palabras son lo mismo que los hechos (v. 7). Su adoración no es seria, por lo que sus palabras no son confiables. Disfrutan de los "buenos sentimientos" que surgen cuando hacen promesas a Dios, pero se hacen más daño que bien a sí mismos. Les gusta "soñar" con cumplir sus votos, pero nunca llegan a hacerlo. Practican una religión ficticia que no glorifica a Dios ni forma el carácter cristiano. [19]

En los versículos 8 y 9, Salomón vuelve a compartir las observaciones que ha hecho. Esta vez cuenta lo que ha visto en el ayuntamiento: políticos corruptos oprimiendo a los pobres. Los funcionarios gubernamentales han desarrollado una red de corrupción que les permite pervertir la justicia y llenar sus arcas mediante sobornos y comisiones ilícitas a expensas de quienes acuden a ellos en busca de justicia.

Salomón termina esta sección con una observación un poco compleja: "Después de todo, el rey que cultiva el campo es provecho para la tierra" (Eclesiastés 5:9). Las principales traducciones difieren en la interpretación de este versículo. Wiersbe nos ayuda a desenredar el significado probable de las palabras de Salomón:

> El versículo 9 es difícil y las principales traducciones no concuerdan. La idea general parece ser que, a pesar de la corrupción en la burocracia, es mejor tener un gobierno organizado y un rey sobre el país, que tener anarquía. Unas pocas personas deshonestas pueden beneficiarse de las prácticas corruptas, pero todos se benefician de la autoridad organizada. Por supuesto, lo ideal es tener un gobierno que sea a la vez honesto y eficiente, pero siendo el corazón del hombre lo que es, la tentación de obtener ganancias deshonestas siempre está ahí. [20]

¿Es esa resignación la que escuchamos en la voz de Salomón? Casi puedo oírlo reflexionar: "¿Hay alegría en el viaje?" Cuando Salomón escribe Eclesiastés, ya había buscado satisfacción por todas partes sin éxito. Se da cuenta de que las personas, los lugares y las cosas a las que ha recurrido son simplemente como cenizas en sus manos y humo en sus ojos, lo que lo lleva a escribir: "'Vanidad de vanidades', dice el Predicador, '¡Vanidad de vanidades! Todo es vanidad'" (Eclesiastés 1:2). Parece como si la aceptación de las cosas como son definitivamente haya impactado el nivel de alegría del rey, y la vida debajo del sol ha nublado su capacidad de mirar con anhelo la próxima vida: la eternidad en la presencia de Dios.

> *Dios ha impreso el regalo de la eternidad en nuestros corazones, dándonos la capacidad de anhelar el cielo incluso mientras vivimos en la tierra.*

Lamentablemente, muchos creyentes han cambiado el mantener la realidad de la eternidad al frente de sus pensamientos por los placeres de corta duración que ofrece este mundo. Ese pensamiento de bajo nivel les ha robado la alegría y la ha reemplazado con un espíritu de trabajo pesado. Para muchos, el culto se ha convertido en un ritual religioso. La oración se ha convertido en una repetición mecánica. Los votos se hacen descuidadamente. Vanidad. Todo es vanidad. ¿Pero tiene que ser así? ¡No!

La verdadera adoración, las oraciones apasionadas y la entrega sincera al Señor de la Gloria traerán un gozo escandaloso al hijo de Dios. Para aquel que ha descubierto el secreto de la vida abundante, la vida cristiana es una aventura de aprender a conocer a Dios en un nivel íntimo a través de una relación personal con Cristo.

Dios ha impreso el regalo de la eternidad en nuestros corazones, dándonos la capacidad de anhelar el cielo incluso mientras vivimos en la tierra. Este tipo de vida "por encima del sol" nos ayuda a procesar el ahora a través del filtro de lo eterno. Paul Tripp escribe sobre el don de la gracia de la eternidad:

> El don de la eternidad significa que soy libre para afrontar la vida con alegría. No, no alegría porque agrado a las personas que me rodean, o alegría porque mi vida es cómoda y predecible, o alegría porque mi vida ha estado libre de sufrimiento, sino alegría porque sé que me han dado el mejor de los regalos: el

regalo de vida eterna. La gracia me ha dado provisión presente y esperanza futura, para que pueda vivir con alegría incluso cuando las situaciones y relaciones en mi vida son confusas y difíciles. [21]

¡Esa mentalidad nos permite vivir *con la vista en la eternidad,* anhelando ese día en el que estemos reunidos en la presencia de nuestro Rey!

Día Cuatro | Eclesiastés 5:10-20

"Gana todo lo que puedas, ahorra todo lo que puedas y da todo lo que puedas" son los tres puntos básicos del famoso sermón de John Wesley titulado "El uso del dinero". Wesley no estaba en contra de que la gente tuviera dinero, ni pensaba que el dinero fuera malo. Lo que más importaba era lo que la gente hacía con su dinero. Para Wesley, "el dinero es un excelente regalo de Dios, que responde a los fines más nobles. En manos de sus hijos es alimento para el hambriento, bebida para el sediento, vestido para el desnudo". [22]

En lugar de vivir según el dogma de Wesley, la mayoría de la gente se alinea con un mantra popular, pero opuesto: "Consigue todo lo que puedas, haz todo lo que puedas, siéntate donde puedas y envenena al resto". Por mucho que estemos tentados a pensar que se trata de un problema del siglo XXI, Salomón hace observaciones similares sobre el siglo X a.C.

Lea Eclesiastés 5:10-20 mientras nos preparamos para profundizar en el pasaje.

1. Marque cada referencia al dinero, las riquezas y las ganancias en Eclesiastés 5:10-20 en su Biblia o en el texto proporcionado al comienzo de la lección.

Cuando Salomón le pide sabiduría a Dios mientras asciende al trono de Israel, Dios responde: "Se te ha concedido sabiduría y conocimiento. Y te daré riquezas, haciendas y honra, tales como ninguno de los reyes que fueron antes de ti las tuvo, ni los que vendrán después de ti" (2 Crónicas 1:12). Además de sabiduría, Dios le prometió riquezas incalculables.

Me pregunto si tal vez Dios estaba probando el corazón del rey para ver si aplicaría la sabiduría que le dio o si pondría su afecto en acumular riquezas.

Más exactamente, Dios quería revelarle al corazón de Salomón; Ya sabía qué debilidad se alojaba en el corazón del rey. Al final, el amor al dinero y la abundancia se convirtió en su perdición. Oh, si el joven rey hubiera reconocido este defecto de carácter y hubiera acudido al Señor en busca de ayuda. Si lo hubiera hecho, la historia de Salomón habría sido muy diferente.

A lo largo de Eclesiastés, Salomón expone las consecuencias de vivir debajo del sol como una advertencia. E incluye la bienaventuranza de vivir por encima del sol para aquellos que sabiamente tomen esa decisión.

Un día, mientras hacía cola en el mostrador de atención al cliente de la amigable tienda de comestibles de mi vecindario, el caballero frente a mí pidió comprar un billete de lotería. El costo fue de $25.00. Tachó frenéticamente los números antes de abandonar el mostrador. "No", murmuró. "No esta vez." Me pareció que 25 dólares era mucho dinero por una emoción barata que duraba aproximadamente tres segundos.

Me fascina lo que lleva a la gente a creer que pueden ganar la lotería, ya que las probabilidades están en su contra. ¿Sabías que las probabilidades de cualquier lotería son de

158 | Lección Cinco

aproximadamente una entre 300 millones? Eso es aproximadamente 1 entre 292,2 millones para Powerball y 1 entre 302,6 millones para Mega Millions. [23]

A esto se suma el alto porcentaje de personas que arruinan su vida con el cambio repentino de fortuna:

> Según el Fondo Nacional para la Educación Financiera, el 70% de los ganadores de la lotería quiebran en unos pocos años. Obtener más dinero a menudo conduce a gastos descuidados y al deseo de obtener más dinero, y la codicia puede ser destructiva para las vidas de los ganadores y sus familias". [24]

"¡Vanidad de vanidades! Todo es vanidad" (Eclesiastés 1:2).

En los versículos 10-17, Salomón nos aconseja cómo abordar el trabajo y la riqueza. Él comienza con nuestro corazón: "El que ama el dinero no se saciará de dinero, ni el que ama la abundancia de sus ganancias" (Eclesiastés 5:10). Salomón escribe desde su experiencia personal. Su ingreso anual es de "666 talentos de oro" (1 Reyes 10:14), además de lo que recibe como tributo en dinero y los ingresos de los mercaderes y comerciantes. Google calcula esas matemáticas para nosotros en términos del siglo XXI:

> Se cree que el rey Salomón es la persona más rica que jamás haya vivido en la tierra durante sus 40 años de reinado. Tenía un patrimonio neto estimado de 2 billones de dólares en 2021. ¡Esto significa que el valor de lo que obtuvo cada año fue de entre 1.092.906.000 y 1.165.766.400 dólares estadounidenses! [25]

La riqueza que ha acumulado asombra la mente. Aunque esta lección de vida sobre la riqueza llega hacia el final de su vida, ¿quién mejor para abordar este tema que Salomón? "Esto también es vanidad" (Eclesiastés 5:10), se lamenta.

2. En Eclesiastés 5:11-12, Salomón nos recuerda algunos de los problemas que acompañan al aumento de ingresos. ¿Cuáles son? ¿Puedes agregar alguno a su lista?

Aquí está en juego la condición del corazón, no la cantidad de riqueza acumulada. Puedes amar el dinero y tener mucho, o puedes amar el dinero y tener un poco.

3. En Marcos 8:34-36, Jesús enseña el costo de ser su discípulo. Desafortunadamente, el impulso de acumular riqueza impedirá que algunos se rindan a Él. ¿Cuál es la consecuencia cuando eso sucede? (vv. 35-36)

Lección Cinco | 159

Romanos 10:13 dice: "Todo aquel que invocare el nombre del Señor, será salvo". El llamado de atención del evangelio invita a todos a recibir a Jesús como Señor y Salvador. Sin embargo, hay quienes viven con una mentalidad "debajo del sol" tan profundamente arraigada que rechazan a Jesús. Permiten que la codicia y el orgullo de las posesiones, el poder y el prestigio endurezcan sus corazones y sellen su destino eterno.

4. Salomón lleva sus observaciones sobre el peligro de amar el dinero y la abundancia a una especie de conclusión en Eclesiastés 5:13. Revela la causa fundamental del "grave mal" que ha "visto debajo del sol". ¿Cuál es?

La acusación de Salomón está dirigida a aquellos que aman el dinero y atesoran sus riquezas. Dios ha dado a muchos cristianos piadosos la capacidad de ganar y amasar grandes fortunas. ¡Reconocen que son meros mayordomos de las bendiciones financieras de Dios y buscan generosamente maneras de invertir en la obra del Reino! Éstas no son las personas a las que se dirige. Más bien, está señalando la vanidad de intentar encontrar gozo en la acumulación de riqueza y abundancia para ganancias egoístas.

¡Esto no sólo es un mal grave, sino que también roba enormemente la alegría!

Mientras continúa, Salomón pasa de acumular riquezas a perderlas (v. 14). Menciona a un hombre de familia que pierde su fortuna por una mala inversión. De repente, no puede pagar sus cuentas y ha perdido la herencia de su hijo. Los Akins nos dan una idea útil de la difícil situación del hombre:

> Incluso si lo hiciera [logró retener una herencia para transmitirla], Salomón ya ha declarado deprimente que dejar un legado no funcionará porque su familia probablemente lo desperdiciará (Eclesiastés 2:18-19). Él estaba en lo correcto. Las estadísticas nos dicen que el 60% de las familias desperdician su riqueza al final de la segunda generación, el 90% de las familias tienen poco o nada del dinero recibido de los abuelos. [26]

Una vida dedicada a perseguir el dinero no satisfará y agotará la alegría de quien lo persigue. Un comentario conmovedor se encuentra en Hageo 1:5-6: Ahora pues, así dice el SEÑOR de los ejércitos: "¡Consideren bien sus caminos! Siembran mucho, pero recogen poco; comen, pero no hay suficiente para que se sacien; beben, pero no hay suficiente para que se embriaguen; se visten, pero nadie se calienta; y **el que recibe salario, recibe salario en bolsa rota** (énfasis mío). Como alguien ha señalado acertadamente: "El deseo siempre supera a las posesiones" [27]. Cuanto más obtienes, más quieres.

Como vimos en nuestra última lección, Dios asignó trabajo a Adán antes de que el pecado entrara en el mundo (Génesis 2:15). Cultivar y mantener el Jardín antes de la caída produjo una cosecha abundante. Debido al pecado de Adán, el mundo quedó bajo el juicio de Dios (Génesis 3:18-19) y el trabajo se convirtió en una monotonía que a menudo resultó inútil.

5. Lea las instrucciones de Salomón en **Proverbios 23:4-5**. **Estos versículos** nos dan un enfoque equilibrado de la rutina del trabajo. Medita en sus palabras. Reformule este pasaje con sus propias palabras y escriba sus pensamientos.

Volviendo a Eclesiastés 5, Salomón nos recuerda el sinsentido último de la riqueza.

6. ¿Cuál es el fin de toda la humanidad? (vv.15-17)

Todos hemos escuchado la traducción moderna de las palabras de Salomón: No puedes llevártelo contigo. Ricos o pobres, sabios o necios, preocupados por su salud o adictos a la comida, delgados o con sobrepeso, todos mueren y "no reciben nada del fruto de [su] trabajo" (Eclesiastés 5:15). Steve Jobs "tenía un patrimonio neto de 10.200 millones de dólares cuando murió. Todos sabemos cuánto se llevó consigo. Ni un centavo". [28]

John Mark Comer tiene algunas palabras apropiadas para nosotros:

> En el siglo VI, un monje llamado Benedicto escribió la ahora famosa Regla de San Benedicto, el documento fundacional de una de las órdenes monásticas más antiguas del mundo. En él, dio este consejo a sus compañeros monjes:
>
> > Día tras día recuerda que vas a morir.
>
> ¿Suena eso un poco masoquista para tus oídos modernos? Me imagino que sí. Pero en contexto, Benedicto esencialmente estaba diciendo: "No desperdicies tu vida en trivialidades. Recuerda lo que importa. La vida es fugaz y preciosa. No lo desperdicies. Mantén tu muerte ante tus ojos. Mantén la eternidad en tu corazón". Benedicto instaba a los monjes a estar presentes con alegría en el milagro de la vida diaria. [29]

El padre de Salomón, David, escribe:

> Las naciones temerán el nombre del SEÑOR, Y todos los reyes de la tierra, Su gloria. Porque el SEÑOR ha edificado a Sión, Y se ha manifestado en Su gloria. Ha considerado la oración de los menesterosos (Salmo 103:15-17).

Sus conmovedoras palabras nos recuerdan que la vida es fugaz: un hombre florece, se desvanece y luego es olvidado. La visión bastante sombría de David sobre la brevedad de la vida es un recordatorio de invertir nuestras vidas en el Reino de Dios y vivir con los ojos fijos en la eternidad.

Qué necios seríamos si pasáramos la vida invirtiendo en "madera, heno [y] paja" (1 Corintios 3:12) mientras descuidáramos las verdaderas riquezas de la vida. "No es necio el que da lo que no puede conservar para ganar lo que no puede perder". Esa cita se asocia universalmente hoy con el nombre de Jim Elliot, uno de los cinco misioneros estadounidenses que fueron martirizados en América del Sur en la década de 1950". [30] Amado, esta es la mentalidad de vivir *con la vista en la eternidad,* ¡y este es el secreto para vivir con un gozo extravagante!

Al terminar el comentario de Salomón sobre el grave mal de acumular riquezas, nos da algunas palabras de consuelo en Eclesiastés 5:18-20.

7. ¿Qué ha "considerado bueno y apropiado"? (v.18)

Mi esposo y yo hemos tenido el privilegio de viajar a países del tercer mundo para enseñar a pastores y líderes de iglesias. A menudo estamos tan lejos en el monte que ningún estadounidense ha visitado ese lugar antes. A medida que nos movemos entre nuestros hermanos y hermanas en el Señor, que viven muy por debajo del nivel de pobreza, nos sentimos honrados de presenciar su gozo contagioso en el Señor y su sentido innato de vivir este día para ese día. Viven con una mentalidad "por encima del sol" que los impulsa a querer compartir a Jesús, discipular a nuevos conversos y construir el Reino de Dios. Mientras tanto, la mayoría vive en chozas de barro, pasa hambre regularmente y no tiene acceso a una fuente de agua potable ni a atención médica. Sin embargo, cuando comienza la adoración, cantan y bailan ante el Señor con una alegría tan contagiosa que naufragamos al estar en presencia de aquellos "de quienes el mundo no [es] digno" (Hebreos 11:38). Como dice Salomón, vivir debajo del sol es vanidad. El camino para vivir por encima del sol se encuentra cuando profundizamos nuestra relación personal con Jesús. De lo contrario, nuestro epitafio se hará eco de las sombrías palabras de Salomón: "¡Vanidad de vanidades! Todo es vanidad" (Eclesiastés 1:2).

8. ¿De qué manera las posesiones son un "don de Dios"? (v.19)

Cuando Salomón concluye Eclesiastés 5, nos da la receta para una vida contenta: "Porque no pensará muchas veces en los años de su vida, porque Dios lo ocupa con la alegría de su corazón" (Eclesiastés 5:20). Al mirar obstinadamente a Dios para que satisfaga nuestras necesidades, "vislumbramos a la persona para quien la vida pasa rápidamente, no porque sea corta y sin sentido, sino porque, por la gracia de Dios, la encuentra absolutamente absorbente. " [31]

Al aterrizar el avión, Salomón propone "un enfoque de la vida, en el que la vida se disfruta trabajando duro, no prescindiendo de ella. Comer y beber expresa compañerismo, alegría y satisfacción, incluidos los gozos espirituales. La riqueza puede conducir a la miseria, pero si es parte de una vida feliz, tomada de Dios, después de todo puede ser apreciada positivamente". [32]

La capacidad de disfrutar la vida, incluso con sus placeres y dolores, sus corajes y penas, es el don de la gracia de Dios. Pablo escribe: "La piedad, en realidad, es un medio de gran ganancia cuando va acompañada de contentamiento" (1 Timoteo 6:6). Encontrar nuestro contentamiento en Cristo nos permite evitar apegarnos demasiado a los detalles de esta vida o ser superados indebidamente por la miseria de este mundo maldito por el pecado. Sólo el Señor nos da la capacidad de mantener una perspectiva adecuada en esta línea de tiempo del aquí y ahora, a fin de prepararnos para la vida eterna que operará eternamente fuera de esta.

Salomón lo ha intentado todo y, al final de todo, descubre que la verdadera satisfacción y plenitud solo se encuentra en conocer a Dios. Después de todo, "es en Él donde está la alegría". [33]

Mientras escribía esta lección, me encontré tarareando una canción escrita por Michael Blanchard en los años 90. ¡Lee la letra y deja que el gozo del Señor te invada!

En estos días de situaciones confusas.
En estas noches de remordimiento inquieto,
Cuando el corazón y el alma de una nación,
yacía herido y frío como un cadáver.
Desde la tumba del inocente Adán,
Viene una canción que trae alegría a los tristes.
Oh, tu clamor ha sido escuchado y el rescate,
Ha sido pagado en su totalidad, estad contentos.

Ahora desde tu calabozo se mueve un rumor.
Aunque lo hayas escuchado una y otra vez.
Ah, pero esta vez las llaves de la celda están girando,
Y afuera hay caras de amigos.
Y aunque tu cuerpo yacía cansado por el desgaste,
Y tus ojos muestran el dolor que han tenido.
Ah, el amor que ahora saborea tu corazón.
Ha abierto las puertas, alegraos.

Sed, pues, como luces en el borde del agua,
Dando esperanza en un mar tormentoso de la noche.
Sé un refugio en medio de la matanza,
De estos fugitivos en su huida.
Porque eres atemporal y parte de un rompecabezas.
Eres atractivo y joven como un muchacho.
Y no hay enfermedad ni lucha,
Eso puede alejaros de Dios, alegraos.

Oh, alegraos, alegraos,
Cada deuda que alguna vez tuviste
Ha sido pagado en su totalidad por la gracia del Señor,
Alegraos, alegraos, alegraos. [34]

Día Cinco | ¿Hay alegría en el viaje?

Salomón comenzó su reinado con tal promesa, pero no aplicó la sabiduría de Dios cuando enfrentó la tentación. Su debilidad por las mujeres y la riqueza fueron su perdición. Lamentablemente, "el hombre más sabio del mundo antiguo se convirtió en un tonto codicioso, lujurioso, hambriento de poder e idólatra... Salomón lo tenía todo y lo intentó todo, y ahora, cerca del final de su vida, nos dice: "¡No! Todo esto no tiene sentido". [35] Estoy sumamente agradecido de que Salomón haya elegido la transparencia. Eclesiastés sirve para advertir a todos los que vinimos después de él. Que prestemos atención a sus conmovedoras palabras y evitemos que nuestra fe naufrague.

1. Al llegar al último día del estudio de esta semana, revise Eclesiastés 5:1-20 y complete el siguiente cuadro.

Eclesiastés	¿Qué es la vanidad?	¿Qué es la sabiduría?
Adoración - 5:1		
Oración - 5:2-3		
Votos - 5:4-6		
Dinero - 5:10-13		
Adicto al trabajo - 5:14-17		

Cuando nuestros corazones estén alineados con el de Dios, la adoración será el resultado sobrenatural. Cuando vivimos *con la vista en la eternidad,* las cosas de este mundo no dominarán sobre nosotros. Jesús dice: "Nadie puede servir a dos señores; porque o aborrecerá a uno y amará al otro, o se dedicará a uno y despreciará al otro. No se puede servir a Dios ni a las riquezas" (Mateo 6:24).

2. Una vida vivida debajo del sol está centrada en las cosas de este mundo. Lea 2 Corintios 4:18. ¿Cómo define este versículo lo que es *temporal* y lo que es *eterno*?

Las cosas temporales de este mundo piden a gritos nuestra atención y, a menudo, se les dedica una proporción de nuestro tiempo y dinero mayor de la que merecen. Por otro lado, la suave y apacible voz del Espíritu Santo susurra y nos llama a vivir *con la vista en la eternidad*. La alegría llena nuestro corazón y la paz impregna nuestra alma cuando nos concentramos en la eternidad. La visión de Tripp ayuda a realinear nuestra visión de lo eterno:

> La paz se encuentra solo en saber que este mundo está destinado a prepararnos para el próximo y que los placeres y dolores temporales de este mundo no son nuestra dirección final. Cuando vivimos sabiendo que el Dios de la gracia nos sacará de este mundo quebrantado y ahora nos está preparando para el mundo venidero, podemos enfrentar las dificultades sin querer rendirnos y experimentar placer sin volvernos adictos a ello. Vivimos con esperanza en nuestro corazón, ojos puestos en el futuro y manos sosteniendo libremente este mundo presente. [36]

Dios no se opone a que poseamos cosas; Se opone a que las cosas nos posean. Las baratijas y los juguetes pueden ser muy seductores. Vi una calcomanía en un parachoques con este sentimiento: "¡El que muere con más juguetes, gana!". El mantra de la mayoría es: "¡Sólo un poquito más!". A Dave Ramsey se le atribuye haber acuñado la frase: "Compramos cosas que no necesitamos con dinero que no tenemos para impresionar a las personas que no nos agradan". [37] En realidad, nada puede satisfacer el hambre de nuestra alma excepto Jesús.

En nuestra cultura impulsada por los excesos, muchos han "adorado y servido a la criatura antes que al Creador" (Romanos 1:25).

3. Pablo reconoció esta tendencia en la iglesia primitiva y advierte a su discípulo Timoteo que enseñe a su pueblo sobre el peligro de la codicia. Lea 1 Timoteo 6:17-19. ¿Contra qué advierte?

4. Pablo se dirige a "los que son ricos en este mundo presente", pero no especifica el valor de sus riquezas. Creo que todos podemos aplicar su principio, independientemente del monto que tengamos en nuestra cuenta bancaria. ¿Cómo deben manejar el dinero los creyentes?

> La alegría llena nuestro corazón y la paz impregna nuestra alma cuando nos concentramos en la eternidad.

Lección Cinco | 165

5. Dios es Aquel que "nos proporciona todas las cosas en abundancia para que las disfrutemos". Tomémonos un momento y contemos nuestras bendiciones. ¿Con qué cosas buenas te ha agraciado Dios?

Desarrolla "una actitud de gratitud" y descubre que Dios unge tu vida con un gozo extravagante, así como con su presencia y su paz. ¡Nada hace que el evangelio sea tan atractivo como el espíritu vibrante de un creyente lleno de gozo con un testimonio genuino de una vida cambiada!

¿Hay alegría en el viaje? Mi oración es que permitas que estos versículos de Eclesiastés sirvan como un escáner de tu corazón, para revelar cualquier área en la que hayas permitido que el mundo, la carne o el diablo dominen tu vida de pensamiento y te aleje de la devoción incondicional al Señor, haciéndote perder el gozo. En mi propia vida, la presencia de un gozo indescriptible ha sido un buen barómetro de la profundidad de mi entrega a Jesús.

6. En una escala del uno al diez, siendo uno un nivel muy bajo en la escala de alegría y diez siendo el más alto, ¿cómo calificarías la porción actual de alegría en tu vida?

El comentario de Salomón sobre la vida debajo del sol nos recuerda que actualmente estamos obligados a vivir en la tierra. Pero este no es nuestro hogar. Una de las formas en que las Escrituras hablan sobre la permanencia del aquí y ahora es diciendo que vivimos en tiendas de campaña (2 Corintios 5:1-5). La imagen de la palabra es la de los peregrinos que viajan hacia su destino final y que instalan sus moradas portátiles a lo largo del camino. Tu tienda te recuerda que aún no estás en tu destino. [38] Como escribe CS Lewis: "Si encuentro en mí un deseo que ninguna experiencia en este mundo puede satisfacer, la explicación más probable es que fui creado para otro mundo". [39]

Amados, nos dirigimos a casa, pero aún no hemos llegado allí. Hasta que veamos a Jesús, que vivamos con una perspectiva "por encima del sol", mientras aprendemos a mirar y esperar "con voz de arcángel y con trompeta de Dios" (1 Tesalonicenses 4:16). Hasta entonces, dulce hija del Rey, que vivamos *Con la Vista en la Eternidad.* ¡Y que lo hagamos con alegría!

Plantador de semillas

A menudo damos por sentado que el fugaz sentimiento de felicidad, que suele ir acompañado de una risa vertiginosa y una sensación de bienestar, es similar a la alegría, pero no es así. La felicidad depende de las circunstancias y la experimentan creyentes y no creyentes. El gozo, por otro lado, es un regalo de gracia del Señor para su pueblo. Sostiene sobrenaturalmente nuestras almas en épocas de angustia, injusticia y tristeza. Soportar los valles de la vida es casi imposible sin el combustible vivificante del gozo en Cristo. En otras palabras, la felicidad es una reacción a algo grandioso, mientras que la alegría es producto de Alguien grandioso. Con eso en mente, busque una oportunidad ordenada por Dios para iniciar una conversación sobre el evangelio preguntando: "¿Qué te da gozo?" Comparte la diferencia entre alegría y felicidad. Si siente una oportunidad para llevar la conversación más allá, comparta que Jesús es la fuente de gozo (Juan 15:11). Da algunos breves ejemplos de cómo has experimentado su gozo. Pide permiso para compartir cómo llegaste personalmente a recibirlo. Mientras el Señor lo guía, pregúntele si quiere entablar una relación personal con Él.

Lección Seis

¿Cuál es el precio de la sabiduría y el costo de la locura?

Eclesiastés 6-7

El temor del Señor sobre el cual se construye la sabiduría, Es un temor reverencial hacia Dios que conduce al deseo de obedecer. [1]
~ Donna Gaines

Eclesiastés 6

¹ Hay un mal que he visto bajo el sol, y muy común entre los hombres: ² un hombre a quien Dios ha dado riquezas, bienes y honores, y nada le falta a su alma de todo lo que desea, pero que Dios no le ha capacitado para disfrutar de ellos, porque un extraño los disfruta. Esto es vanidad y penosa aflicción.

³ Si un hombre engendra cien hijos y vive muchos años, por muchos que sean sus años, si su alma no se ha saciado de cosas buenas, y tampoco halla sepultura, entonces digo: "Mejor es el abortivo que él, ⁴ porque en vano viene, y a la oscuridad va; y en la oscuridad su nombre quedará oculto". ⁵ "Además, no ha visto el sol y nada sabe; más reposo tiene este que aquel. ⁶ Aunque el hombre viva dos veces mil años, pero no disfruta de cosas buenas, ¿no van todos al mismo lugar?".

⁷ Todo el trabajo del hombre es para su boca,

Sin embargo, su apetito no se sacia.

⁸ Pues ¿qué ventaja tiene el sabio sobre el necio?

¿Qué ventaja tiene el pobre que sabe comportarse entre los vivientes?

⁹ Mejor es lo que ven los ojos que lo que el alma desea.

También esto es vanidad y correr tras el viento.

¹⁰ A lo que existe, ya se le ha dado nombre,

Y se sabe lo que es un hombre:

No puede luchar con el que es más fuerte que él.

¹¹ Cuando hay muchas palabras, aumenta la vanidad.

¿Cuál es entonces la ventaja para el hombre?

¹² Porque, ¿quién sabe lo que es bueno para el hombre durante su vida, en los contados días de su vana vida? Los pasará como una sombra. Pues, ¿quién hará saber al hombre lo que sucederá después de él bajo el sol?

Eclesiastés 7

Contraste entre la sabiduría y la insensatez

¹ Mejor es el buen nombre que el buen ungüento,

Y el día de la muerte que el día del nacimiento.

² Mejor es ir a una casa de luto

Que ir a una casa de banquete,

Porque aquello es el fin de todo hombre,

Y al que vive lo hará reflexionar en su corazón.

³ Mejor es la tristeza que la risa,

Porque cuando el rostro está triste el corazón puede estar contento.

⁴ El corazón de los sabios está en la casa del luto,

Mientras que el corazón de los necios está en la casa del placer.

⁵ Mejor es oír la reprensión del sabio

Que oír la canción de los necios.

⁶ Porque como crepitar de espinos bajo la olla,

Así es la risa del necio.

Y también esto es vanidad.

7 Ciertamente la opresión enloquece al sabio,

Y el soborno corrompe el corazón.

8 Mejor es el fin de un asunto que su comienzo;

Mejor es la paciencia de espíritu que la arrogancia de espíritu.

9 No te apresures en tu espíritu a enojarte,

Porque el enojo se anida en el seno de los necios.

10 No digas: "¿Por qué fueron los días pasados mejores que estos?".

Pues no es sabio que preguntes sobre esto.

11 Buena es la sabiduría con herencia,

Y provechosa para los que ven el sol.

12 Porque la sabiduría protege como el dinero protege;

Pero la ventaja del conocimiento es que la sabiduría preserva la vida de sus poseedores.

13 Considera la obra de Dios:

Porque ¿quién puede enderezar lo que Él ha torcido?

14 Alégrate en el día de la prosperidad,

Y en el día de la adversidad considera:

Dios ha hecho tanto el uno como el otro

Para que el hombre no descubra nada que suceda después de él.

15 He visto todo durante mi vida de vanidad:

Hay justo que perece en su justicia,

Y hay impío que alarga su vida en su perversidad.

16 No seas demasiado justo,

Ni seas sabio en exceso.

¿Por qué has de destruirte?

17 No seas demasiado impío,

Ni seas necio.

¿Por qué has de morir antes de tu tiempo?

18 Bueno es que retengas esto

Sin soltar aquello de tu mano;

Porque el que teme a Dios se sale con todo ello.

19 La sabiduría hace más fuerte al sabio

Que diez gobernantes que haya en una ciudad.

20 Ciertamente no hay hombre justo en la tierra

Que haga el bien y nunca peque.

21 Tampoco tomes en serio todas las palabras que se hablan,

No sea que oigas a tu siervo maldecirte.

22 Porque tú también te das cuenta

Que muchas veces has maldecido a otros de la misma manera.

23 Todo esto probé con sabiduría, y dije:

"Seré sabio"; pero eso estaba lejos de mí.

24 Está lejos lo que ha sido,

Y en extremo profundo.

¿Quién lo descubrirá?

25 Dirigí mi corazón a conocer,

A investigar y a buscar la sabiduría y la razón,

Y a reconocer la maldad de la insensatez

Y la necedad de la locura.

26 Y hallé más amarga que la muerte

A la mujer cuyo corazón es lazos y redes,

Cuyas manos son cadenas.

El que agrada a Dios escapará de ella,

Pero el pecador será por ella apresado.

27 "Mira", dice el Predicador, "he descubierto esto,

Agregando una cosa a otra para hallar la razón,

28 Que mi alma está todavía buscando pero no ha hallado:

He hallado a un hombre entre mil,

Pero no he hallado mujer entre todas estas.

29 -"Mira, solo esto he hallado:

Que Dios hizo rectos a los hombres,

Pero ellos se buscaron muchas artimañas".

¿Cuál es el precio de la sabiduría y el costo de la locura?

Hasta este punto en Eclesiastés, Salomón ha relatado su búsqueda de algo debajo del sol que no se disuelva simplemente en *hevel*.

- Intentó entregarse al puro placer.
- Realizó un estudio exhaustivo del tiempo.
- Luego observó la necesidad que tenemos de relaciones y al mismo tiempo señaló las formas en que destruimos la comunidad.
- También nos ha contado lo que ha aprendido sobre Dios y las riquezas.

Cada intento que Salomón ha hecho fuera de las cosas de Dios ha dado el mismo resultado: todo es vanidad debajo del sol.

El lamento de Salomón es por la vida centrada en uno mismo. Si se le preguntara: "¿Cuál es el precio de la sabiduría y el costo de la necedad?", creo que la respuesta de Salomón sería: "Más de lo que jamás imaginé".

C.S. Lewis escribe:

> Parecería que Nuestro Señor encuentra nuestros deseos no demasiado fuertes, sino demasiado débiles. Somos criaturas poco entusiastas, que jugueteamos con la bebida, el sexo y la ambición cuando se nos ofrece una alegría infinita, como un niño ignorante que quiere seguir haciendo pasteles de barro en un barrio pobre porque no puede imaginar lo que significa ofrecerle unas vacaciones en el mar. Nos complacemos con demasiada facilidad. [2]

Al igual que nuestros apetitos, nuestras almas constantemente anhelan más. Debajo del sol, siempre se busca la satisfacción, pero nunca se encuentra. Sin embargo, como señala Lewis, seguimos jugando en el barro porque no podemos comprender lo que realmente nos espera si levantamos los ojos por encima del sol. Allí encontraremos la respuesta a todos nuestros anhelos: Dios mismo.

Día Uno | Eclesiastés 6:1-9

Eclesiastés 5 concluyó con Salomón instruyéndonos: "regocijarse en su trabajo: esto es don de Dios. Pues él no se acordará mucho de los días de su vida, porque Dios lo mantiene ocupado con alegría en su corazón." (Eclesiastés 5:19-20, NBLA)

Una vez que hemos aceptado nuestra "suerte en la vida" y elegimos recibirla como un regalo de Dios, nuestra perspectiva cambia. Vivir *Con la Vista en la Eternidad* nos libera de las preocupaciones de la vida temporal y nos permite centrarnos en aquellas cosas que son eternas. A medida que nuestra perspectiva cambie por encima del sol, el gozo inquebrantable del Espíritu nacerá sobre todo lo que hemos recibido en Cristo.

Comience su estudio esta semana leyendo Eclesiastés 6-7. Mientras lees, resalta las palabras clave en azul para cada capítulo.

1. ¿Cuál es la idea central (el tema) de Eclesiastés 6?

La idea central: Eclesiastés 6

2. Enumere las palabras o frases clave que se encuentran en Eclesiastés 6.

Palabras claves en Eclesiastés 6

Lección Seis | 177

3. ¿Cuál es la idea central de Eclesiastés 7?

La idea central: Eclesiastés 7

4. Luego, haz una lista de palabras o frases clave que identificaste en Eclesiastés 7.

Palabras claves en Eclesiastés 7

Ahora que tenemos una idea general de lo que dice Salomón en Eclesiastés 6-7, comencemos nuestro recorrido versículo por versículo.

En Eclesiastés 6, Salomón extiende su enfoque más allá de lo monetario y abarca todas las bendiciones de la vida. El capítulo comienza y termina con una referencia a "debajo del sol". Esta descripción de la vida en la tierra nos concierne a todos. Desde el principio, Salomón describe un "mal" que ha visto en la tierra y se pregunta qué vendrá después del tiempo del hombre debajo del sol. Este capítulo señala la inutilidad de perseguir lo que el mundo valora, centrándose en tres logros principales que la gente busca en la tierra para asegurar la felicidad. Veamos qué tiene que decir sobre cada uno.

Lea Eclesiastés 6:1-2 una vez más.

5. ¿Qué ve Salomón como un mal grave y declara como vanidad? (vv. 1-2)

¿Alguna vez has observado una situación similar? Quizás alguien trabaja duro toda su vida, pero luego enferma y muere en la flor de la vida. La casa de vacaciones que planeaba disfrutar durante sus años de retiro se alquila a extraños para su disfrute. ¡Futilidad!

Lea Eclesiastés 6:3-5. 6.

6. ¿Cuál es la segunda situación que Salomón dice que es inútil? (vv. 3-5)

Este segundo hombre ha sido bendecido con salud, una larga vida y muchos hijos, pero su alma aún no está satisfecha. Sin Dios, este hombre está espiritualmente arruinado. Danny y Jon Akin explican el ejemplo de Salomón:

> Si no puedes disfrutar de la vida, entonces es mejor el bebé que nace muerto (6:3). ¿Por qué? Porque el rico está solo. No recibe un entierro adecuado (6:3), lo que significa que no se lamenta y nadie lo extraña... Puede que haya gente en tu funeral para pelear por tu dinero, pero no derraman lágrimas de tristeza por ti. La gente se lamentará profundamente por un aborto espontáneo, pero este hombre no. [3]

Su vida se redujo a una palabra: ¡inutilidad!

Lea Eclesiastés 6:6-9.

7. ¿Qué tercera cosa declara Salomón como inútil y "luchar tras el viento"? (vv. 6-9)

Un hombre puede vivir 2000 años y aun así no disfrutar de su vida. Wiersbe reflexiona: "¿Por qué come una persona? Para que pueda sumar años a su vida. ¿Pero de qué me sirve añadir años a mi vida si no agrego vida a mis años?" [4] ¡Es simplemente inútil!

Las riquezas, los hijos y una larga vida se consideran bendiciones en la tierra. Sin embargo, Salomón nos dice que ninguno de los tres trae satisfacción. Están luchando tras el viento. La falta de satisfacción de las cosas debajo del sol tiene como objetivo llevarnos hacia el Único que realmente puede satisfacer nuestras almas.

> La falta de satisfacción de las cosas debajo del sol tiene como objetivo llevarnos hacia el Único que realmente puede satisfacer nuestras almas.

A medida que he ido leyendo este pasaje, sigo comparando a Salomón con Job. ¡Salomón lo tenía todo! Tenía todo lo que el mundo podía ofrecer y descubrió que era inútil luchar tras el viento. ¡Nada satisfecho!

Y, sin embargo, Job lo perdió todo y encontró gozo y satisfacción en el Señor. Job tenía preguntas que el Señor no respondió y, sin embargo, después de que el Señor se reveló a Job, respondió diciendo:

> "Yo sé que Tú puedes hacer todas las cosas, Y que ninguno de Tus propósitos puede ser frustrado. "¿Quién es este que oculta el consejo sin entendimiento?". Por tanto, he declarado lo que no comprendía, Cosas demasiado maravillosas para mí, que yo no sabía. "Escucha ahora, y hablaré; Te preguntaré y Tú me instruirás". He sabido de Ti solo de oídas, Pero ahora mis ojos te ven. Por eso me retracto, Y me arrepiento en polvo y ceniza"."
> (Job 42:2-6, NBLA)

Luchar por las cosas de este mundo solo conduce a la frustración y la inutilidad. Pero buscar al Señor por encima de todo conducirá a la máxima satisfacción y al gozo eterno.

Tómate un momento y piensa en las cosas que son más importantes para ti. ¿Se ve esforzándose por alcanzar alguna de las tres categorías que valoraba la gente de la época de Salomón (riquezas, hijos y larga vida)? La naturaleza humana no ha cambiado. Todos buscamos algo o alguien que nos complete y nos haga "felices". Al vivir de este lado de la cruz, sabemos que sólo Jesús nos ama genuinamente y da significado a nuestras vidas.

Desafortunadamente, ¡a la mayoría de nosotros nos lleva demasiado tiempo llegar a esta conclusión!

Día Dos | Eclesiastés 6:10-7:4

A lo largo del pasaje de hoy, Salomón insta a sus lectores a aprender sabiduría contemplando su muerte. Hay mucho que ganar reconociendo la brevedad de la vida. Un día todos moriremos. Nos vendría bien pensar en cómo queremos que nos recuerden. Alguien ha dicho bien que no hay que centrarse en la elaboración de currículums, sino en escribir elogios. Viviremos la vida de manera más intencional y para el Reino de Dios, cuando vivamos con el fin en mente.

Lea Eclesiastés 6:10-12.

Duane Garrett explica que estos versículos finales de Eclesiastés 6 apuntan a los primeros capítulos del Génesis. Dice que el versículo 10 "es una alusión literaria a cómo Adán puso nombre a todos los seres vivientes en Génesis 2:19". [5] También vemos en este versículo una referencia a la caída del hombre cuando Adán disputó con Uno más fuerte que él. Garrett continúa: "El versículo 10b debería traducirse: 'Y se sabe que él es ʾādām [humano] y que no puede contender contra nadie más fuerte que él'". [6] Si Adán no pudo disputar con Dios en el juicio de su pecado (Génesis 3:8-19), ¿cuánto más somos incapaces de contender con Dios?

1. ¿Por qué te has encontrado luchando con Dios?

Durante esta oscura prueba de cáncer por la que hemos estado pasando mi esposo y yo, ciertamente he habido días en los que le he preguntado al Señor: "¿Por qué?" El versículo 11 nos dice que "muchas palabras aumentan la vanidad". Las palabras de Salomón aquí me hicieron pensar una vez más en Job. Pasó mucho tiempo defendiéndose ante sus amigos y cuestionando a Dios. El Señor no respondió ninguna de sus preguntas, pero sí reveló su poder y soberanía.

Saber que Dios es bueno y que es absolutamente soberano me lleva a entregarme y someterme plenamente a Su voluntad. Pero debo recordarme estas verdades los días en que me "siento" especialmente triste e incluso frustrado. Las palabras de Paul Tripp son un recordatorio útil:

> Es posible que no sepa cómo pensar adecuadamente o cómo responder a lo que está sucediendo ahora en su vida. Pero siempre te dice que no eres víctima de fuerzas impersonales. Alguien está a cargo de lo que sucede en tu vida... Pero se vuelve aún más radical. Si Dios ha escrito tu historia y está llevando a cabo su plan, entonces tus momentos oscuros tienen significado y propósito. [7]

Cuando recuerdo la verdad de quién es Dios, mis preguntas se convierten en peticiones, mientras le pido al Padre que me fortalezca para ser fiel mientras Él lleva a cabo Sus planes y propósitos. Él siempre está dispuesto a hablarme a través de Su Palabra mientras le busco dirección. Incluso me ha hablado a través de algunos de los autores que hemos leído para este estudio. ¡Su sincronización es perfecta!

Mientras escribo, acabamos de regresar de la Convención Bautista del Sur. En el vuelo de regreso, leí un libro que me regaló Danny Akin, *10 Mujeres que Cambiaron el Mundo*. Me encontré secándome las lágrimas mientras leía acerca de estos primeros misioneros pioneros. Mi corazón se apoderó de mí al leer acerca de los sacrificios que hicieron y las pérdidas que soportaron para responder al llamado de Dios de llevar el evangelio a las naciones.

Muchos de ellos enterraron a niños en el campo misionero. Una mujer, Darlene Deibler Rose, junto con su marido, fueron hechos prisioneros durante la Segunda Guerra Mundial. Su marido murió en cautiverio. Sin embargo, el Señor la usó para testificarle a un comandante del ejército japonés que más tarde vino a Cristo.

El comandante había pedido reunirse con ella debido a su fuerza de voluntad y perseverancia. La animó a mantenerse fuerte por el resto de las mujeres y "a no perder la sonrisa". [8]

Aquí hay un extracto del libro registrado en su autobiografía:

> "Señor. Yamaji, no me lamento como la gente que no tiene esperanza. Quiero hablarte de Alguien de quien quizás nunca hayas oído hablar. Aprendí acerca de Él cuando era niña en la Escuela Dominical en Boone, Iowa, Estados Unidos. Su nombre es Jesús. Él es el Hijo de Dios Todopoderoso, el Creador del cielo y de la tierra". Dios abrió la oportunidad más maravillosa para exponer el plan de salvación ante el comandante del campamento japonés. Las lágrimas comenzaron a correr por sus mejillas. "Él murió por usted, Sr. Yamaji, y pone amor en nuestros corazones, incluso por aquellos que son nuestros enemigos. Por eso no lo odio, Sr. Yamaji. Quizás Dios me trajo a este lugar y momento para decirte que te ama". [9]

¿Habría respondido como ella lo hizo? ¿Lo harías?

El libro continúa diciendo: "Dios la sostuvo y fortaleció cuando ella y los otros prisioneros de guerra finalmente fueron liberados y se le permitió visitar la tumba de su esposo. Pesaba cuarenta kilos". [10] Darlene sirvió al Señor en Papua Nueva Guinea y Australia durante más de 40 años.

Sentada allí en el avión, me volví hacia Steve y le dije: "¡No tenemos ninguna queja! ¡El Señor ha sido tan bueno con nosotros!" A lo que él respondió con un cordial "¡Amén!"

Haz una pausa por un momento y reflexiona sobre la fidelidad de Dios hacia ti.

2. Haz una lista de 5 maneras en que el Señor ha sido bueno contigo.

-
-
-
-
-

3. Parafrasee las dos preguntas que hace Salomón en Eclesiastés 6:12.

4. ¿De qué manera describe nuestra vida Eclesiastés 6:12?

David Gibson nos da una idea de los versículos finales de Eclesiastés 6:

> Estos versículos nos dicen que la vida está limitada por la muerte. Tu vida no durará para siempre... La muerte es un predicador con un mensaje muy simple. La muerte tiene una invitación para nosotros. Él quiere enseñarnos que el día de nuestra muerte venidera puede ser un amigo para nosotros de antemano. La misma limitación que la muerte introduce en nuestra vida puede instruirnos sobre la vida. Piense en ello como la mano amiga de la muerte. [11]

A medida que se acerca más y más a su propia muerte, Salomón va cerrando las puertas, una por una, a todas las actividades falsificadas. Su esfuerzo eventualmente lo llevará a la última puerta, "la puerta de la fe". [12]

El comienzo de la segunda mitad de Eclesiastés lo establece una de las preguntas que se hacen al final de la primera mitad: "¿Quién sabe lo que es bueno para el hombre durante su vida, durante los pocos años de su vida vana?" (Eclesiastés 6:12a). Salomón reconoce que los seres humanos luchan por saber qué es el bien, especialmente en el contexto de nuestros fugaces días en esta tierra. Para contrarrestar este problema, en la primera sección de Eclesiastés 7, descubriremos siete declaraciones "mejores que" que Salomón da para ayudarnos a vivir sabiamente. Examinaremos los primeros cuatro en la lección de hoy.

Lea Eclesiastés 7:1.

5. ¿Qué es mejor que un buen nombre? (v. 1)

Mejor es la buena reputación que los perfumes costosos (Eclesiastés 7:1), porque el buen nombre no se puede comprar, sino que se gana con una vida recta. Y piensa conmigo por un momento. Cuando alguien que lleva un fino perfume se sienta a tu lado, inmediatamente notas su aroma, ¿no? De manera similar, aquellos con buen nombre atraen a otros hacia ellos. Vivir *Con la Vista en la Eternidad* te hace pensar en tu reputación mientras te concentras en cómo deseas ser recordado.

El sencillo proverbio de Salomón al comienzo del versículo 1 es seguido por un segundo y claro. Derek Kidner escribe: "Nada en la primera mitad del versículo 1 nos prepara para el golpe al cuerpo de la segunda mitad". [13] ¿Qué cosa impactante dice Salomón? "Mejor es el día de la muerte que el día del nacimiento" (v. 1b). Salomón pretende captar nuestra atención y señalarnos por encima del sol mientras contemplamos la muerte. Luego continúa explicando su sorprendente afirmación con una tercera parábola de "mejor que".

Lea Eclesiastés 7:2-4.

6. ¿Por qué es mejor una "casa de duelo" que una "casa de banquete"? (v. 2)

7. ¿Tenías este estado de ánimo la última vez que fuiste a un funeral?

Estos versos reflexionan sobre la aleccionadora realidad de la muerte y los beneficios para quien contempla la suya. Por eso es mejor la casa del luto que la casa del banquete. El versículo 2 nos dice que "los que viven lo toman en serio". En tiempos de banquete y abundancia, podemos sentirnos cómodos y complacientes. Durante una pérdida o dificultad, nuestra sensibilidad espiritual es aguda y somos conscientes de nuestra total dependencia del Señor.

El Salmo 90:12 dice: "Enséñanos a contar nuestros días, para que podamos presentarte un corazón sabio". La casa de duelo tiene mucho que enseñarnos. En Eclesiastés 7:3, Salomón nos da un cuarto proverbio "mejor que": "Mejor es la tristeza que la risa".

8. ¿Cómo puede estar feliz un corazón cuando el rostro está triste? (v. 3)

Vivir *Con la Vista en la Eternidad* genera un gozo profundo y duradero que reemplaza las circunstancias de esta vida. Pablo habla desde una perspectiva eterna en Filipenses 1:21: "Porque para mí el vivir es Cristo y el morir es ganancia". Tripp da más información: "La eternidad nos recuerda que la vida no ha funcionado ni funcionará según nuestro plan, porque el mundo se mueve según el plan de Otro. La eternidad nos humilla con la realidad ineludible de que hemos nacido en un universo que, por su propia naturaleza, es una celebración de Otro". [14]

Mientras adoramos al Señor y celebramos la seguridad que tenemos en Cristo, nuestro corazón puede alegrarse cuando las lágrimas corren por nuestro rostro. Esta vida es temporal. La vida eterna que hemos recibido supera con creces todo lo que esta vida puede ofrecer. Nuestra esperanza es segura. Ya no somos de este mundo. Nos dirigimos a casa.

Plantador de semillas

Pregúntale a un amigo: "¿Alguna vez has pensado en cómo te gustaría que te recuerden?". Dígale que ha estado estudiando el libro de Eclesiastés y ha aprendido que vivimos más intencionalmente cuando vivimos con la vista en la eternidad. Luego pregúntele si sabe qué le sucederá cuando muera. Si está dispuesta a seguir conversando, hágale saber que ha encontrado su razón de vivir y su esperanza en la muerte en una relación personal con Jesucristo.

Día Tres | Eclesiastés 7:5-10

Hoy examinaremos las tres declaraciones restantes "mejores que" que Salomón da para ayudarnos a elevarnos por encima del sol y vivir sabiamente.

Lea Eclesiastés 7:5-10.

1. ¿Por qué es mejor escuchar una reprensión sabia que la canción de los necios? (v. 5)

Jim Winter nos da una idea útil: "En el libro de Proverbios, Salomón escribe: 'Fieles son las heridas del amigo, pero engañosos los besos del enemigo' (Proverbios 27:6). El versículo 5 lleva el mismo tema". [15] Michael Eaton también contribuye a nuestra comprensión: "Esta sección comienza diciéndonos que es mejor recibir una reprensión que la 'canción de los necios'. Algunos han traducido esto como 'el canto de alabanza y adulación', 'los elogios mostrados por los necios.'" [16]

La adulación es vacía y puede usarse para manipularnos. La reprensión de un amigo puede darnos la corrección que necesitamos para evitar que seamos engañados o extraviados.

2. ¿Alguna vez te ha reprendido un amigo?

3. ¿Cómo recibiste la reprimenda?

4. ¿Alguna vez has sido usado por Dios para ofrecer una reprensión bíblica?

> La sabiduría está dispuesta a escuchar la reprensión y corregir el rumbo.

A la mayoría de nosotros no nos gustan los conflictos. A veces nos cuesta confrontar a alguien que se dirige al pecado. Pero nuestra incomodidad no nos libera de la responsabilidad hacia un compañero creyente. Siempre debemos hablar la "verdad en amor" (Efesios 4:15). Decir la verdad es un signo de madurez. Deberíamos desear la verdad incluso cuando nos haga sentir incómodos. La sabiduría está dispuesta a escuchar la reprensión y corregir el rumbo.

Eclesiastés 7:6 compara la risa de los necios con el crujir de los espinos o de las ortigas debajo de la olla. Las espinas eran un combustible que ardía rápidamente y se extinguía fácilmente en el Medio Oriente. La risa de los necios es igualmente efímera y superficial. ¡Otro ejemplo de inutilidad!

5. El versículo 8 contiene las dos últimas declaraciones "mejor que". ¿Qué son?

6. En los versículos 7-10, Salomón nos llama la atención sobre cuatro peligros, uno en cada versículo. Enumérelos a continuación.

- v.7

- v.8

- v.9

- v.10

Este pasaje termina advirtiéndonos acerca de mirar hacia atrás (v. 10). A veces, todos caemos en la mentalidad de "los viejos buenos tiempos". Es fácil mirar atrás y pensar que las cosas estaban mejor entonces. Quizás fueron las edades de tus hijos o la libertad de la juventud. Podría ser un lugar, una casa o un trabajo. Pero Lewis nos ayuda a comprender estos momentos de nostalgia:

> Estas cosas –la belleza, el recuerdo de nuestro propio pasado– son buenas imágenes de lo que realmente deseamos; pero si se les confunde con la cosa misma, se convierten en ídolos mudos, rompiendo el corazón de sus adoradores. Porque no son la cosa misma; son solo el aroma de la flor que no hemos encontrado, el eco de un melodía que no hemos oído, noticias de un país lejano que aún no hemos visitado. [17]

Sabemos por Eclesiastés 3 que Dios ha puesto la eternidad en nuestros corazones (3:11). Como dice Gibson: "Estamos hechos para un hogar, para un lugar que aún no podemos ver, y por eso, cuando tenemos ese momento de nostalgia, es como pequeños pinchazos de ese hogar eterno irrumpiendo en nuestra vida presente". [18] Anhelamos otro mundo con anhelos que este mundo no puede satisfacer. Como los fieles descritos en Hebreos 11, anhelamos una "ciudad que tiene cimientos, cuyo arquitecto y constructor es Dios" (Hebreos 11:10b).

7. ¿Qué anhelamos a veces? (Hebreos 11:10)

8. ¿Cómo podrían estos anhelos ser un deseo de eternidad?

Dedique unos momentos a reflexionar sobre esta pregunta planteada por Gibson: "¿Qué diferencia haría para nuestro ahora comenzar a vivir a la luz del hecho de que habrá un entonces?" [19]

> La felicidad y la seguridad establecidas que todos deseamos, Dios nos las niega por la naturaleza misma del mundo: pero el gozo, el placer y la alegría los ha esparcido. Nunca estamos seguros, pero nos divertimos mucho y con algo de éxtasis. No es difícil de ver el por qué. La seguridad que anhelamos nos enseñaría a descansar el corazón en este mundo y a oponer un obstáculo a nuestro regreso a Dios: unos momentos de amor feliz, un paisaje, una sinfonía, un alegre encuentro con amigos, un baño o un partido de fútbol, no tengo tal tendencia. **Nuestro Padre nos refresca en el camino con algunas posadas agradables, pero no nos animará a confundirlas con nuestro hogar.** [20]

Día Cuatro | Eclesiastés 7:11-29

Mientras Salomón continúa, nuevamente nos señala la necesidad de la sabiduría. Warren Wiersbe observa astutamente: "Una de las marcas de la madurez es la capacidad de mirar la vida en perspectiva y no perder el equilibrio. Cuando tengas la sabiduría de Dios, podrás aceptar y afrontar las experiencias cambiantes de la vida". [21] Pero solo un recordatorio: en nuestra humanidad, nuestra sabiduría aún es limitada. Hay algunas cosas que no entenderemos en esta vida. Sólo Dios es omnisciente (todo lo sabe).

Lea Eclesiastés 7:11-14.

1. ¿Por qué es la sabiduría más importante que la riqueza? (vv. 11-12)

Si bien el dinero puede perder su valor, la sabiduría mantiene su valor.

En el versículo 13, Salomón nos recuerda que Dios es completamente soberano con su pregunta: "¿Quién podrá enderezar lo que él ha torcido?" Sólo Dios tiene el control. Sus planes no pueden ser frustrados.

2. ¿Dios ha torcido algo en tu vida? ¿Qué es?

3. ¿Cuáles son algunas lecciones que podemos aprender de la prosperidad y la adversidad? (v. 14)

Eaton afirma correctamente: "Tanto la prosperidad como la adversidad tienen su utilidad. Una conduce al gozo, la otra llama la atención sobre las realidades de la vida y conduce (si se permite) a una vida de fe en un Dios soberano". [22]

Lea Eclesiastés 7:15-18.

4. ¿Qué observación hace Salomón acerca de los justos en comparación con los malvados? (v. 15)

Lección Seis | 189

Al leer estos versículos, casi parece como si Salomón estuviera diciendo: "No seas demasiado bueno ni demasiado malo". A lo que en realidad se refiere es a la superioridad moral y a la maldad insensata. Eaton nos dice: "La vida correcta recorre el camino entre dos extremos, evitando la superioridad moral, pero no permitiendo que la maldad innata de uno siga su propio curso". [23]

Todos somos pecadores. Hay ocasiones en las que nos sentimos tentados a pensar más en nosotros mismos de lo que deberíamos. Miramos a los demás y pensamos que nuestro pecado no es tan grave como el de ellos. ¡Oh, pero cómo nos hemos olvidado del gran precio que se pagó por nuestro pecado! La preciosa sangre de nuestro Salvador sin pecado fue derramada para que pudiéramos tener una relación correcta con Dios. ¡No es en absoluto por obras, o nos jactaríamos! (Efesios 2:8-9)

5. Todos luchamos en ocasiones con la superioridad moral. ¿Cómo has luchado?

En algún momento de nuestras vidas, es probable que podamos recordar un momento en el que parecía que los justos morían jóvenes y los malvados vivían sin consecuencias (v. 15). Como exploramos en la Lección 3, solo vemos debajo del sol. Estamos atados a la tierra y atrapados en el tiempo. Sólo Dios tiene el "panorama general" y está tejiendo nuestras vidas para nuestro bien supremo y para su gloria. Tenemos que rendirnos continuamente y confiar en el Maestro Tejedor.

6. ¿Qué quiere decir Salomón con ser "excesivamente justo" y "excesivamente inicuo"? (vv. 16-18)

El versículo 18 nos dice que el que teme al Señor sale con ambas cosas. Garrett nos da una idea de este versículo: "En este contexto, las dos cosas que deben mantenerse son, por un lado, la devoción a Dios y las enseñanzas de la sabiduría y, por el otro, el disfrute de las cosas buenas de la vida". [24]

Lea Eclesiastés 7:19-22.

Una vez más, Salomón demuestra la superioridad de la sabiduría sobre la necedad (v. 19). Sin embargo, ni siquiera los sabios hacen el bien continuamente (v. 20).

7. Describe un momento en el que te hirieron las palabras de otra persona. (v. 21)

Charles Spurgeon tiene un consejo que podemos tomar en serio: "No se puede detener la lengua de las personas y, por lo tanto, lo mejor que se puede hacer es tapar nuestros propios oídos y no prestar atención a lo que se habla". [25]

8. ¿Cuándo has sido culpable de hablar negativamente de alguien? (v. 22)

No deberíamos juzgarnos tan rápidamente unos a otros. Todos somos propensos a cometer pecados con la lengua.

Lea Eclesiastés 7:23-25.

9. ¿Qué problema dice Salomón que tuvo cuando buscó la sabiduría? (vv. 23-24)

Wiersbe escribe,

> Incluso Salomón, con toda la sabiduría que Dios le dio, no pudo entender todo lo que existe, cómo Dios lo maneja y qué propósitos tiene en mente. Buscó la "razón [esquema] de las cosas" pero no encontró respuestas definitivas a todas sus preguntas. Sin embargo, el hombre sabio sabe que no sabe, ¡y esto es lo que le ayuda a ser sabio! [26]

Lea Eclesiastés 7:26-29.

Estos versículos tienen propuestas de la personificación de Salomón y el contraste de la Sabiduría y la Locura en Proverbios 1-9. La locura se describe como la mujer bulliciosa y pecadora que suena como la mujer mencionada en Eclesiastés 7:26.

Lea Proverbios 5:3-6.

10. ¿Cómo se describe a la mujer adúltera?

Lea Proverbios 8:32-36.

11. ¿Cuáles son los beneficios de la sabiduría?

Si contrastas las dos mujeres en Proverbios 1-9, encontrarás que hay bendiciones asociadas con la sabiduría y maldiciones asociadas con la locura. Dios ha diseñado la vida para trabajar para nuestro florecimiento. Elegimos seguir nuestro propio camino hacia nuestra propia desaparición. Salomón fue el hombre más sabio que jamás haya existido, pero permitió que su riqueza, poder y prestigio se le subieran a la cabeza y le hicieran olvidar al Señor.

Lea Deuteronomio 17:14-20.

12. Haga una lista de los requisitos de Dios para el rey.

13. ¿Obedeció Salomón los mandamientos de Dios?

La frustración de Salomón estaba directamente relacionada con su incapacidad para encontrar satisfacción en el mundo. Nosotros también nos sentiremos frustrados cuando pensemos que sabemos mejor que Dios cómo vivir nuestras vidas.

14. ¿Qué dijo Deuteronomio 17:20b que sería el resultado de la obediencia?

La observación final de Salomón en Eclesiastés 7:29 suena cierta: Dios nos ha bendecido con todo lo que necesitamos, pero todavía tendemos a mirar a todos lados antes de finalmente volvernos a Él. Dedica unos momentos a pedirle al Señor que te muestre dónde no estás obedeciendo Su Palabra y encontrando satisfacción en Él.

John Ortberg nos recuerda: "Dios no plantó la muerte en el corazón humano. La muerte vino a causa del pecado. Eso incluye mi pecado. La autosuficiencia humana no puede sacarme de esto. Si no tengo una esperanza eterna, no tengo ninguna esperanza real. Pero Dios abrió un camino". [27] ¡Su nombre es Jesús!

Día Cinco | ¿Cuál es el precio de la sabiduría y el costo de la locura?

Hay muchas personas que estarían de acuerdo cognitivamente con las verdades que Salomón registró. Pero si no cambian nuestras acciones, entonces es solo "conocimiento mental". Conocimiento es saber qué es lo mejor. La sabiduría es elegir hacer lo mejor. Hay palabras para describir el conocimiento que simplemente se conoce versus el conocimiento que se experimenta. El conocimiento explícito es factual y el conocimiento implícito es experiencial.

Leí un gran ejemplo de esto recientemente. Piensa en una chef. Una chef tiene conocimiento explícito sobre las recetas que utiliza en su restaurante. El libro de cocina o receta describe los ingredientes, medidas y técnicas. Pero como ha sido entrenada, también tiene conocimiento implícito. Ella es capaz de aprovechar su experiencia, varias técnicas aprendidas a lo largo de los años, así como una comprensión del equilibrio de los sabores. Tiene conocimiento experiencial y puede aplicarlo. [28]

Este ejemplo me hizo pensar en aquella vez que le pedí a mi abuela que me enseñara a hacer panes caserss. Los suyos siempre fueron ligeros y esponjosos. Ella no midió los ingredientes, lo hizo al tacto. Una pizca aquí, una pizca allá. Cuando me dio la receta, tuvo que aproximar las medidas. ¡No hace falta decir que el mío nunca resultó como el de ella!

Hay algunas cosas que sólo podemos "saber" a través de la experiencia. Conocer a Dios no es sólo conocimiento explícito, sino también implícito. Debemos llegar a conocerlo experimentándolo. Eso es lo que la Biblia quiere decir cuando dice: "Probad y ved que el Señor es bueno" (Salmo 34:8).

¿Cuántos de nosotros confesaríamos que sabemos más de lo que vivimos? Entonces, ¿cómo podemos trasladar el conocimiento explícito a nuestros corazones y acciones para que se convierta en conocimiento implícito? Lo hacemos a través de la práctica. Es a través del establecimiento de hábitos que nos dirigen hacia Cristo lo que eventualmente convierte el conocimiento explícito en conocimiento implícito. Dallas Willard explica cómo avanzamos hacia hábitos de experiencia llenos de gracia:

> Este es el secreto fundamental del cuidado de nuestras almas. Nuestra parte al practicar así la presencia de Dios es dirigir y redirigir nuestra mente constantemente hacia Él. Al principio de nuestra práctica, es muy posible que nos veamos desafiados por nuestros hábitos duros de pensar en cosas que no son de Dios. Pero estos son hábitos – no la ley de la gravedad – y pueden romperse. Un hábito nuevo y lleno de gracia reemplazará a los anteriores a medida que demos pasos intencionales para mantener a Dios delante de nosotros. Pronto nuestra mente volverá a Dios como la aguja de una brújula regresa constantemente hacia el norte, sin importar cómo se mueva la brújula. Si Dios es el gran anhelo de nuestras almas, se convertirá en la estrella polar de nuestro ser interior. [29]

Debido a que fuimos creados a imagen del Dios Triuno, somos seres relacionales. Esta transformación comienza con la renovación de nuestras mentes que conduce a un cambio de acción que se experimenta mejor en comunidad. Como nos dice Pablo en 2 Corintios 5:17: "De modo que si alguno está en Cristo, nueva criatura es; las cosas viejas pasaron; he aquí que han llegado cosas nuevas". Ya no debemos vivir según la carne, atados por el tiempo y las circunstancias. Estamos llamados a vivir la vida en un plano superior. Vivir *Con la Vista en la Eternidad*.

Thomas Kelley lo resumió maravillosamente diciendo:

> Hay una experiencia de la irrupción eterna en el tiempo, que transforma toda vida en un milagro de fe y acción... Pero la secuencia lineal y la sucesión de palabras es nuestra suerte inevitable y nos obliga a tratar por separado lo que no está separado: primero, el Eterno. Ahora y el ahora temporal, y segundo, la naturaleza y el fundamento de la preocupación social.... Los hombres de hoy se toman el tiempo mucho más en serio que la eternidad. [30]

1. ¿Estás tomando el tiempo más en serio que la eternidad?

2. Menciona algunas formas en las que te sientes tentado a vivir para lo temporal en lugar de lo eterno.

> Ya no debemos vivir según la carne, atados por el tiempo y las circunstancias. Estamos llamados a vivir la vida en un plano superior. Vivir Con la Vista en la Eternidad.

¿Cuál es el precio de la sabiduría y el costo de la locura? Sólo cuando elegimos vivir para lo eterno somos transformados de simplemente conocer "acerca de" Dios a realmente "conocerlo" experiencialmente. Por lo tanto, estamos pagando el precio de la sabiduría, a través de la disciplina de los "hábitos" espirituales que incorporamos en nuestras vidas. A medida que nos sumergimos en Su Palabra, nuestros pensamientos comienzan a cambiar, lo que cambia nuestras acciones y eventualmente nuestros sentimientos. Empezamos a amar verdaderamente al Señor con todo nuestro ser. A medida que lo conocemos experiencialmente, nuestro temor reverencial de Dios aumenta, lo cual, según las Escrituras, es el principio de la sabiduría (Proverbios 1:7).

El costo de la locura lo comprenden todos los que han seguido su propio camino y se han apoyado en su propio entendimiento, solo para encontrarse atados al pecado o haber perdido lo que era precioso. Lo más precioso es la Presencia experiencial de Dios. Eso es lo que se perdió en el Jardín. Hemos estado anhelándolo desde entonces.

3. ¿Qué hábitos incorporarás a tu vida para que puedas convertir el conocimiento explícito del estudio de la Biblia y la asistencia a la iglesia en el conocimiento implícito de Su Presencia?

La mujer sabia elige a Jesús. ¡Él es a quien anhelamos!

Lección Siete

¿Dónde está Dios en todo esto?
Eclesiastés 8

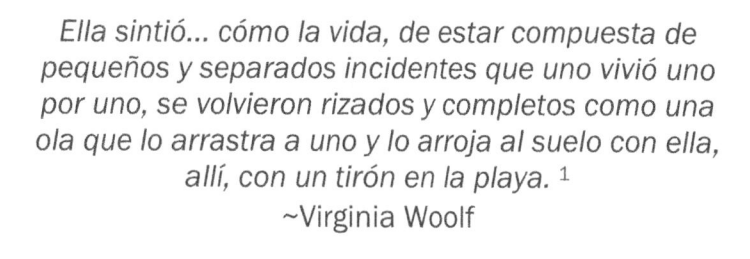

Ella sintió... cómo la vida, de estar compuesta de pequeños y separados incidentes que uno vivió uno por uno, se volvieron rizados y completos como una ola que lo arrastra a uno y lo arroja al suelo con ella, allí, con un tirón en la playa. [1]
~Virginia Woolf

Eclesiastés 8

¹ ¿Quién es como el sabio?

¿Y quién otro sabe la explicación de un asunto?

La sabiduría del hombre ilumina su rostro

Y hace que la dureza de su rostro cambie.

² Yo digo: "Guarda el mandato del rey por causa del juramento de Dios. ³ No te apresures a irte de su presencia. No te unas a una causa impía, porque él hará todo lo que le plazca". ⁴ Puesto que la palabra del rey es soberana, ¿quién le dirá: "¿Qué haces?"?

⁵ El que guarda el mandato real no experimenta ningún mal;

Porque el corazón del sabio conoce el tiempo y el modo de hacerlo.

⁶ Porque para cada deleite hay un tiempo y un modo,

Aunque la aflicción del hombre sea mucha sobre él.

⁷ Si nadie sabe qué sucederá,

¿Quién le anunciará cómo ha de suceder?

⁸ No hay hombre que tenga potestad para refrenar el viento con el viento,

Ni potestad sobre el día de la muerte.

No se da licencia en tiempo de guerra,

Ni la impiedad salvará a los que la practican.

⁹ Todo esto he visto, y he puesto mi corazón en toda obra que se hace bajo el sol, cuando el hombre domina a otro hombre para su mal.

¹⁰ También he visto a los impíos ser sepultados, los que entraban y salían del lugar santo, y que fueron pronto olvidados en la ciudad en que así habían actuado. También esto es vanidad. ¹¹ Porque la sentencia contra una mala obra no se ejecuta enseguida, el corazón de los hijos de los hombres está en ellos entregado enteramente a hacer el mal. ¹² Aunque el pecador haga el mal cien veces y alargue su vida, con todo, yo sé que les irá bien a los que temen a Dios, a los que temen ante Su presencia. ¹³ Pero no le irá bien al impío, ni alargará sus días como una sombra, porque no teme ante la presencia de Dios.

¹⁴ Hay una vanidad que se hace sobre la tierra: hay justos a quienes les sucede conforme a las obras de los impíos, y hay impíos a quienes les sucede conforme a las obras de los justos. Digo que también esto es vanidad. ¹⁵ Por tanto yo alabé el placer, porque no hay nada bueno para el hombre bajo el sol sino comer, beber y divertirse, y esto le acompañará en sus afanes en los días de su vida que Dios le haya dado bajo el sol.

¹⁶ Cuando apliqué mi corazón a conocer la sabiduría y a ver la tarea que ha sido hecha sobre la tierra (aunque uno no durmiera ni de día ni de noche), ¹⁷ y vi toda la obra de Dios, decidí que el hombre no puede descubrir la obra que se ha hecho bajo el sol. Aunque el hombre busque con afán, no la descubrirá; y aunque el sabio diga que la conoce, no puede descubrirla.

¿Dónde está Dios en todo esto?

El verano pasado, mientras estábamos de vacaciones en la isla Amelia, mi esposo y yo alquilamos un bote y fuimos a visitar la histórica isla Cumberland. Después de caminar por la isla durante varias horas, volvimos a subir al barco y nos dirigimos de regreso al puerto deportivo, a unos 35 o 40 minutos de distancia. En el camino, nos encontramos entretenidos por los delfines mientras retozaban y jugaban. De hecho, nos divertimos tanto viéndolos que perdimos la noción del tiempo. Cuando nos dimos cuenta de que había pasado una hora y aún no habíamos regresado al puerto deportivo, miramos a nuestro alrededor y descubrimos que nada nos parecía familiar.

Sacamos el mapa arrugado y gastado que nos había dado el chico que nos atendió. Nada de lo que vimos proporcionó una pista sobre dónde estábamos o cómo regresar. En caso de que nunca hayas estado en el océano en un barco, no hay señales en las calles, solo números de boyas, que no coinciden con nuestro mapa "turístico". Y en caso de que te estés preguntando: No, Google Maps no funciona en el océano.

Lo que nos faltaba en capacidad de navegación oceánica lo compensamos con sentido común: estábamos perdidos. (Indique el tema a la isla de Gilligan). Entonces, volvimos a llamar al puerto deportivo para pedir direcciones. La chica que contestó el teléfono dijo: "Solo enciende tu GPS y dime dónde estás". ¿GPS? Nadie nos dijo que teníamos GPS (y mucho menos instrucciones sobre cómo usarlo). Entonces lo encendimos. Para nosotros no tenía más sentido que el mapa. En ese momento, la niña dijo: "Déjame comunicarme con mi jefe y él te llamará". Durante los siguientes minutos, intentamos sin rumbo encontrar nuestro camino, sin éxito. En ese momento, el cielo se estaba oscureciendo y parecía que una tormenta se acercaba hacia nosotros.

Finalmente, el tipo que dirigía el puerto deportivo volvió a llamar. Había encendido su GPS maestro y podía ver dónde estábamos (ni cerca del puerto deportivo). Pero luego dijo: "Tienes una gran tormenta en camino. Tienes que echar el ancla y esperar. Cuando pase, llámame nuevamente y te llamaré de regreso". Entonces eso es lo que hicimos. Durante los siguientes minutos, mientras los truenos rugían y los relámpagos cruzaban el cielo, las olas rompían contra el barco y la lluvia nos asaltaba implacablemente, permanecimos anclados en el lugar. Finalmente, cuando pasó la tormenta, llamamos al puerto deportivo y obtuvimos un rápido tutorial sobre el GPS junto con algunas instrucciones verbales útiles. Aproximadamente una hora después, regresamos sanos y salvos.

Lo que no sabíamos era que en los próximos días nos encontraríamos en la tormenta más intensa de nuestras vidas – esta vez, una tormenta espiritual – como un huracán de categoría 5 que se estancó con vientos despiadados, una marejada ciclónica que seguía subiendo, y la lluvia no amainaba. Cuando sentimos como si las olas de la vida nos hubieran derribado "con un golpe en la playa", es difícil no quedar tan envueltos en sufrimiento y dolor que perdemos el sentido de dirección y nos preguntamos: "¿Dónde está Dios en todo esto?

Cuando lleguen esos momentos, he aprendido que tenemos que tomar decisiones:

- O permitiremos que nuestras circunstancias sean soberanas, o echaremos nuestra ancla y determinaremos que Dios lo es.

- Intentaremos navegar por nuestro propio camino o nos apoyaremos en Aquel que está con nosotros y nos ayudará a atravesarlo con seguridad.

- Viviremos según lo que vemos y sentimos o en quién creemos y en quién confiamos.

- O nos dejaremos consumir por el aquí y el ahora, o pondremos nuestros ojos en lo eterno.

Por difícil que parezca en este momento, al otro lado de las decisiones correctas, prometo que "experimentarás la paz de Dios, que excede todo lo que podamos entender" (Filipenses 4:7, NTV).

Salomón no era ajeno a las tormentas. También estaba familiarizado con lo que sucede cuando tomamos decisiones equivocadas. Y afortunadamente, fue lo suficientemente sabio como para cambiar su rumbo para que nosotros pudiéramos convertirnos en beneficiarios de lo que aprendió.

Día Uno | Eclesiastés 8:1

En Eclesiastés 8, Salomón abordará los temas del sufrimiento, la injusticia y los malvados mientras nos desafía a alternar nuestra perspectiva, a ver las cosas teniendo en cuenta la eternidad. Al comenzar el estudio de esta semana, pídale al Señor que le conceda "un espíritu de sabiduría y de revelación en el conocimiento de él" (Efesios 1:17) a través de Su Palabra.

Lea el texto de Eclesiastés 8 al comienzo de esta lección. Mientras lo hace, utilice un marcador azul para marcar palabras y frases clave. (A estas alturas, probablemente habrás notado que Salomón usa algunas palabras clave repetidamente).

1. ¿Cuál es la idea central de Eclesiastés 8? Resuma el tema de este capítulo lo más brevemente posible, utilizando algunas de las mismas palabras que usa Salomón.

La idea central: Eclesiastés 8

2. Enumere las palabras clave (incluidos los sinónimos) que haya resaltado en Eclesiastés 8.

Palabras claves en Eclesiastés 8

Eclesiastés 8:1 es un versículo de transición entre Eclesiastés 7 y 8. En el capítulo 7, Salomón aplica la sabiduría a varios temas, pero luego cierra con la imposibilidad de que alguien alcance la verdadera sabiduría. Ahora, al comienzo del capítulo 8, es como si se sacudiera su sombría afirmación y reconociera que alcanzar la sabiduría es posible.

Lección Siete | 203

3. ¿Qué dos preguntas retóricas hace Salomón al comienzo de Eclesiastés 8? (v. 1a)

Con su pregunta: "¿Quién como los sabios?", Salomón nos dice que, aunque siempre faltará nuestra sabiduría, aun así, debemos desear ser contados entre los sabios. Como enseña Santiago, cuando vemos nuestra propia insuficiencia, debemos clamar a Dios por sabiduría (Santiago 1:5-8). En nuestra extrema carencia, Él nos da sabiduría divina. AW Tozer escribe: "Con la bondad de Dios para desear nuestro mayor bienestar, la sabiduría de Dios para planificarlo y el poder de Dios para lograrlo, ¿qué nos falta? Seguramente somos las más favorecidas de todas las criaturas". [2]

Las dos preguntas de Eclesiastés 8:1 son paralelas, y la segunda pregunta responde a la primera: los sabios son aquellos que "conocen la interpretación de un asunto". La palabra hebrea para "interpretación" es *pesher* y esta es la única vez que se usa en las Escrituras. [3] La palabra está estrechamente relacionada con *peshar*, que se usa en Daniel 5:12 en referencia a la interpretación de los sueños. [4] *Pesher* se refiere a la interpretación de las circunstancias que permite actuar en consecuencia. [5] Charles Swindoll señala que *pesher* "sugiere saber cómo explicar cosas difíciles, tener la capacidad de revelar misterios; en resumen, comprender cómo llegar al fundamento de las cosas". [6] Esta persona capta el arte de la vida y tiene la habilidad de vivirla pensando en lo eterno.

Antes de principios del siglo XX, se estima que el conocimiento se duplicaba cada siglo. Pero en 1945, el conocimiento humano se duplicaba cada 25 años, y en 1982, se duplicaba cada año. [7] En la sociedad tecnocéntrica actual, ese ritmo ha seguido acelerándose y, para 2025, se espera que la base de conocimientos se duplique cada 12 horas. [8] Con tanto énfasis en el conocimiento, no es sorprendente que las palabras "sabiduría" y "conocimiento" a menudo se intercambien incorrectamente. Mientras que el conocimiento se refiere simplemente a la adquisición de información, la sabiduría es la capacidad de discernir el mejor curso de acción basado en el conocimiento y la comprensión. El conocimiento es la posesión mental de información; la sabiduría es la capacidad de procesar hábilmente el conocimiento y tomar la decisión correcta.

La palabra hebrea para "sabiduría" es *chokmah*, una palabra que aparece en el Antiguo Testamento 141 veces, con mayor frecuencia en Job, Proverbios y Eclesiastés. Salomón usa la palabra "sabiduría" 27 veces en Eclesiastés (y más de 40 veces en Proverbios). *Chokmah* se define como "el conocimiento y la capacidad de tomar las decisiones correctas en el momento oportuno". [9] En el Antiguo Testamento, *chokmah* se refiere al "conocimiento unido a una cualidad interna que encarna un corazón y una vida conforme a los propósitos y el carácter de Dios". [10]

La sabiduría es la capacidad de ver las cosas desde una perspectiva "por encima del sol": nos permite ver las cosas desde el punto de vista de Dios y responder en consecuencia. Los sabios captarán los principios bíblicos y demostrarán su valor en la práctica de la vida diaria.

4. Lee los siguientes versículos que Salomón escribió en Proverbios y toma notas sobre lo que aprendes sobre la sabiduría.

	Sabiduría...
Proverbios 2:6	
Proverbios 4:11	
Proverbios 16:16	
Proverbios 24:14	
Proverbios 28:26	

La segunda parte de Eclesiastés 8:1 es otro de los proverbios de Salomón que habla del impacto que la sabiduría tiene en nuestras vidas.

5. ¿Qué efecto tiene la sabiduría divina en la apariencia de una persona? (v. 1b)

Salomón dice que la sabiduría cambia nuestra conducta, dándonos el mismo tipo de rostro resplandeciente que experimentó Moisés después de su encuentro con Dios en el monte Sinaí (Éxodo 34:29-35). La sabiduría ilumina los ojos (Salmo 19:8) y suaviza la arrogancia del conocimiento que solo envanece (1 Corintios 8:1).

Lección Siete | 205

6. En Hechos 6, Lucas escribe sobre Esteban, uno de los primeros diáconos.

- ¿Cuáles eran los requisitos para ser diácono? (Hechos 6:3)

- ¿Qué pasó con los líderes judíos cuándo Esteban hablaba con sabiduría? (v. 10)

- Cuando llevaron a Esteban ante el Sanedrín, ¿qué notaron en su apariencia exterior? (v. 15)

Traído con acusaciones falsas, Esteban se presentó ante sus acusadores con el rostro resplandeciente como el de un ángel, irradiando la sabiduría de Dios. En los momentos previos a su muerte por lapidación, los líderes judíos rechinaban los dientes y agitaban los puños con rabia, pero Esteban se destacaba en contraste con ellos. Lucas escribe: "Pero estando lleno del Espíritu Santo, [Esteban] miró fijamente al cielo y vio la gloria de Dios, y a Jesús que estaba a la diestra de Dios" (Hechos 7:55). Como observa profundamente Tim Keller: "Mientras otras visiones del mundo nos llevan a sentarnos en medio de las alegrías de la vida, previendo los dolores venideros, el cristianismo capacita a su gente para sentarse en medio de los dolores de este mundo, saboreando el gozo venidero". [11] Ver sus circunstancias desde un punto de vista eterno (sabiduría) es lo que le permitió a Esteban saborear "el gozo venidero" frente a la muerte.

> Nada se compara con la sabiduría del Dios omnisciente, y Él desea que la tengas.

En los versículos que siguen en Eclesiastés 8, Salomón expondrá algunas de las duras realidades de la vida post-edénica de las que ninguno de nosotros está exento. Pero comienza su discurso sobre el pecado y el quebrantamiento "debajo del sol" recordándonos que la sabiduría divina es una compañera fiel que nos iluminará y sustentará en nuestro viaje. Como escribe en Proverbios 3:14-18:

> "Porque su ganancia es mejor que la ganancia de la plata, Y sus utilidades mejor que el oro fino. Es más preciosa que las joyas, Y nada de lo que deseas se compara con ella. Larga vida hay en su mano derecha, En su mano izquierda, riquezas y honra. Sus caminos son caminos agradables Y todas sus sendas, paz. Es árbol de vida para los que echan mano de ella, Y felices son los que la abrazan." (Proverbios 3:14–18, NBLA)

Nada se compara con la sabiduría del Dios omnisciente, y Él desea que la tengas. Mientras profundizas en su Palabra, le pides sabiduría y la buscas con todo tu corazón, ¡no te sorprendas cuando el rostro que ves en el espejo te devuelva la sonrisa!

Día Dos | Eclesiastés 8:2-9

Dios creó el mundo según su diseño y orden. La luna sigue de forma fiable un patrón cíclico. Todos los planetas orbitan de manera establecida y ordenada. Las estaciones van y vienen de una manera prevista y esperada. Tal orden en el universo no es accidental, sino más bien un reflejo del carácter del creador. Dios es un Dios de orden. Nada de lo que hace es caótico o fortuito. Dios creó el mundo para que funcione de cierta manera, y cuando vivimos de acuerdo con su diseño, eso es sabiduría.

En la comunidad humana, Dios ha establecido estructuras de autoridad para nuestro florecimiento. La pecaminosidad de la humanidad después de Génesis 3 exige un orden social construido sobre la autoridad y la sumisión, gobernantes y gobernados, líderes y dirigidos. Quienes tienen autoridad son responsables de mantener el orden de Dios; reconocer y obedecer a quienes tienen autoridad aporta seguridad y orden a una familia, iglesia, lugar de trabajo o sociedad.

Permítanme seguir adelante y reconocer al elefante en esta habitación. El concepto de autoridad a menudo se ve bajo una luz negativa debido a la forma en que los seres humanos pecadores han abusado de sus posiciones de liderazgo a lo largo de la historia. De hecho, lo más probable es que cada uno de nosotros pueda dar su propio relato espeluznante de cómo hemos sido maltratados por alguien que tiene autoridad sobre nosotros. Aquí está el problema: somos seres caídos, y aquellos a quienes debemos obedecer son igualmente caídos y depravados. Sin embargo, sigue siendo que la autoridad es parte integral del orden creado por Dios. Entonces, a medida que Salomón continúa, abordará la complejidad del asunto al abordar cómo el problema de la depravación del hombre impacta el orden de gobierno y sumisión en la sociedad humana.

Lea Eclesiastés 8:2-6.

Cuando Salomón comienza, su escenario se centra en un oficial que sirve en la corte real cuyo puesto le exige cumplir las órdenes de un rey despótico. Warren Wiersbe nos ayuda a entender por qué este era un ejemplo tan apropiado en los días de Salomón:

> Tenga en cuenta que los gobernantes orientales de la época tenían el poder de la vida y la muerte en sus manos y a menudo usaban ese poder de manera caprichosa. No eran elegidos por el pueblo ni respondían ante él. Algunos líderes gobernaron como dictadores benévolos, pero en su mayor parte los gobernantes del Antiguo Oriente eran déspotas tiránicos que no permitían que nada se interpusiera en el camino de la realización de sus deseos. [12]

Si bien Salomón usa el ejemplo de la autoridad de un rey, para nosotros, el sabio consejo que comparte se aplica a las autoridades en nuestras vidas en general. En algún momento de nuestras vidas, todos nos hemos sentido decepcionados por alguien que tenía autoridad sobre nosotros: un maestro, un padre, un jefe, un entrenador o un pastor.

1. ¿Cuáles son algunos de los desafíos que ha encontrado al vivir bajo la autoridad humana?

Salomón nos da sólidas instrucciones sobre cómo responder a la inevitabilidad de un liderazgo humano defectuoso dándonos dos comportamientos para modelar: respeto y discernimiento.

Respeto (vv. 2-4)

2. ¿Por qué dice Salomón que un hombre sabio debe someterse a la orden del rey? (v. 2)

El oficial del rey al que se refiere Salomón habría prestado juramento de obediencia al rey. Esta era una práctica estándar de la época, como lo indica 1 Crónicas 29:24: "Todos los oficiales, los valientes y también todos los hijos del rey David juraron lealtad al rey Salomón". Israel era una teocracia; por lo tanto, la orden del rey debía ser obedecida porque él estaba bajo el liderazgo de Dios. Salomón está señalando lo que Pablo afirmó más tarde: "Sométase toda persona a las autoridades que gobiernan. Porque no hay autoridad sino de Dios, y las que existen, por Dios son constituidas." (Romanos 13:1, NBLA)

Vivimos en una época en la que el respeto por la autoridad posicional se ha deteriorado. Muchos sostienen que nadie tiene derecho a recibir su respeto a menos que la persona que ocupa el puesto se lo haya ganado. Sin embargo, una sociedad que requiere que un individuo se gane el respeto ofrece infinitas oportunidades para ignorar la autoridad. Los maestros se vuelven en deuda con los estudiantes que tienen derechos y con los padres quejosos. Los agentes del orden obtienen argumentos en lugar de cumplimiento. Los jefes se ven obligados a tratar con empleados que tienen un desempeño deficiente y expectativas excesivas. Las consecuencias de esta desaparición son tan interminables como de gran alcance. (No estoy diciendo que quienes ocupan puestos de autoridad no deban ser sometidos a un estándar alto. Sin duda, deberían hacerlo. Pero ese es un tema diferente.)

En última instancia, la falta de respeto a la autoridad humana tiene sus raíces en la rebelión contra Dios. Aquel que nombró la autoridad en primer lugar. Como escribe Pablo: "Porque no hay autoridad sino de Dios, y las que existen, por Dios son constituidas. Por tanto, el que resiste a la autoridad, a lo ordenado por Dios se ha opuesto; y los que se han opuesto, recibirán condenación sobre sí mismos." (Romanos 13:1-2, NBLA)

La conclusión es: debemos respetar a aquellos a quienes Dios ha puesto en autoridad. Cuando los honramos, honramos a Aquel que los puso allí.

Además de la razón espiritual que da Salomón para respetar la autoridad, da dos razones prácticas por las que debemos someternos a la autoridad en Eclesiastés 8:3-4. Primero, la obediencia es sabia porque la desobediencia produce consecuencias negativas (v. 3). En segundo lugar, la obediencia es prudente porque quienes tienen autoridad tienen poder y sus palabras ejercen la influencia de su posición (v. 4).

Luego, Salomón continúa diciendo que, además del respeto, una persona sabia necesita ejercer un discernimiento sabio y cuidadoso cuando no está de acuerdo con quienes tienen autoridad.

Discernimiento (vv. 5-6)

Inicialmente, los versículos 3 y 4 podrían llevarnos a creer que debemos someternos a la autoridad sin importar el asunto. Sin embargo, Salomón no aboga por la obediencia ciega. Mientras continúa, Salomón explica la forma sabia de acercarse a la autoridad cuando no estamos de acuerdo con una decisión que se ha tomado.

Lea Eclesiastés 8:5-6.

3. En términos generales, ¿qué experimentará la persona que "guarda un mandato real"? (v. 5)

Sin embargo, hay ocasiones en las que simplemente no podemos mantener el "mandato real". Cuando un líder requiere que quienes están bajo su mando actúen de una manera que desafía cómo las Escrituras nos instruyen a vivir, como creyentes, debemos obedecer las Escrituras en lugar del líder (Hechos 5:29). En esas situaciones, "los que son sabios encontrarán un tiempo y una manera de hacer lo correcto, porque hay un tiempo y una manera para todo, incluso cuando una persona está en problemas" (Eclesiastés 8:5b-6, NTV). El discernimiento es la "capacidad de juzgar bien a las personas y las cosas". [13] Es tener la sabiduría de "hallar el tiempo y la manera de hacer lo correcto" (v. 5). A lo largo de las Escrituras, vemos a Dios honrando el discernimiento sobre la obediencia incondicional.

4. Lea la historia de Sifra y Puá, las parteras hebreas, en Éxodo 1:15-21.

- ¿Qué les dijo el rey que hicieran? (v. 16)

- ¿Cuál fue su razón para desobedecer al rey? (v. 17)

- ¿Cómo las bendijo Dios? (vv. 20-21)

5. Consideremos ahora la intervención de Abigail ante el rey David en 1 Samuel 25.

- ¿Qué pidió David a Nabal, el marido de Abigail? (vv. 7-8)

- ¿Cuál fue la respuesta de Nabal? (vv. 10-11)

- Como resultado, ¿qué planeó hacer David? (vv. 12-13, 21-22)

- ¿Cómo intervino Abigail? (vv. 18-19, 23-31)

- ¿Qué pasó con Nabal? (vv. 36-38)

- ¿Qué pasó con Abigail? (vv. 39-40)

En ambos casos, las mujeres ejercieron sabio discernimiento para sortear las malas intenciones de las autoridades sobre ellas y recibieron la bendición de Dios.

La sabiduría te enseña qué hacer cuando no sabes qué hacer. Nunca nos encontraremos en un lugar en el que Dios no sepa qué hacer. Y como su hijo, tenemos la Fuente de toda sabiduría morando dentro de nosotros, dándonos cualquier sabiduría que necesitemos en un momento dado: "Si alguno de ustedes carece de sabiduría [para guiarlo a través de una decisión o circunstancia], debe pedírsela. [nuestro benévolo] Dios, que da a todos generosamente y sin represión ni censura, y le será dado" (Santiago 1:5, AMP). [14]

Salomón ha enfatizado la importancia del respeto y el discernimiento al relacionarnos con quienes tienen autoridad sobre nosotros. Ahora llama nuestra atención sobre las limitaciones de los gobernantes y líderes terrenales.

Lea Eclesiastés 8:7-9.

6. Enumere las cosas que quienes tienen autoridad no pueden saber o hacer. (vv. 7-8)

Salomón nos recuerda que un líder sabio comprenderá que su poder tiene un límite. Dios es el Juez supremo y hará responsable a todo hombre. Como escribe Daniel: "Él es quien cambia los tiempos y las edades; Quita reyes y pone reyes. Da sabiduría a los sabios, Y conocimiento a los entendidos. Él es quien revela lo profundo y lo escondido. Conoce lo que está en tinieblas, Y la luz mora con Él." (Daniel 2:21-22, NBLA) El mismo Dios que controla los tiempos (Eclesiastés 3:1-15), controla los reinados de los reyes: "El corazón del rey es como canales de agua en la mano de Jehová; Lo hace girar donde quiere" (Proverbios 21:1).

Salomón concluye este pasaje con una cruda reflexión: "Todo esto he visto y he aplicado mi atención a cada obra que se ha hecho debajo del sol, en que un hombre ha ejercido autoridad sobre otro para mal suyo" (Eclesiastés 8:9). Salomón ha observado estas cosas "debajo del sol" cuando las autoridades humanas fracasaron. En última instancia, la caída de los líderes humanos apunta a la soberanía de Dios, quien puede eliminar a un líder malvado en cualquier momento que quiera.

En su libro *The Body*, Charles Colson cuenta la historia de Laszlo Tokes quien, en 1987, se convirtió en pastor de la Iglesia Reformada Húngara en Timisoara, Rumania. En ese momento, Rumania estaba bajo el régimen comunista de Nicolae Ceausescu. Cuando Tokes comenzó a predicar y enseñar la Palabra de Dios, miles entregaron sus vidas a Cristo. La respuesta de Ceausescu fue flagrante y hostil. Todos los domingos había policías armados con ametralladoras alrededor de la iglesia en un intento de intimidar a la gente e impedir que asistieran.

El 15 de diciembre de 1989, la policía planeó arrestar a Tokes y enviarlo al exilio. Sin embargo, cuando llegó la policía, fueron detenidos por un muro de personas que bloqueaban la entrada a la iglesia. La policía intentó dispersar a la multitud, pero la gente se mantuvo firme todo el día y toda la noche. Finalmente, la policía se abrió paso entre la multitud y, derribando la puerta de la iglesia, se llevó a Tokes y a su esposa. Pero el pueblo se negó a guardar silencio. Miles de personas se reunieron en la plaza de la ciudad de Timisoara para protestar contra el gobierno comunista.

> Tenemos la Fuente de toda sabiduría morando dentro de nosotros, dándonos cualquier sabiduría que necesitemos en un momento dado.

Ceausescu estaba furioso. Envió tropas a las que se les ordenó abrir fuego contra los manifestantes. Cientos de personas resultaron heridas de bala, pero la población de Timisoara se mantuvo firme. Durante los días siguientes, las protestas se extendieron por todo el país y hasta la capital, Bucarest. Apenas diez días después de que la policía irrumpiera inicialmente en la iglesia de Tokes en Timisoara, el día de Navidad de 1989, Ceausescu y su esposa fueron detenidos y ejecutados por sus brutales crímenes. ¹⁵ Así de rápido Dios puede eliminar a un líder malvado.

Si se encuentra en una situación en la que "la angustia es pesada" (v. 6), confíe en los propósitos soberanos de Dios. Cada persona, cada giro de la vida, todo está dirigido por "el movimiento secreto de la mano de Dios". ¹⁶ No cedas, sino demuestra respeto y discernimiento. En otras palabras, "se prudente como serpientes y sencillo como paloma" (Mateo 10:16) al servir a "aquellos que son vuestros amos en la tierra" porque en realidad, "es a Cristo el Señor a quien sirves" (Colosenses 3:22, 24). Descansa en Él. Él tiene el control.

Día Tres | Eclesiastés 8:10-14

Hace varios años asistí al funeral de alguien a quien conocía desde hacía muchos años. Recuerdo escuchar a la persona que hizo el elogio de la mujer hablar y hablar sobre lo maravillosa que era y por qué a la gente le encantaba estar cerca de ella. Para ser completamente honesto, el único pensamiento que seguía rondando por mi mente era: "¿Están hablando de la misma persona que he conocido todos estos años?" Verá, mi experiencia en la vida real con la persona no podría haber sido más diferente que las palabras que estaba escuchando.

Al parecer, Salomón ha tenido un encuentro similar. En algún momento, asistió a un funeral donde el elogio no coincidía con la realidad del carácter del fallecido, lo que le hizo contemplar el problema de la injusticia en el mundo.

Lea Eclesiastés 8:10.

1. Cuando Salomón asistió al funeral del malvado, ¿qué observó? (v. 10)

Wiersbe nos da una idea de la experiencia de Salomón:

> El difunto era un hombre que había frecuentado el templo ("el lugar santo") y había recibido muchos elogios del pueblo, pero no había vivido una vida piadosa. Sin embargo, se le ofreció un magnífico funeral y un elocuente elogio, mientras que la gente verdaderamente piadosa de la ciudad fue ignorada y olvidada. [17]

Salomón nos cuenta que al escuchar lo que se decía sobre el difunto en el funeral, se dio cuenta de que todos se habían olvidado por completo de todas las cosas malas que había hecho la persona. En vida, el individuo fallecido trataba horriblemente a las personas, pero ahora, muerto, se escuchaban elogios y elogios para la persona. El comentario de Salomón: "Esto también es vanidad" (v. 10), es como si nosotros dijéramos: "¡Esto es tan frustrante!" Una vez más, Salomón le está quitando la piel de oveja al lobo de la realidad al decir que las cosas no siempre funcionan como creemos que deberían funcionar en este mundo.

Piense en la forma en que a menudo vemos esto. Un multimillonario exitoso, pero despiadado, muere y recibe un funeral con fanfarria digna de un rey. Pero un misionero sencillo, fiel y piadoso muere y apenas se menciona en la página del obituario. Cuando vemos que suceden esas cosas, no podemos evitar compartir la frustración de Salomón y preguntarnos: "¿Dónde está Dios en todo esto?"

Y luego, para empeorar aún más las cosas, la persona "malvada" sobre la cual Salomón escribe "entraba y salía del lugar santo" (v. 10). La persona aparentemente asistía a la iglesia,

Lección Siete | 213

pero nunca fue condenada por su comportamiento hasta el punto de arrepentirse. Akin y Akin hacen esta observación sobre las personas que son así de hipócritas:

> Estas son personas malvadas que juegan al juego religioso – yendo y viniendo del lugar santo – actuando como si fueran piadosos cuando no lo son. Sin embargo, son alabados en vida y honrados en la muerte con un entierro digno, y debido a esto, otros se unen a ellos en su maldad. [18]

Cuando vemos que la gente, especialmente aquellos en la iglesia, ignoran, contradicen o desobedecen la Palabra de Dios y aparentemente se salen con la suya, nos molesta, ¿no es así? Algo dentro de nosotros se desencadena porque nadie quiere ver al malo salir victorioso. Pero cuando eso sucede, Dios nos asegura: "Mía es la venganza y la recompensa; su pie resbalará a su debido tiempo; porque el día de su calamidad está cerca, y lo que ha de venir se apresura sobre ellos" (Deuteronomio 32:35).

Siempre analítico, Salomón no se contenta con simplemente hacer una declaración general sobre la injusticia en el mundo y detenerse ahí. En los versículos 11-14, profundiza en la injusticia que vio en el funeral al explorar tres problemas situacionales relacionados con la injusticia que le resultan desconcertantes en presencia de un Dios perfectamente justo:

- Cuando se pospone la justicia
- Cuando falta la justicia
- Cuando la justicia se revierte

Lea Eclesiastés 8:11-14.

Cuando se pospone la justicia (v. 11)

2. ¿Qué sucede en "los corazones de los hijos de los hombres" cuando la justicia no se ejecuta rápidamente? (v. 11)

Cuando la justicia llega lentamente tanto de Dios como del hombre, los perpetradores creen que se han salido con la suya y se han atrincherado más en sus malas acciones. Salomón advierte que el mal desenfrenado no sólo afecta al infractor inicial, sino que anima a otros a seguir el mismo camino perverso. La jurisprudencia oportuna es la marca de una sociedad sabia. Cuanto más lento se mueve el sistema legal, más rápido aumenta la tasa de criminalidad.

Ahora, salgamos de la sala del tribunal y entremos en la sala de estar. La mayoría de los niños más pequeños aprenden cuán serios son los padres con respecto a la obediencia observando a sus hermanos mayores. Si la desobediencia de un hermano recibe un castigo rápido, todos los que vienen detrás aprenden que la obediencia (instantáneamente y con buena actitud) es la norma esperada en el hogar. La disuasión, así como el ejemplo, son parte de la ecuación para un hogar y una sociedad justos. Otros ojos observan atentamente cómo se trata correctamente a los malhechores.

A medida que Salomón continúa, su frustración aumenta al enfrentar la realidad de que no sólo la justicia se retrasa con frecuencia, sino que, a veces, los malvados nunca son atrapados.

Cuando falta la justicia (v. 12)

En Estados Unidos, la tasa de resolución de asesinatos ha ido disminuyendo constantemente durante décadas, y en 2021 cayó a un mínimo histórico del 51%. [19] Piénselo. Eso significa que el 49% de las personas que mataron a alguien en 2021, literalmente "se salieron con la suya".

3. ¿Cuántas veces dice Salomón que una persona puede cometer el mal antes de que Dios intervenga? (v. 12a)

Por decir lo menos, Salomón está perplejo de que los hombres malvados se salgan con la suya e incluso parezcan prosperar y vivir largas vidas. Pero luego, justo en la mitad del versículo 12, vemos un cambio notable en las palabras de Salomón: "todavía sé". Hasta este punto del capítulo, Salomón está observando lo que ha visto relacionado con la vida "debajo del sol". Ahora levanta nuestra mirada "por encima del sol".

4. ¿Qué "sabe" Salomón acerca de los que temen a Dios? (v. 12b)

La declaración de Salomón no es una mera observación. Está señalando una realidad que no se ve bajo el sol. La primera mitad del versículo 12, que describe a una persona malvada que vive una larga vida en pecado, grita que prevalece la injusticia. Pero Salomón lo sabe mejor: "Sé que les irá bien a los que temen a Dios, a los que le temen en público" (v. 12b). ¡Qué muestra de la fe de Salomón! Aunque no puede ver la justicia con sus ojos físicos, tiene la esperanza de que Dios cuidará de los que le temen y juzgará a los malvados.

5. ¿Qué "sabe" Salomón acerca de aquellos que no temen a Dios? (v. 13)

Chris Wright señala que Salomón tiene una "profunda certeza de que, en última instancia, el destino de los justos y el de los malvados será diferente. El temor del Señor – presente o ausente – es el factor determinante". [20]

6. Compare Eclesiastés 8:12-13 con las palabras de Salomón en Proverbios 1:7.

Luego, Salomón nos trae de nuevo a la vida "debajo del sol" en el versículo 14. Después de decirnos lo que sabe por fe ("les irá bien a los que temen a Dios", v. 12), inmediatamente nos dice que esto no siempre es lo que sucede en la vida real. Lo único que podría ser peor que se posponga la justicia o que no se haga realidad es que se revierta la justicia. Mientras Salomón considera esto, lo agrega a su lista de todas las cosas hevel. Y si somos honestos, tenemos que estar de acuerdo con él, ¿no? La justicia revertida no sólo parece "inútil" (usa la palabra dos veces en el versículo 14, por lo que tal vez "doblemente inútil" sea el mejor término), sino que tampoco parece correcta.

Cuando la justicia se revierte (v. 14)

7. ¿Qué justicia invertida observa Salomón que ocurre en la tierra? (v. 14)

Salomón ha visto que el bueno no siempre gana y el malo no siempre pierde. Esa realidad no le sentó bien a Salomón, y tampoco nos sienta bien a nosotros. ¿Por qué las personas buenas deberían ser tratadas como criminales cuando los verdaderos criminales quedan libres?

8. Lea Proverbios 17:15. ¿Cómo ve Dios la justicia invertida?

Seguiré adelante y diré lo que estoy bastante seguro de que estás pensando: si Dios detesta la injusticia, ¿por qué permite que suceda? La injusticia ocurre porque es uno de los elementos básicos de este mundo quebrantado y plagado de pecado. Es una realidad dolorosa que cada uno de nosotros encontrará en nuestra vida "debajo del sol". Hasta el día en que Jesús regrese y establezca su Reino (Mateo 25:31-46), la injusticia existirá en el mundo. Pero llegará el día en que Dios se dará a conocer claramente y arreglará las cosas. Zach Eswine describe lo que sucederá ese día:

> El hipócrita es descubierto. El intrigante queda frustrado. Se defiende el bien público. Aquel que hizo bien por gracia, durante tanto tiempo ignorado, finalmente es honrado. La eternidad que presiona nuestros corazones, la eternidad para la cual fue creado el Edén, la eternidad que la vida debajo del sol golpea, pisotea, ridiculiza y deshonra, finalmente contemplará también su reivindicación. Dios mismo ocupará el lugar que le corresponde y nosotros, como se pretendía el Edén, nos inclinaremos nuevamente, plenamente satisfechos, como sus criaturas. [21]

La promesa de una justicia definitiva nos ayudará a tener la perspectiva correcta sobre la injusticia temporal que vemos en este lado de la eternidad. Irónicamente, esa justicia final sólo es posible debido a la revocación de la justicia que tuvo lugar en el Calvario, cuando el justo fue castigado para que los malvados pudieran ser liberados. Como escribe Pablo: "Al que no conoció pecado, por nosotros lo hizo pecado, para que nosotros fuéramos hechos justicia de Dios en él" (2 Corintios 5:21).

Si bien entendemos que Jesús tomó el castigo que merecíamos, es importante que no nos apresuremos a pasar por alto la injusticia del momento. Entre dos ladrones, el Hijo de Dios sin pecado colgaba donde los culpables, usted y yo, deberíamos haber estado: "La máxima injusticia humana se convirtió en la máxima justicia divina a nuestro favor en la justicia salvadora y reconciliadora de Dios". [22] ¡Aleluya! ¡Qué Salvador!

Día Cuatro | Eclesiastés 8:15-17

Inmediatamente después de su breve discurso sobre las injusticias de la vida bajo el sol en Eclesiastés 8:10-14, Salomón continúa con otra afirmación sobre la bondad de la vida.

Lea Eclesiastés 8:15.

1. ¿Qué nos recomienda Salomón?

La palabra hebrea para "alabar" es *shabach*, que significa "alabar en voz alta". [23] Básicamente, Salomón le da un gran abrazo al placer y le dice: "¡Me alegro de que estés en mi vida!" Esta es la cuarta de seis veces (2:24-26; 3:12-13, 22; 5:18-20; 9:7) que Salomón nos dice que disfrutemos las cosas cotidianas y ordinarias de la vida con las que Dios nos ha bendecido debajo del sol. Las palabras de Salomón no defienden una visión hedonista de que el placer es "el principio y el fin" de la vida. Él está enseñando cómo podemos disfrutar la vida en un mundo corrupto y quebrantado.

Pero nos preguntamos: "¿Cómo podremos disfrutar de la vida en este mundo lleno de injusticia?" ¿Se contradice Salomón? Wright reflexiona sobre esta pregunta y nos brinda información útil:

> [Salomón] parece estar poniendo deliberadamente al lado dos maneras diametralmente opuestas de ver la vida con las que, sin embargo, tenemos que vivir de alguna manera:
>
> - La vida está llena de injusticias sin sentido (v. 14).
>
> - La vida se trata de disfrutar los buenos dones de Dios (v. 15).
>
> Podrían parecer contradictorias y, sin embargo, tiene que declararlas verdaderas: una como verdad de observación empírica y la otra como verdad de fe bíblica. No puede negar lo primero sin negar los ojos en su propia cabeza. Y no puede negar lo segundo sin negar la fe que es el fundamento de toda su cosmovisión. [24]

Sí, vivimos en un mundo caído, pero la vida es un regalo, no una maldición. Salomón nos ha recordado repetidamente que Dios nos ha bendecido con momentos para "reír, animarnos y amar". Ha puesto en nosotros un sentimiento interior de satisfacción por el trabajo bien hecho. Estos son momentos para atesorar. Como dice un amigo de mi marido: "Nunca antes habíamos visto este día; Nunca lo volveremos a ver". La belleza del amanecer de esta mañana y la vista llena de exquisitos colores al atardecer son nuestras para disfrutar hoy. Podemos optar por perder el día quejándonos de lo que no nos gusta de este mundo caído, o *carpe diem*, "aprovechar el día" y exprimir hasta la última gota de alegría y placer.

2. Dios "nos da en abundancia todo lo que necesitamos para nuestro disfrute" (1 Timoteo 6:17, NTV). ¿Cómo planeas disfrutar la vida que Dios te ha dado hoy?

Disfrutar de la vida y sentir gratitud van de la mano. Como dice Swindoll: "La vida es diez por ciento de lo que me sucede y noventa por ciento de cómo reacciono ante ello... Estamos a cargo de nuestras actitudes". [25]

3. Lea los siguientes pasajes del Nuevo Testamento y observe lo que aprende acerca de tener una actitud de gratitud y acción de gracias.

	Instrucción sobre gratitud/acción de gracias
1 Tesalonicenses 5:18	
Efesios 5:19-20	
2 Corintios 4:15	
Filipenses 4:6	

Salomón concluye este capítulo recordándonos la importancia de la sabiduría mientras buscamos disfrutar la vida bajo el sol.

Lea Eclesiastés 8:16-17.

4. ¿Cuál es la meta de Salomón en el versículo 16?

5. ¿Qué concluye? (v. 17)

6. Circule la palabra "durmiera" en los versículos 16-17. ¿Qué tres acciones son inútiles para cumplir el deseo del corazón de comprender los caminos de Dios?

-
-
-

Ninguna combinación de tiempo, trabajo o sabiduría dará jamás a la humanidad las respuestas a los caminos de Dios. Pablo nos recuerda que sus caminos están más allá de nuestra capacidad de comprender:

> "¡Oh, profundidad de las riquezas y de la sabiduría y del conocimiento de Dios! ¡Cuán insondables son Sus juicios e inescrutables Sus caminos! Pues, ¿QUIÉN HA CONOCIDO LA MENTE DEL SEÑOR? ¿O QUIÉN LLEGÓ A SER SU CONSEJERO? ¿O QUIÉN LE HA DADO A ÉL PRIMERO PARA QUE SE LE TENGA QUE RECOMPENSAR?" (Romanos 11:33-35, NBLA)

El mensaje de Salomón para nosotros en Eclesiastés 8:15-17 es que, aunque no tengamos las respuestas a todos nuestros porqués, aún podemos disfrutar de la vida como un buen regalo de un Dios misericordioso.

7. ¿Cuál es el "por qué" con el que estás luchando en este momento?

8. ¿Cómo está impactando tu lucha tu relación con el Señor?

Como dijo una vez Vance Havner: "Dios marca algunos de nuestros días, 'será explicado más tarde'". [26] Debemos confiar en que Dios es Dios. Si no confiamos en Él, inventaremos un dios que no es el único Dios verdadero, o creeremos en el Dios verdadero, pero viviremos en confusión porque Él no actúa como pensamos que debería hacerlo, ni explica las cosas que sentimos que merecemos saber. No tenemos que entender el *porqué*. Sólo necesitamos confiar en *Quien*.

La clave es mantener una perspectiva "por encima del sol", cambiando la perspectiva a través de la cual filtramos nuestras vidas del plano horizontal al vertical.

José aprendió eso bien. A lo largo de su vida, se encontró repetidamente con el rechazo, la desilusión y la soledad. Sin embargo, a través de cada giro desalentador, aprendió a mantener su corazón en Dios.

Me encanta la escena de Génesis 45 cuando José finalmente reveló su identidad a sus once hermanos. Como segundo al mando en Egipto, podría haberlos encarcelado por el resto de sus vidas o incluso haberlos matado. Pero en cambio, José los miró y dijo: "No fueron ustedes los que me enviaron aquí, sino Dios" (v. 8). Joseph no negaba que hubiera factores humanos en juego en sus circunstancias. Sí, sus hermanos lo vendieron como esclavo. Sí, la señora de Potifar mintió sobre él, lo que lo llevó a prisión. Y sí, el copero se olvidó de él durante dos años.

Si bien José no habría planeado que esas cosas sucedieran en su vida, vio que, a través de cada giro y giro, la mano soberana de Dios se movía para lograr su mayor bien. "No fueron ustedes quienes me enviaron aquí, sino Dios". Dios permitió las cosas difíciles que le sucedieron a José, pero luego cambió el guión y usó esas mismas cosas para su bien redentor. "Pero Dios".

> No tenemos que entender el porqué. Sólo necesitamos confiar en Quien.

¿Está Dios escribiendo una historia de "Pero Dios" en tu vida en este momento? ¿Estás en medio de una circunstancia que no has planeado ni habrías planeado? ¿Puedes decirle a tu circunstancia: "No fuiste tú quien me envió aquí, sino Dios"? ¿Puedes decirle a esa persona que te hizo daño: "No fuiste tú quien me envió aquí, sino Dios"?

Independientemente de cómo se vean las cosas ahora, Dios no ha terminado. Tu historia no ha terminado. A través de cada giro y vuelta, la mano soberana de Dios está obrando para su bien y su gloria. Incluso tus momentos oscuros tienen significado y propósito. Dios es bueno y solo hace el bien. No es necesario que entiendas el *porqué*. Sólo necesitas confiar en *Quien*.

"Confía en el Señor con todo tu corazón, Y no te apoyes en tu propio entendimiento. Reconócelo en todos tus caminos, Y Él enderezará tus sendas."
(Proverbios 3:5-6, NBLA)

Día Cinco | ¿Dónde está Dios en todo esto?

En el Sermón del Monte, Jesús dice que Dios "hace llover sobre justos e injustos por igual" (Mateo 5:45, NTV). En su mayor parte, lo entendemos. A veces, la belleza emerge incluso de la lluvia en forma de arcoíris y sonreímos. Pero las inundaciones, los huracanes o los tsunamis nos resultan más difíciles de entender. Cuando nos enfrentamos a las duras realidades de la vida (un matrimonio se desmorona, llega un diagnóstico de cáncer, un amigo te traiciona, un niño muere), la tempestad que sigue puede ser devastadora. En medio de la furia de una tormenta, lo único que puedes hacer es aguantar. Del agujero negro de la agonía surgen una serie de preguntas: ¿Por qué, Dios? ¿Por qué permitiste que esto sucediera? ¿Por qué permitiste que el mal entrara en el mundo? ¿Cuánto tiempo esperarás antes de hacer algo? ¿Dónde estás en todo esto?

El padre de Salomón, el rey David, clamó a Dios en numerosas ocasiones mientras se escondía en el desierto de Saúl, Absalón, los filisteos y otros. Su cruda honestidad con Dios durante esos tiempos de angustia fluye a lo largo de los Salmos.

1. Lea los siguientes pasajes de los Salmos y registre las preguntas que David le hace al Señor.

	Las preguntas de David
Salmo 6:3	
Salmo 10:1	
Salmo 13:1-2	
Salmo 22:1	
Salmo 35:17	

222 | Lección Siete

Ken Gire escribe: "El misterio inescrutable del sufrimiento – ya sea el nuestro o el de alguien a quien amamos – es un catalizador de nuestro diálogo con Dios. Cuanto más intenso es el sufrimiento, más intenso es el diálogo". [27]

2. Piensa en tu experiencia personal. ¿Qué preguntas has tenido durante momentos de sufrimiento y dolor?

En su libro, *Cartas del Diablo a su Sobrino,* CS Lewis escribe una correspondencia imaginaria entre un demonio mayor, Screwtape, y su sobrino, un demonio inexperto a quien Screwtape está asesorando. Screwtape está tratando de ayudar a Ajenjo a evitar que su "paciente", un nuevo cristiano, crezca espiritualmente como parte del intento demoníaco de derrotar al "enemigo": Dios. Al final de una de sus cartas, Screwtape advierte:

> No te dejes engañar, Ajenjo. Nuestra causa nunca está más en peligro que cuando un ser humano, que ya no desea, pero todavía tiene la intención de hacer la voluntad de nuestro enemigo, mira a su alrededor un universo en el que todo rastro de Él parece haber desaparecido y pregunta por qué ha sido abandonado. y todavía obedece. [28]

Plantador de semillas

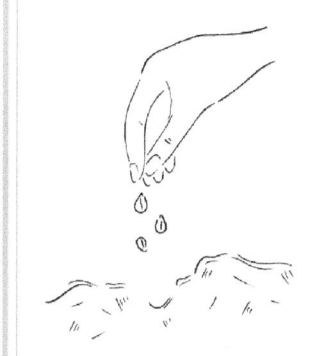

Cuando una amiga comparte una dificultad por la que ha pasado o está pasando, pregúntale: "¿Cómo ha impactado esa experiencia tu forma de ver a Dios?" Escuche atentamente su respuesta. Busque oportunidades para compartir algo de lo que ha aprendido en su estudio de esta semana sobre el sufrimiento, la injusticia y los malvados. Mientras habla, trate de evaluar dónde se encuentra ella en su viaje espiritual y cuál podría ser el siguiente paso. Sea sensible al Espíritu Santo. Si es el momento adecuado, explica cómo Cristo cambió tu vida y comparte el evangelio.

El autor del Salmo 119 es el tipo de ser humano que Screwtape clasifica como un "peligro". Si bien se desconoce la autoría de los 176 versículos del salmo, la mayoría de los eruditos coinciden en que fueron escritos por David, Esdras, Daniel o Jeremías, todos los cuales conocían bien el sufrimiento. Cuando el salmista toma su pluma, mira a su alrededor y descubre que todo rastro de Dios parece haber desaparecido. Su vida ha estado plagada de persecución, calumnia y aflicción. El cielo está extrañamente silencioso. Sintiéndose solo y abandonado, escribe:

> "Mi alma desfallece por Tu salvación; En Tu palabra espero. Mis ojos desfallecen esperando Tu palabra, Mientras digo: "¿Cuándo me consolarás?". Aunque he llegado a ser como odre al humo, No me olvido de Tus estatutos." (Salmo 119:81-83, NBLA)

Gire capta la esencia de la difícil situación del salmista:

> El salmista está desmayado, sus ojos cansados, su cuerpo encogido y agotado de tanto esperar. Lanza una pregunta al cielo con la esperanza de que alguien allí arriba esté escuchando. Pero allá arriba nadie responde. Parado en una enorme grieta entre la cercanía de las promesas de Dios y la lejanía de su cumplimiento, el salmista se siente abandonado. Y, sin embargo, mientras mira hacia el abismo de esa ambigüedad, toma una decisión. Podría haber elegido dar marcha atrás. Podría haber elegido arrojarse al abismo. En lugar de ello, opta por salvar la ambigüedad. [29]

El salmista salva la incertidumbre que vive con una palabra de tres letras: "Pero". En la lección de ayer vimos la frase "Pero Dios" de Génesis 45. Ahora, en el Salmo 119, vemos la misma palabra de tres letras en una combinación diferente, "pero yo".

3. Encierra en un círculo la frase "pero yo" en Salmo 119:81-83.

4. Complete las siguientes oraciones parafraseadas basándose en lo que dice el salmista:

Estoy exhausto de esperar que Tú me rescates, pero yo...

Estoy afligido y dolorido (arrugado como un odre), pero...

En algún momento de nuestras vidas, todos nos encontraremos en una situación similar a la del salmista. En medio del dolor y la adversidad, cuando Dios parezca distante, ¿tomarás las mismas decisiones? ¿Seguirás poniendo tu esperanza en Él? ¿Seguirás obedeciendo? ¿Serás una de esas personas que Screwtape ve como un "peligro" para su nefasta causa?

5. Lee Salmo 119:81-83 una vez más. ¿Cómo elegirás responder la próxima vez que enfrentes dolor y adversidad?

En 1984, Leonard Cohen lanzó una canción, "Hallelujah", que habla sobre la vida del rey David, sus preguntas y su pecado con Betsabé. Luego, Cohen integró su propia vida en la canción. Cada estrofa termina con un coro de aleluyas.

La palabra "aleluya" proviene de dos palabras hebreas: *hallel* que significa "alabanza" y *jah*, abreviatura de *Yahvé*. [30] Aleluya es otra manera de decir: "Alabado sea el Señor". En la canción de Cohen, el aleluya surge de las cenizas del quebrantamiento. Dos veces dice: "Es un resfriado y es un aleluya roto". [31] Cuando nos encontramos sumergidos en el dolor, cuando el abismo entre la esperanza y nuestra experiencia de vida parece irreconciliable, la manera de "salvar la ambigüedad" es con nuestros aleluyas, sin importar cuán "fríos y rotos" sean. [32]

Lo sé porque he estado allí (y supongo que tú también). Cuando nuestro corazón sufre, la adoración se convierte en una cuestión de obediencia. Si bien es posible que no "tengamos" ganas de alzar la voz en alabanza, lo hacemos porque Dios es digno. Al elevar nuestros aleluyas "fríos y quebrantados" al Señor, Su presencia se encuentra con nuestro dolor. Quitamos los ojos de nosotros mismos y los ponemos en Dios. Ese cambio cambia nuestra perspectiva. Pablo habla de la importancia de este cambio en 2 Corintios 4:16-18:

> "Por tanto no desfallecemos, antes bien, aunque nuestro hombre exterior va decayendo, sin embargo, nuestro hombre interior se renueva de día en día. Pues esta aflicción leve y pasajera nos produce un eterno peso de gloria que sobrepasa toda comparación, al no poner nuestra vista en las cosas que se ven, sino en las que no se ven. Porque las cosas que se ven son temporales, pero las que no se ven son eternas." (NBLA)

La adoración nos recuerda que nuestro sufrimiento aquí es sólo temporal. Mientras "fijamos nuestros ojos" en el Eterno, la eternidad invade nuestras almas heridas con la esperanza de la eternidad. Paul Tripp nos ayuda a evaluar adecuadamente la realidad de nuestro presente a la luz de nuestro futuro:

> La ternidad nos dice que nuestro sufrimiento en el aquí y ahora será solo una pequeña parte de nuestra existencia total. Dado que viviremos para siempre, cuando sumamos nuestros años en este mundo roto a la suma total de nuestra

existencia, solo representarán una fracción microscópica de nuestras vidas. Pasaremos mucho más tiempo en un lugar donde el sufrimiento no es mayor que el que pasamos donde el sufrimiento aún vive. [33]

No sé ustedes, pero esa comprensión me da esperanza, no sólo para el futuro, sino en mi aquí y ahora: "Así que levanto mis manos y te alabo una y otra vez. Porque todo lo que tengo es un aleluya, aleluya. Y sé que no es mucho, pero no tengo nada más digno de un Rey, excepto un corazón que canta aleluya, aleluya". [34]

El vínculo entre padre e hijo no es sólo de carne perecedera: debe tener algo de [eternidad] al respecto. Hay un lugar llamado "Cielo" donde el bien aquí inacabado se completa; y donde continúan las historias no escritas y las esperanzas no cumplidas. Podemos reírnos juntos todavía. [35]
~ JRR Tolkien
(En carta a su hijo, 9 de junio de 1941)

Lección Ocho

Muerte, ¿dónde está tu aguijón?
Eclesiastés 9

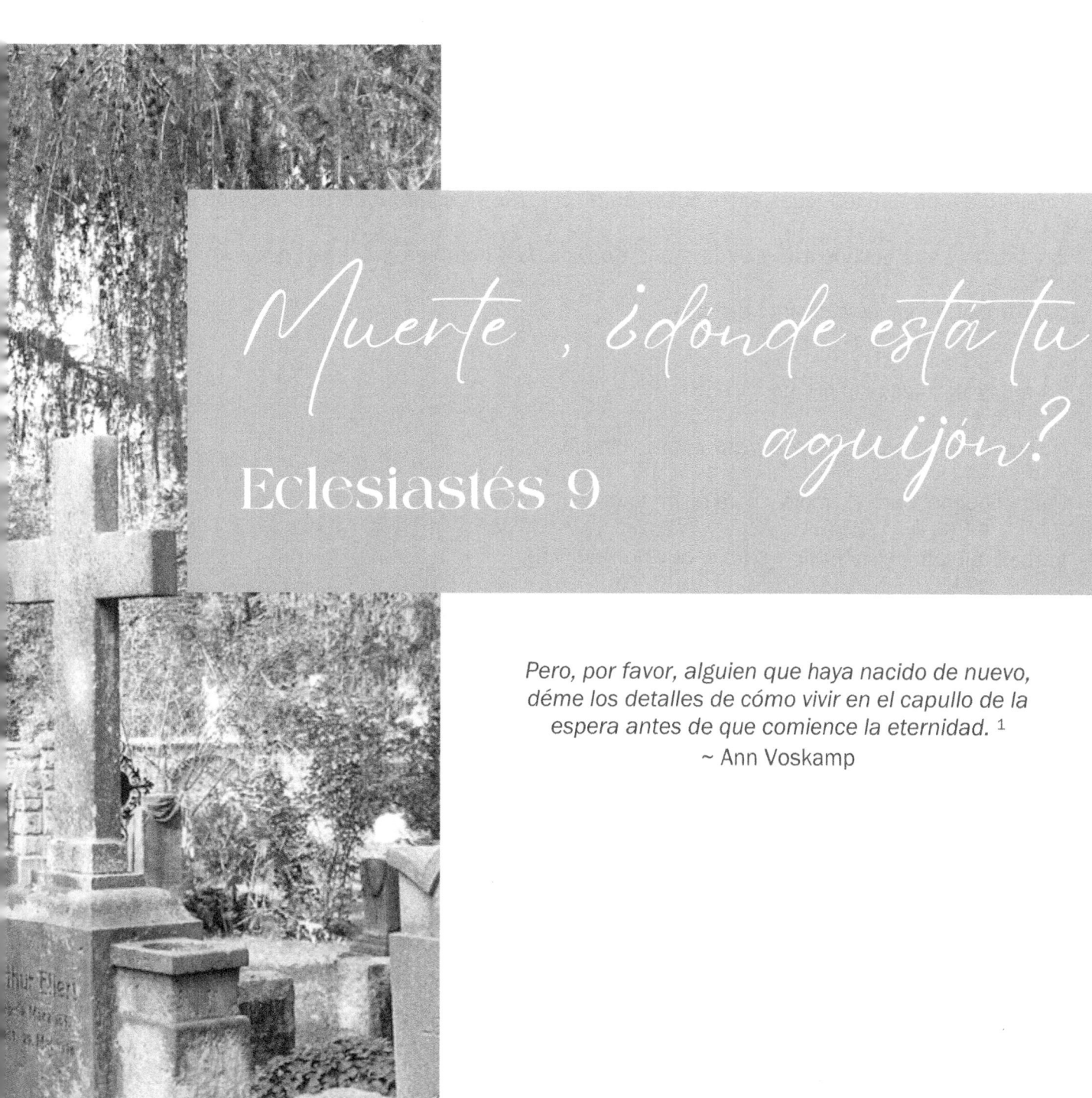

Pero, por favor, alguien que haya nacido de nuevo, déme los detalles de cómo vivir en el capullo de la espera antes de que comience la eternidad. [1]
~ Ann Voskamp

Eclesiastés 9

Todo está en manos de Dios

¹ Pues bien, he tomado todas estas cosas en mi corazón y declaro todo esto: que los justos y los sabios y sus hechos están en la mano de Dios. Los hombres no saben ni de amor ni de odio, aunque todo está delante de ellos.

² A todos les sucede lo mismo:

Hay una misma suerte para el justo y para el impío;

Para el bueno, para el limpio y para el inmundo;

Para el que ofrece sacrificio y para el que no sacrifica.

Como el bueno, así es el pecador;

Como el que jura, así es el que teme jurar.

³ Este mal hay en todo lo que se hace bajo el sol: que hay una misma suerte para todos. Además, el corazón de los hijos de los hombres está lleno de maldad y hay locura en su corazón toda su vida. Después se van a los muertos. ⁴ Para cualquiera que está unido con los vivos, hay esperanza; ciertamente un perro vivo es mejor que un león muerto.

⁵ Porque los que viven saben que han de morir,

Pero los muertos no saben nada,

Ni tienen ya ninguna recompensa,

Porque su recuerdo está olvidado.

⁶ En verdad, su amor, su odio y su celo ya han perecido,

Y nunca más tendrán parte en todo lo que se hace bajo el sol.

⁷ Vete, come tu pan con gozo,

Y bebe tu vino con corazón alegre,

Porque Dios ya ha aprobado tus obras.

⁸ En todo tiempo sean blancas tus ropas,

Y que no falte ungüento sobre tu cabeza.

⁹ Goza de la vida con la mujer que amas todos los días de tu vida fugaz que Él te ha dado bajo el sol, todos los días de tu vanidad. Porque esta es tu parte en la vida y en el trabajo con que te afanas bajo el sol.

¹⁰ Todo lo que tu mano halle para hacer, hazlo según tus fuerzas; porque no hay actividad ni propósito ni conocimiento ni sabiduría en el Seol adonde vas.

¹¹ Vi, además, que bajo el sol

No es de los ligeros la carrera,

Ni de los valientes la batalla;

Y que tampoco de los sabios es el pan,

Ni de los entendidos las riquezas,

Ni de los hábiles el favor,

Sino que el tiempo y la suerte les llegan a todos.

¹² Porque el hombre tampoco conoce su tiempo:

Como peces atrapados en la red traicionera

Y como aves apresadas en la trampa,

Así son atrapados los hijos de los hombres en el tiempo malo

Cuando este cae de repente sobre ellos.

Sabiduría y necedad

[13] También esto llegué a ver como sabiduría bajo el sol, y me impresionó: [14] Había una pequeña ciudad con pocos hombres en ella. Llegó un gran rey, la cercó y construyó contra ella grandes baluartes. [15] Pero en ella se hallaba un hombre pobre y sabio; y él con su sabiduría libró la ciudad; sin embargo, nadie se acordó de aquel hombre pobre. [16] Y yo me dije:

"Mejor es la sabiduría que la fuerza".

Pero la sabiduría del pobre se desprecia

Y no se presta atención a sus palabras.

[17] Las palabras del sabio oídas en quietud son mejores

Que los gritos del gobernante entre los necios.

[18] Mejor es la sabiduría que las armas de guerra,

Pero un solo pecador destruye mucho bien.

Muerte, ¿dónde está tu aguijón?

El mensaje de 1 Corintios 15:55 es un grito de batalla popular para los cristianos. Ha sido usado en muchas de nuestras canciones, y con lágrimas de alegría fluyendo, enfrentamos la muerte y proclamamos con valentía: "Oh Muerte, ¿dónde está tu victoria? ¿Oh muerte, dónde está tu aguijón?" Mientras cantamos, nuestro corazón se regocija porque la victoria pertenece al Señor. Y todo eso es verdad.

Sin embargo, cualquiera que haya experimentado la muerte de un ser querido puede decirle exactamente dónde está el aguijón de la muerte.

El aguijón de la muerte aparece en la silla vacía de la mesa. Está en los nuevos recuerdos que se crean con una sonrisa que falta en la foto. Es ahí cuando las tradiciones ya no tienen sentido, y se siente cada vez que se hace evidente que la vida tal como solía ser se ha desvanecido en el aire y nunca más se la vuelve a ver.

Debajo del sol, el aguijón de la muerte es difícil de ignorar. Cuando no logramos vivir *con la vista en la eternidad*, la oscuridad cubrirá todo lo que debería contener luz y propósito para nosotros. Cuando vivimos sólo para el placer y la satisfacción que este mundo puede brindarnos, el aguijón de la muerte dominará la esperanza que profesamos. Pero no tiene por qué ser así.

La mortalidad del hombre es un hecho ineludible de la vida. Tanto los justos como los injustos algún día tendrán una cita con la muerte. En Eclesiastés 9, Salomón volverá a los temas de la muerte y la sabiduría. Él nos mostrará que la muerte no hace que la vida carezca de sentido. De hecho, por el contrario, la muerte nos recuerda que vivir con una mentalidad por encima del sol es aún más importante. Realmente hay vida más allá de la tumba, y eso es lo que elimina el aguijón de la muerte.

Afrontamos cada día con un brillo en los ojos porque vivimos para ese día.

Una vez desprecié cada pensamiento temeroso de la muerte,
Cuando no era más que el final del pulso y la respiración,
Pero ahora mis ojos han visto eso más allá del dolor.
Hay un mundo que está esperando ser reclamado.
Hacedor de Tierra, Santo, déjame partir ahora,
Porque vivir es un arte temporal.
Y morir no es más que vestirse para Dios,
Nuestras tumbas no son más que puertas excavadas en el césped. [2]
~Calvin Miller

Día Uno | Eclesiastés 9:1-6

Comience hoy leyendo Eclesiastés 9 en su totalidad. Mientras lees, utiliza el marcador azul para marcar las palabras o frases clave del capítulo.

1. ¿Cuál es la idea central (el tema) en Eclesiastés 9? Intente limitar su respuesta a una o dos oraciones, utilizando palabras del pasaje.

La idea central: Eclesiastés 9

2. Enumere las palabras clave (incluidos los sinónimos) que destacó mientras leía Eclesiastés 9.

Palabras claves en Eclesiastés 9

Ahora, regresa y lee Eclesiastés 9:1-3 una vez más.

3. ¿Qué seguridad da Salomón a los justos y sabios? (v. 1)

Lección Ocho | 235

Sólo Dios sabe lo que nos depara el futuro a cada uno de nosotros. Todo lo que sucede en la vida de un creyente pasa primero por sus manos soberanas. Algunas cosas Él permite (recuerde Job y José); otras cosas Él orquesta. Pero en todo momento Él tiene el control.

4. ¿Qué evento dice Salomón que les sucede a todas las personas? (vv. 2-3)

La muerte es ese pariente que todos compartimos, pero que nunca hemos conocido. Pero somos conscientes de que algún día lo encontraremos. Como escribe J.C. Ryle:

> Esta es la suerte de todos los hombres. Será la nuestra, a menos que el Señor primero regrese en gloria. Después de todas nuestras intrigas y esfuerzos, después de todos nuestros inventos, descubrimientos y logros científicos, queda un enemigo que no podemos conquistar ni desarmar: la muerte. El capítulo del Génesis que registra la larga vida de Matusalén y el resto de los que vivieron antes del Diluvio, concluye el sencillo relato de cada uno con una palabra expresiva: murió.
>
> La muerte es el poderoso nivelador. No perdona a nadie. Ella no se demorará hasta que estés listo. No la mantendrán fuera los fosos, ni puertas, ni barrotes, ni cerrojos. El inglés se jacta de que su casa es su castillo, pero a pesar de toda su jactancia no puede excluir la muerte. Un noble austríaco prohibió que se mencionara la muerte y la viruela en su presencia. Pero, nombrado o no nombrado, poco importa, a la hora señalada por Dios llegará la muerte. [3]

El enemigo de nuestras almas quiere que aceptemos la mentira universal de que, si somos lo suficientemente ricos, lo suficientemente inteligentes, lo suficientemente exitosos o incluso lo suficientemente santos, viviremos más tiempo. Si bien una vida saludable es sin duda nuestra mejor opción para lograrlo, Salomón nos recuerda que no hay garantías, pero él no es el único.

5. Lea los siguientes pasajes y observe en qué se parecen a lo que dice Salomón en Eclesiastés 9:3:

- Salmo 89:47

- Job 7:7

- Salmo 39:5

- Santiago 4:14

¿Por qué es tan peligroso creer que nuestra vida santa, saludable y rica prolongará nuestra estancia en el planeta Tierra? Es un ancla falsa para nuestras almas y nos pone en desacuerdo con Dios. Si creemos que ser una buena persona significa que Dios "nos debe algo", ¿qué sucede con nuestra fe en su bondad cuando nuestra "buena" vida se desmorona?

Danny y Jon Akin nos dan esta útil información:

> Muchos predicadores e iglesias afirman que, si realmente amas a Dios, serás feliz, saludable y rico. Los libros te dicen que, si haces ciertas oraciones, tu territorio se ampliará. Pero como señala Matt Chandler, Juan el Bautista fue piadoso y no logró que su territorio se expandiera; le cortaron la cabeza... El pueblo de Dios sufre, pero confiamos en que Jesús es suficiente, que Él tiene el control y que su tiempo y plan son los mejores en medio del sufrimiento. [4]

Todos nos dirigimos hacia la muerte. Tanto los justos como los malvados enfrentarán el mismo fin. La vida en Cristo y vivir con el cielo en nuestras mentes cambia la forma en que vemos lo que sucede entre el punto A y el punto B. Si vivimos *Con la Vista en la Eternidad*, caminaremos con una esperanza viva, pase lo que pase.

Paul Tripp lo expresa de esta manera: "Sólo cuando enfrentas las malas noticias de la muerte puedes comenzar a encontrar esperanza en las buenas noticias de la vida: una vida que comienza en el aquí y ahora y dura para siempre... Mirar la muerte a la cara significa hacerte sabio y, en última instancia, está destinado a darte paz". [5]

> Todo lo que sucede en la vida de un creyente pasa primero por sus manos soberanas.

6. ¿Cómo puede mirar la muerte cara a cara y hacerte sabio para vivir este día?

La muerte tiene una manera de poner las cosas en perspectiva, ¿no? Cuál será esa perspectiva realmente depende de usted. En el mundo medieval, una frase destacada entre los cristianos era *momento mori*, "recuerda tu muerte". Estas palabras no fueron pronunciadas con tristeza, sino como un firme recordatorio de cómo vivir.

7. Lea Deuteronomio 30:19. ¿Cuál es la elección que tienes ante ti hoy?

Como dice *El Mensaje:* "Elige la vida… Y ama a Dios, tu Dios, escuchándolo obedientemente, abrazándolo firmemente. Oh sí, Él es la vida misma" (Deuteronomio 30:19b-20a).

Lea Eclesiastés 9:4.

8. ¿Qué ventaja tiene una persona viva? (v. 4)

En la NVI, Eclesiastés 9:4 dice: "Todo aquel que está entre los vivos tiene esperanza". Para aclarar este punto, Salomón recuerda a su audiencia cultural: "un perro vivo es mejor que un león muerto" (LBLA). En los días de Salomón, los perros no eran las mascotas adoradas que consideramos hoy. Eran carroñeros que vagaban por las calles y eran despreciados. Por otro lado, los leones eran criaturas nobles que eran honradas. Aun así, Salomón dice que es mejor ser un perro despreciado que está vivo que un noble león que está muerto. ¿Por qué? Porque mientras estemos vivos, independientemente de las situaciones difíciles en las que nos podamos encontrar, tenemos más oportunidades que la persona más poderosa y exitosa que esté muerta.

Cuando comencé a sentir el impulso de trabajar en el ministerio, pensé que Dios me estaba llamando a una carrera en consejería bíblica. Mientras seguía ese llamado, busqué experiencia a través de nuestra iglesia, tomé clases, leí libros y absorbí todo lo que pude sobre cómo la Biblia puede ser una luz y una guía para la vida en problemas.

En mi miopía acerca de la Palabra de Dios, comencé a poner pequeñas pestañas en mi Biblia cada vez que leía un pasaje que consideraba un "buen versículo de consejería". Eso es literalmente lo que escribiría en mi Biblia junto a un versículo que pensé que podría resultar útil en una sesión de consejería. Años después, ahora lo sé mejor y sé que debemos buscar el consejo completo de la Palabra de Dios y no simplemente sacar versículos fuera de contexto que nos hagan sentir bien.

Sin embargo, Eclesiastés 9:4 era un versículo que había marcado en mi Biblia como un "verso de buen consejo". Incluso pensé que algún día podría ser una buena idea imprimirlo y colgarlo como un cuadro en la pared de mi oficina de consejería. (¿Alguien más está sorprendido de que Dios me haya alejado de esta carrera al final?) Pero, por muy equivocado que haya estado en mi enfoque, de hecho, hay verdad en lo que Salomón está diciendo. Mientras estemos entre los vivos, tenemos esperanza. No importan tus circunstancias, si todavía estás respirando, Dios no ha terminado su propósito en tu vida. Todavía hay esperanza de salvación y todavía hay esperanza de hacer que tu vida tenga sentido para Dios.

Lea Eclesiastés 9:5-6.

9. Haz una lista de las cosas que tienen los vivos y que los muertos no tienen. (vv. 5-6)

Warren Wiersbe explica que lo que Salomón escribe sobre los muertos se puede revertir y aplicar a los vivos:

> Los muertos no saben lo que sucede en la tierra, pero los vivos lo saben y pueden reaccionar ante ello. Los muertos no pueden añadir nada a su recompensa ni a su reputación, pero los vivos sí. Los muertos no pueden relacionarse con la gente de la tierra amándolos, odiándolos o envidiándolos, pero los vivos sí. Salomón estaba enfatizando la importancia de aprovechar las oportunidades mientras vivimos, en lugar de esperar ciegamente algo mejor en el futuro, porque la muerte acabará con nuestras oportunidades en esta tierra. [6]

Hay una diferencia entre existir y vivir. Si simplemente existimos, nuestras vidas se parecerán a cualquier otra vida debajo del sol. ¡Lo que Dios quiere para nosotros es mucho más! ¿Por qué deberíamos perder un momento, y mucho menos un día, en la búsqueda de cosas menores? Nosotros, la *Imago Dei*, la imagen de Dios (Génesis 1:27) tenemos la oportunidad de vivir por encima del sol, reflejando su gloria cada día. ¡Hagámoslo hoy, mañana y pasado!

Día Dos | Eclesiastés 9:7-9

Mientras Salomón continúa, analiza cómo debemos vivir a la luz de la certeza de la muerte.

En sólo tres versículos, aprendemos bastante acerca de la visión de Salomón sobre este breve espacio de tiempo que se nos ha dado en esta tierra y qué hacer con él.

Lea Eclesiastés 9:7-9.

1. ¿En una oración, resuma la esencia de lo que Salomón dice en estos versículos?

Parece que Salomón básicamente está transmitiendo, como dice el refrán: ¡Sólo se vive una vez, así que aprovéchalo al máximo! No malinterpretemos sus palabras. No levanta las manos con resignación y dice: "¿De qué sirve?". En lo que es el sexto estímulo de Salomón en Eclesiastés (2:24-26; 3:12-13, 22; 5:18-20; 8:15), él quiere que saboreemos los buenos dones que Dios nos ha dado. Si te gusta el helado, cómelo y saborea cada bocado. Si quieres visitar todos los parques nacionales, hazlo. Baja el ritmo y disfruta de una comida con tus amigos. Ama a tu cónyuge con todo el corazón. Ríe. Celebra. ¡Diviértete!

Si tuviera que reducir estos tres versículos a una sola palabra, sería la palabra, disfruta. Profundicemos un poco más en lo que Salomón nos exhorta a disfrutar.

Comienza el versículo 7 con la orden: "Ve". En otras palabras, no te quedes sentado y enfurruñado por el hecho de que algún día morirás. ¡Levántate de la cama cada mañana y vive! Luego continúa diciéndonos qué disfrutar: las comidas (v. 7), las celebraciones (v. 8) y el matrimonio (v. 9).

En el versículo 8, las ropas blancas y el aceite son una referencia judía a ponerse las mejores ropas y perfume, algo que se hace en días especiales de celebración. ¿Qué pasaría si abordáramos cada día como una celebración? ¿No cambiaría eso la forma en que vivimos?

Solo una nota para aquellos que no están casados y podrían pensar que pueden saltarse el versículo 9. La aplicación más amplia del punto de Salomón es disfrutar las relaciones que tenemos con las personas que nos rodean. Las amistades, como el matrimonio, son uno de los regalos que Dios nos da para ayudarnos a disfrutar la vida.

Presionemos el botón de pausa por un momento y enfrentemos un problema real. Por alguna razón, muchos creyentes tienden a ser cautelosos ante cualquier cosa placentera. A algunos de nosotros se nos ha enseñado a pensar que, si nos sentimos bien, probablemente sea pecado. Pero ¿cómo reconciliamos ese modo de pensar con la vida de gozo que Dios nos ha prometido? ¿Debemos simplemente caminar miserables para poder estar seguros de que estamos siendo santos? Akin y Akin brindan una perspectiva aquí:

> A pesar de la gran parte del pensamiento cristiano estadounidense contemporáneo, Dios no es un aguafiestas cósmico. A muchos se les dio la impresión, mientras crecían, de que el cristianismo nos enseña a rechazar la visión "mundana" de que la felicidad viene por la suma (es decir, agregar más dinero, cosas y placer a la vida...), y en cambio, la Biblia enseña que la felicidad viene por la resta. (resta todo lo que disfrutes de tu vida porque eso es lo que Dios quiere) ...Eso no es cristianismo. [7]

Antes de que te preocupes de que me esté yendo hacia el lado hedonista de "sigue tu corazón/haz lo que te haga feliz", déjame enderezar un poco este rumbo y recordarnos quiénes somos en esencia.

2. Lea Jeremías 17:9 y Gálatas 5:17. ¿Qué nos dicen estos pasajes acerca de los peligros de nuestros deseos?

Los seres humanos tenemos una larga historia, que se remonta a nuestros orígenes en el Jardín del Edén, de tomar lo que Dios ha bendecido, llamado santo y bueno, y nos ha proporcionado por su gracia y generosidad, y convertirlo en un ídolo. Eva tomó el fruto prohibido porque, en última instancia, quería ser como Dios (Génesis 3:5-6). Los israelitas, provistos del oro del botín de los egipcios, construyeron un becerro de oro para adorar (Éxodo 32). David, ebrio de poder en la posición que Dios le había dado, tomó la esposa de otro hombre y su vida se salió de control (2 Samuel 11).

Dios, en su gracia, nos ha dado dones para disfrutar, pero no deberían ser el lugar donde encontremos nuestro gozo. La creación nunca podrá satisfacer nuestras necesidades como puede hacerlo el Creador. Dios nos ha dado todo lo que necesitamos para la vida y la piedad (2 Pedro 1:3). El problema surge cuando consideramos que este mundo es dador de vida. Como dice Tripp: "Si eres cristiano, pero no sabes quién eres o qué te ha sido dado, buscarás frenéticamente lo que ya te ha sido dado en Cristo. Buscarás horizontalmente (a personas y situaciones) lo que ya te ha sido dado verticalmente". [8]

> La creación nunca podrá satisfacer nuestras necesidades como puede hacerlo el Creador.

¿Entonces, qué vamos a hacer? Como cristianos que deseamos agradar a Dios y vivir en sintonía con sus caminos (no estarías haciendo un estudio como este si ese no fuera el verdadero deseo de tu corazón), ¿cómo podemos asegurarnos de vivir una vida santa y al mismo tiempo disfrutar de ella?

Plantador de semillas

Esta semana, esté alerta a la oportunidad de compartir a Cristo con alguien. Una excelente manera de interactuar con alguien es preguntarle: "¿Qué crees que sucede después de que morimos?" Puedes explicar lo que has estado estudiando esta semana en Eclesiastés. Comparta que el quebrantamiento de nuestras vidas nos recuerda que el buen diseño de Dios fue quebrantado por el pecado. No importa cuánto intentemos solucionarlo por nuestros medios, nada bajo el sol puede hacerlo. Sólo Jesús puede reparar nuestra relación con Dios que fue cortada por el pecado. Cuando nos arrepentimos de nuestros pecados y ponemos nuestra fe en Él para que nos perdone y nos sane, Él puede salvarnos. A través de Su muerte, sepultura y resurrección, Él puede restaurarnos al buen diseño que Dios creó simplemente por su gracia y misericordia hacia nosotros... ¡Y ese es el evangelio en pocas palabras!

Realmente sólo hay una manera, y es vivir *Con la Vista en la Eternidad*.

3. En términos prácticos, ¿cuáles son algunas maneras en que podemos disfrutar la vida mientras vivimos *Con la Vista en la Eternidad*?

Recientemente, tuve un día difícil por delante en el trabajo. Honestamente, desde el momento en que me desperté, supe que iba a ser un día maratónico y solo quería esconderme debajo de las sábanas. A veces, esos días, llego al final y pienso: "Ok, no estuvo tan mal". Pero este día en particular fue, de hecho, así de malo. Sin embargo, cuando terminó y me dejé caer en el sofá, abrí Instagram y vi una publicación de una de mis cuentas favoritas.

El Servicio de Parques Nacionales ha dominado el arte de combinar fotografía con leyendas entretenidas. En este día en particular, publicaron una foto impresionante de la puesta de sol en el Parque Nacional Grand Teton (uno de mis parques favoritos) con una leyenda que decía: "La puesta de sol es la forma en que la vida dice: 'Buen trabajo'. Sobreviviste hoy. Aquí hay algo bonito'". [9]

En momentos como ese, estoy muy agradecido por la voluntad de Dios de encontrarse conmigo en los pequeños caminos. Y en esos momentos, es crucial que me detenga y le agradezca sus buenos regalos: por ayudarme a pasar el día, por las puestas de sol e incluso por las publicaciones de Instagram en el momento perfecto. Y recordar que "Dios se complace en [mi] placer" (Eclesiastés 9:7, MSG). Dios sonríe cuando yo sonrío... eso me encanta. ¡Qué manera cíclica de vivir! Piénsalo. Tú sonríes, Él sonríe, y tú sonríes porque Él sonríe, y Él sonríe porque tú sonríes, una y otra vez, hasta el día en que estés frente a la luz de su rostro amoroso y sonriente.

"Me darás a conocer la senda de la vida; En Tu presencia hay plenitud de gozo; En Tu diestra hay deleites para siempre."
Salmo 16:11, NBLA

Día Tres | Eclesiastés 9:10-12

Nos acercamos al final de nuestro tiempo en Eclesiastés y ahora nos hemos dado cuenta de la idea de que él está escribiendo mientras reflexiona sobre su vida. Está rebobinando la cinta y evaluando todas sus experiencias. Y algo importante que debemos recordar: Salomón era el hombre más sabio de la tierra. En nuestro texto de ayer, el rey sabio nos dijo que disfrutemos de nuestras comidas, celebraciones y relaciones. Veamos qué podemos aprender hoy de su sabiduría y experiencia.

Comencemos hoy leyendo la primera mitad de Eclesiastés 9:10.

1. ¿Qué actitud debemos tener hacia nuestro trabajo? (v. 10a)

Wiersbe escribe: "'Hazlo según tus fuerzas' (NBLA) sugiere dos cosas: haz lo mejor que puedas y hazlo mientras aún tengas fuerzas". [10]

2. ¿Cuáles son algunas formas prácticas de hacer "lo que tu mano encuentre para hacer... según tus fuerzas"?

En Colosenses 3:23, Pablo nos instruye: "Hagas lo que hagas, hazlo de todo corazón, como para el Señor y no para los hombres". La combinación de hacer nuestro trabajo "según nuestras fuerzas", como dice Salomón, junto con la exhortación de Pablo a hacerlo "de todo corazón, como para el Señor" es la clave para disfrutar, al máximo, cualquier trabajo que Dios tenga para nosotros. Cuando damos todo de nosotros a las tareas que tenemos por delante, ¡no hay límite para lo que Dios puede hacer en nosotros y a través de nosotros!

Ahora, lea el resto del versículo 10.

3. ¿Qué razón da Salomón para hacer lo mejor que podemos en todo lo que hacemos? (v. 10b)

La palabra hebrea *Seol* Se refiere a la morada de los muertos. [11] ¡Salomón parece decidido a no dejarnos olvidar que vamos a morir! Pero aquí está el giro que convierte esta noticia en una bendición: aún no estás muerto. Puede que no te des cuenta de esto o no lo creas, pero tienes un propósito dado por Dios para tu vida. No importa cuán mundano parezca tu día, Dios, en Su soberanía, decidió despertarte esta mañana. Habrá una mañana en la que no te despertarás (ese es el duro hecho del que Salomón es muy consciente en este momento de su vida), pero ese día no es hoy. Entonces, ¿qué vas a hacer al respecto? Quizás la forma de vivir bien sea dedicar nuestro tiempo a morir bien.

David Gibson lo dice de esta manera:

> Morir bien significa que me doy cuenta de que la muerte no es simplemente algo que me sucede a mí; Me pasa porque soy pecador. Me doy cuenta de que, en cierto sentido, causé mi propia muerte. Morir bien significa que me doy cuenta de que cada vez que veo un ataúd, me predica que el mundo está roto, caído y bajo la maldición de la muerte, y yo soy parte de ello. Significa que me doy cuenta de que Dios no me debe treinta años y diez. Es sólo por su misericordia que hoy no estoy consumido. [12]

Si nos damos cuenta de que en realidad es la misericordia de Dios la que nos ha despertado hoy, entonces esa es una razón más para vivir este día "con todas nuestras fuerzas".

4. Lea Salmo 90:12. ¿Qué significa "contar nuestros días"?

El libro, *Lo Único Que No Puedes Hacer en el Cielo,* tiene el título más intrigante. ¡Pensé que podríamos hacer todo en el Cielo! Pero la premisa de este libro es que lo único que no puedes hacer en el cielo es compartir a Jesús con tus amigos perdidos. Una vez que hayas muerto, no sólo será demasiado tarde para compartir el evangelio, sino que también será demasiado tarde para que tus amigos perdidos escuchen el evangelio de tu boca. Contar nuestros días significa hacer que cada momento cuente por el bien de la eternidad. Vivir nuestros días Con la Vista en la Eternidadsignifica hacer todo lo posible para ver a tantas personas como podamos venir a Cristo, compartiendo la Palabra de Dios a través del poder del Espíritu Santo.

> Quizás la forma de vivir bien sea dedicar nuestro tiempo a morir bien.

5. Lea 1 Corintios 1:26-29. ¿Cómo nos equipa Dios para esta tarea que tenemos por delante?

Volvamos a Eclesiastés y leamos 9:11-12.

Ahora que Salomón ha logrado dejar claro que la muerte es segura, quiere asegurarse de que entendamos que la vida es igualmente incierta.

6. Enumere los cinco ejemplos que da Salomón en el versículo 11.

-
-
-
-
-

Salomón nos recuerda una vez más que la vida no siempre es justa. Al escritor que hay en mí le encanta cómo está escrito. Es tan poético. Pero, si se supone que debemos trabajar con "todas [nuestras] fuerzas", ¿de qué sirve si nuestras habilidades no nos llevarán a ninguna parte? ¿Está diciendo Salomón que, incluso al aplicar los dones que Dios nos ha dado, simplemente estamos haciendo girar nuestras ruedas? No me parece.

7. Lea Proverbios 19:21, también escrito por Salomón. Escribe este versículo a continuación.

En este mundo imperfecto, suceden cosas. Los planes se interrumpen. Puede que estemos navegando en el océano del éxito y, de repente, nos sobrevenga una tormenta. Gibson nos da cierta claridad sobre la redacción de Eclesiastés 9:11: "La palabra 'suerte' aquí es una mala traducción; es literalmente: "el tiempo y los acontecimientos les suceden a todos". Es decir, surgen situaciones, cambian las circunstancias, ocurren imprevistos". [13]

¿Eso significa entonces que Dios no es soberano? ¿Qué pasó con "todas las cosas ayudan a bien"? (Romanos 8:28). Aquí es cuando es crucial estudiar las Escrituras con "todo el consejo de la Palabra de Dios". Sí, Dios es soberano. Sí, Él obra todas las cosas para bien. Y Él dirige nuestros pasos. Pero también vivimos en un mundo fracturado. Uno en el que "tendréis aflicciones" (Juan 16:33). Y sí, como nos dice Salomón en el versículo 12, incluso habrá momentos en que el sufrimiento repentino "caerá sobre nosotros" debajo del sol.

Vivimos en una época en la que la ansiedad y el miedo son rampantes. Estamos ansiosos por la reunión que tenemos mañana. Tenemos miedo de que nuestros adolescentes aprendan a conducir. Nos preocupa que se produzca el peor de los casos. Y muchos de nosotros hemos vivido lo suficiente para saberlo: a veces, lo que parece ser lo peor puede sucedernos, y de hecho nos sucede. Pero ¿qué pasaría si, en aquellos tiempos, nos adentráramos en una perspectiva eterna y nos aferráramos a la verdad de Efesios 3:20: "Y al que es poderoso para hacer mucho más abundantemente de lo que pedimos o entendemos"? ¿Qué pasaría si siguiéramos creyendo que Dios todavía está obrando para bien? ¿Incluso cuando no lo vemos, incluso cuando no lo sentimos?

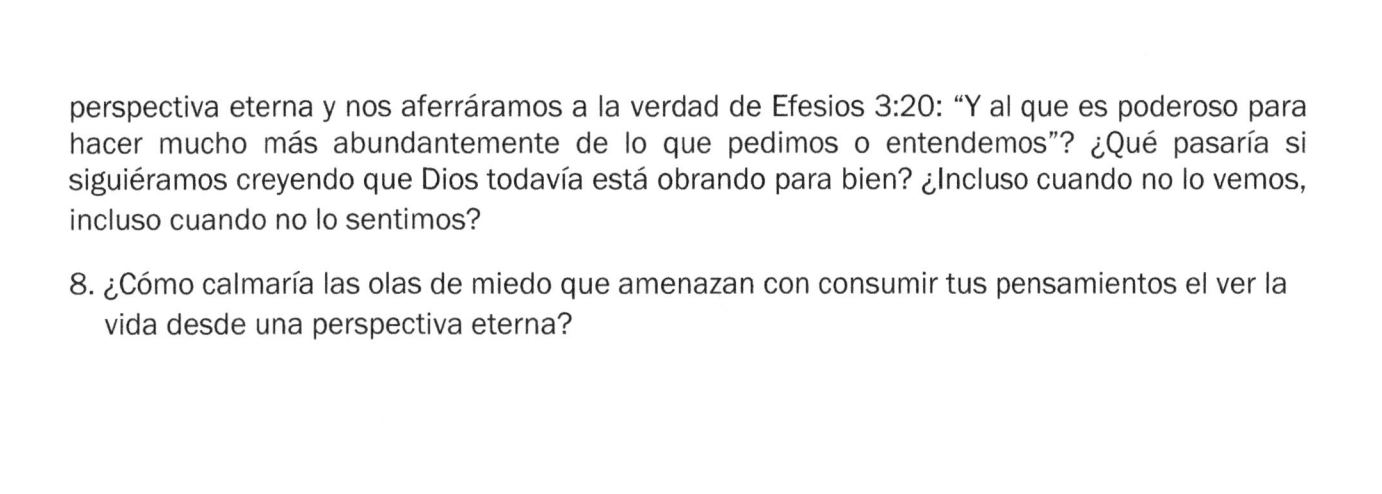

8. ¿Cómo calmaría las olas de miedo que amenazan con consumir tus pensamientos el ver la vida desde una perspectiva eterna?

Cuando el peso del mundo se sienta aplastante, inclínate hacia el Padre y recuerda:

Aunque las montañas se trasladen al mar
Aunque el suelo debajo podría desmoronarse y ceder
Puedo escuchar a mi padre cantando sobre mí
"Todo estará bien, todo estará bien". [14]

Día Cuatro | Eclesiastés 9:13-18

Los predicadores suelen utilizar ilustraciones para ayudar a su audiencia a comprender lo que están diciendo. En Eclesiastés 9:13-18, Salomón, "el Predicador", comparte una historia con una perspectiva "por encima del sol" para ilustrar el valor de la sabiduría en medio de la incertidumbre de la vida.

Leamos Eclesiastés 9:13-18 de la *Nueva Biblia de Las Américas*:

> "También esto llegué a ver como sabiduría bajo el sol, y me impresionó: Había una pequeña ciudad con pocos hombres en ella. Llegó un gran rey, la cercó y construyó contra ella grandes baluartes. Pero en ella se hallaba un hombre pobre y sabio; y él con su sabiduría libró la ciudad; sin embargo, nadie se acordó de aquel hombre pobre. Y yo me dije: "Mejor es la sabiduría que la fuerza". Pero la sabiduría del pobre se desprecia Y no se presta atención a sus palabras. Las palabras del sabio oídas en quietud son mejores que los gritos del gobernante entre los necios. Mejor es la sabiduría que las armas de guerra, Pero un solo pecador destruye mucho bien."

En la historia de Salomón, un hombre pobre vive en una pequeña aldea escasamente poblada que es atacada por un gran rey con un poderoso ejército. En lo que era una táctica de guerra popular en ese momento, el rey hizo que sus soldados construyeran barreras alrededor de la ciudad para que nada pudiera entrar o salir. Sin acceso a alimentos ni agua, la gente de la ciudad se vería obligada a rendirse o morir. Pero esta ciudad tiene un arma que el rey no conoce: el hombre pobre pero sabio. No sabemos cómo, pero este hombre usa su sabiduría para burlar al rey y salvar el pueblo.

1. ¿Cómo dice Salomón que le impactó esta historia? (v. 13)

Hagamos un breve resumen de los hechos de la historia de Salomón.

2. ¿Por qué el pueblo es el desvalido en esta historia? (vv. 14-15)

3. ¿Quién resultó ser el improbable héroe de la historia? (v. 15)

4. ¿Cuál fue su recompensa por salvar el pueblo? (v. 15)

Al sabio nunca se le celebra con un desfile de teletipos. La ciudad no recibe el nombre de su honor. No hay ninguna placa en la muralla de la ciudad que exprese su gratitud. ¿El punto de Salomón es que la sabiduría no sirve de nada si no se te reconoce? De nada.

5. En los versículos 16-18, Salomón enumera tres cosas que la sabiduría es mejor. ¿Qué son?

-
-
-

6. ¿Qué lecciones podemos aprender de la ilustración de Salomón y sus conclusiones? (vv. 13-18)

En la vida debajo del sol, las personas con sabiduría divina a menudo pasan desapercibidas. Vemos a estas personas sirviendo en nuestras iglesias, escuelas, comunidades y en el campo misionero. Visitan a los enfermos y alimentan a los hambrientos. Escuchan a los que están sufriendo y consuelan a los que están afligidos. Estas personas viven con una claridad previsora hacia la eternidad en lugar de aferrarse al valor miope de una perspectiva terrenal.

El sabio de la ilustración de Salomón me recuerda una historia que cuenta Ray Steadman:

> Un matrimonio de ancianos misioneros había estado trabajando en África durante años y regresaban a la ciudad de Nueva York para jubilarse. No tenían pensión; su salud estaba quebrantada; estaban derrotados, desanimados y asustados. Descubrieron que estaban viajando en el mismo barco que el presidente Teddy Roosevelt, que regresaba de una de sus expediciones de caza mayor.
>
> Nadie les prestó mucha atención. Observaron la fanfarria que acompañó al séquito del presidente, con los pasajeros tratando de vislumbrar al gran hombre.

Lección Ocho | 249

Mientras el barco cruzaba el océano, el anciano misionero le dijo a su esposa: "Algo anda mal. ¿Por qué deberíamos haber dado nuestras vidas en fiel servicio a Dios en África durante todos estos años y que a nadie le importemos en absoluto? Aquí este hombre regresa de un viaje de caza y todo el mundo lo admira, pero a nadie le importamos para nada.

"Querido, no deberías sentirte así", dijo su esposa.

"No puedo evitarlo; no me parece bien", respondió el marido.

Cuando el barco atracó en Nueva York, una banda estaba esperando para saludar al presidente. Allí se encontraban el alcalde y otros dignatarios. Los periódicos estaban llenos de la llegada del Presidente, pero nadie se dio cuenta de esta pareja de misioneros. Bajaron del barco y encontraron un piso barato en el lado este, con la esperanza de ver al día siguiente qué podían hacer para ganarse la vida en la ciudad.

Esa noche, el espíritu del hombre se quebró. Le dijo a su esposa: "No puedo soportar esto; Dios no nos está tratando justamente".

Su esposa respondió: "¿Por qué no vas al dormitorio y le cuentas eso al Señor?"

Poco tiempo después salió del dormitorio, pero ahora su rostro era completamente diferente. Su esposa preguntó: "Querido, ¿qué pasó?"

"El Señor me hizo entender", dijo. "Le dije lo amargado que estaba de que el Presidente recibiera este tremendo regreso a casa, cuando nadie nos recibió cuando regresamos a casa. Y cuando terminé, pareció como si el Señor pusiera su mano sobre mi hombro y simplemente dijera: '¡Pero aún no estás en casa!'" [15]

¡Oh, si pudiéramos aferrarnos a ese pensamiento: todavía no estamos en casa! La vida aquí, con toda su injusticia, es meramente una preparación para la vida eterna que está por venir. Como dijo Jesús a sus discípulos la noche anterior al día más injusto de la historia del mundo:

> No se turbe su corazón; crean en Dios, crean también en Mí. En la casa de Mi Padre hay muchas moradas; si no fuera así, se lo hubiera dicho; porque voy a preparar un lugar para ustedes. "Y si me voy y les preparo un lugar, vendré otra vez y los tomaré adonde Yo voy; para que donde Yo esté, allí estén ustedes también. (Juan 14:1-3, NBLA)

Un día, la injusticia del mundo, junto con la muerte misma, serán absorbidas por la victoria de Jesús (1 Corintios 15:54). Pero, hasta entonces, ¿cómo vivimos? Aprendemos a caminar por fe en la victoria que aún no vemos, pero que sentimos en nuestro corazón: vivimos con la vista en la eternidad. Éste es el camino de la verdadera sabiduría. Hacemos caso omiso de las injusticias de la vida y la inevitabilidad de la muerte y sintonizamos nuestros oídos con el canto de la eternidad en nuestros corazones (Eclesiastés 3:11).

Como misionera en la India, la oración de Amy Carmichael fue que el Señor permitiera que su vida trajera la luz del cielo a la tierra:

> Antes de que cesen los vientos que soplan,
> Enséñame a habitar en tu calma;
> Antes de que el dolor haya pasado en paz,
> Dame, Dios mío, el cantar un salmo.
> No me dejes perder la oportunidad de demostrar
> La plenitud del amor habilitante,
> Oh Amor de Dios, haz esto por mí:
> Mantén una victoria constante.
>
> Antes de dejar la tierra desértica
> Por prados de flores inmortales,
> Guíame donde fluyen a tu orden
> Fluye por las fronteras de las horas,
> Que cuando venga el sediento,
> Pueda mostrarles las fuentes en el camino.
> Oh Amor de Dios, haz esto por mí:
> Mantén una victoria constante. [16]

Que su oración sea nuestra oración hoy y que lo siga siendo durante todos nuestros días.

Día Cinco | Muerte, ¿dónde está tu aguijón?

¿Tan difícil la vida "en el capullo de espera antes de que comience la eternidad"? [17] Salomón conocía bien la tensión que existe al vivir debajo del sol. Luchó esta batalla constantemente: queriendo disfrutar de los placeres de la vida, pero más bien deseando una vida que tuviera verdadero significado. ¿Suena familiar?

1. Vuelva a mirar Gálatas 5:17. Describe la relación entre nuestra carne y el Espíritu.

2. ¿De qué manera experimentas este conflicto dentro de ti mientras vives debajo del sol?

John Mark Comer explica cómo esto afecta nuestro caminar diario con Cristo:

> Por eso, seguir a Jesús a menudo se siente como una guerra. Lo es. No es fácil avanzar diariamente hacia el Reino de Dios porque hay oposición del mismo diablo... Sentimos esta oposición todos los días. En esa persistente tensión interior mientras nos debatimos entre los deseos opuestos del amor y la lujuria, la honestidad y la salvación, el autocontrol y la indulgencia. [18]

Comer continúa,

> Aprender de Jesús es convertirse en soldado en una guerra. Una en la que la victoria a largo plazo esté asegurada, sí, pero todavía tenemos muchas batallas en el camino a Berlín, sin una Suiza donde escondernos. Como dijo sabiamente CS Lewis: "No hay terreno neutral en el universo: cada centímetro cuadrado, cada fracción de segundo, es reclamado por Dios y contrademandado por Satanás". [19]

El deseo de Satanás es mantenernos enfocados en las cosas debajo del sol. Él pone las cosas de este mundo frente a nosotros, con la esperanza de desviarnos de las cosas que realmente importan. Nos atrae con lo temporal para impedirnos perseguir lo eterno. ¿Por qué? Porque está en el negocio de la muerte. Antes de su aparición deslizándose en el Jardín en Génesis 3, la muerte no existía. Pero luego de la caída, la muerte, tanto física como espiritual, fue consecuencia del pecado.

Y no sólo está satisfecho de que la muerte exista. Como dice Comer, su "objetivo final es propagar la muerte". [20]

Como dijo Jesús,

> "Él fue un asesino desde el principio, y no se ha mantenido en la verdad porque no hay verdad en él. Cuando habla mentira, habla de su propia naturaleza, porque es mentiroso y el padre de la mentira." (Juan 8:44, NBLA)

En una antítesis completa, Jesús vino a dar vida: "El ladrón [una referencia a Satanás] viene sólo para hurtar, matar y destruir; Yo vine para que tengan vida, y la tengan en abundancia" (Juan 10:10). En esencia, Jesús dice: "Mi propósito es traerles vida en toda su plenitud". En Él, no tenemos que esperar la eternidad para vivir una vida eterna (abundante). Dallas Willard escribe:

> Jesús se ofrece a sí mismo como puerta de Dios a la vida que es verdaderamente vida. La confianza en él nos lleva hoy, como en otros tiempos, a convertirnos en sus aprendices en la vida eterna. "Aquellos que pasen por mí estarán a salvo", dijo. "Entrarán y saldrán y encontrarán todo lo que necesitan. He venido a su mundo para que tengan vida, y vida hasta el límite". [21]

En otras palabras, la vida eterna no es principalmente duración sino calidad de vida, es vivir la vida hasta el límite. Esta es la vida que Salomón estaba buscando. Una vida que no nos pueden robar, una vida centrada en la Vida misma. "En él estaba la vida", dijo el apóstol Juan de Jesús, "y la vida era la luz de los hombres" (Juan 1:4).

Comenzamos la lección de esta semana haciendo la pregunta: "Muerte, ¿dónde está tu aguijón?" Gracias a Jesús, la muerte pierde su aguijón. Gracias a Él, cada recordatorio de la muerte, para el creyente, es un recordatorio del cielo y del paraíso eterno que le espera. Este extracto del libro devocional de Tripp, *New Morning Mercies,* se leyó en el funeral de mi padre:

> El llanto de un bebé que enfrenta un dolor que no comprende es un llanto por el paraíso. Las lágrimas de un niño pequeño del que se han burlado en el patio de recreo son lágrimas por el paraíso. La ira de un adolescente al que le han robado el iPad es un grito al paraíso. La frustración de un joven profesional con un jefe que nunca parece estar satisfecho es un grito al paraíso. El dolor de una joven esposa que extraña a su exmarido es un grito al paraíso. El mal humor de un anciano cuyo cuerpo ya no funciona como antes es un grito al paraíso. Todos gemimos, y esos gemidos son gritos por un mundo mejor. [22]

3. ¿Cuál es tu grito por el paraíso? ¿Cuál es tu mayor punto de dolor hoy?

4. Cada lucha, cada lágrima, cada dolor es un indicador de que este mundo no es nuestro hogar: un grito por la eternidad. ¿Cómo puedes cambiar tu enfoque de un grito de dolor a un grito por el paraíso?

El Viernes Santo, hace varios años, John Piper publicó una conversación hipotética entre la Muerte y un cristiano:

> CRISTIANO: Hola, Muerte, mi vieja enemiga. Mi antiguo amo de esclavos. Has venido para hablar conmigo otra vez? ¿Para asustarme? No soy la persona que crees que soy. No soy con quien solías hablar. Algo ha pasado. Déjame hacerte un pregunta, Muerte. ¿Dónde está tu aguijón?
>
> MUERTE (con desdén): Mi aguijón es *tu* pecado.
>
> CRISTIANO: Lo sé, Muerte. Pero eso no es lo que te pregunté. Te pregunté, ¿dónde está tu aguijón? Sé *lo que* es. Pero dime *dónde* está. ¿Por qué estás inquieta, Muerte? ¿Por qué miras hacia otro lado? ¿Por qué te das vuelta para irte? Espera, Muerte, no has respondido a mi pregunta. ¿Dónde está tu aguijón? ¿Dónde está *mi* pecado? ¿Qué? ¿No tienes respuesta? Pero, Muerte, ¿por qué no tienes respuesta? ¿Cómo me aterrorizarás si no tienes respuesta?
>
> Oh Muerte, te diré la respuesta. ¿Dónde está tu aguijón? ¿Dónde está mi pecado? Está colgado de esa cruz. Dios hizo a Cristo pecado – mi pecado. Cuando murió, la pena por mi pecado fue pagada. Su poder se rompió. No lo soporto más. Adiós, muerte. No es necesario que vuelvas a aparecer aquí para asustarme. Dios te dirá cuándo venir la próxima vez. Y cuando vengas, serás su siervo. Para mí, no tendrás ningún aguijón.
>
> *¿DÓNDE ESTÁ, OH MUERTE, TU VICTORIA?*
> *¿DÓNDE, OH SEPULCRO, TU AGUIJÓN?*
> *El aguijón de la muerte es el pecado,*
> *y el poder del pecado es la ley;*
> *pero a Dios gracias, que nos da la victoria*
> *por medio de nuestro Señor Jesucristo.* (1 Corintios 15:55–57, NBLA) [23]

¡Aleluya! En Cristo, la muerte ha perdido su aguijón. El poder del pecado ha sido quebrantado. Y podemos vivir hoy en victoria *Con la Vista en la Eternidad*.

Lección Nueve

¿Por qué hay moscas muertas en el perfume?
Eclesiastés 10

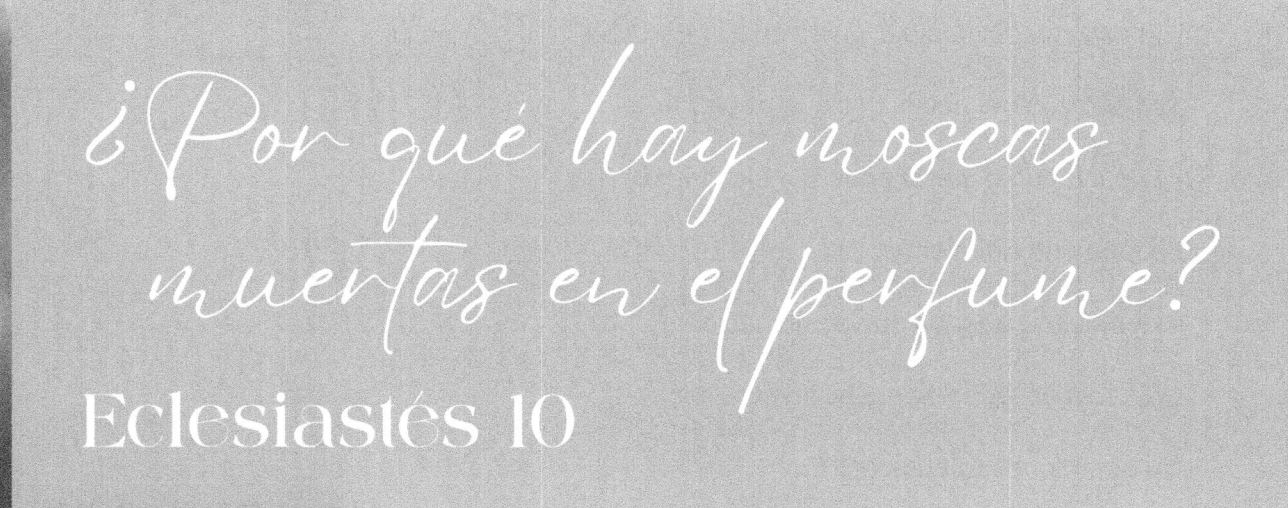

Se Sabio. Sigue a Dios con todo tu corazón. [1]
~ Charles Swindoll

Eclesiastés 10

¹ Las moscas muertas hacen que el ungüento del perfumista dé mal olor;

Un poco de insensatez pesa más que la sabiduría y el honor.

² El corazón del sabio lo guía hacia la derecha,

Y el corazón del necio, hacia la izquierda.

³ Aun cuando el necio ande por el camino,

Le falta entendimiento

Y demuestra a todos que es un necio.

⁴ Si la ira del gobernante se levanta contra ti,

No abandones tu puesto,

Porque la serenidad suaviza grandes ofensas.

⁵ Hay un mal que he visto bajo el sol,

Como error que procede del gobernante:

⁶ La necedad colocada en muchos lugares elevados,

Mientras los ricos se sientan en lugares humildes.

⁷ He visto siervos a caballo

Y príncipes caminando como siervos sobre la tierra.

⁸ El que cava un hoyo cae en él,

Y al que abre brecha en un muro, lo muerde la serpiente.

⁹ El que saca piedras, puede lastimarse con ellas,

Y el que corta leña, puede lesionarse con ella.

¹⁰ Si el hierro está embotado y él no ha amolado su filo,

Entonces tiene que ejercer más fuerza;

La sabiduría tiene la ventaja de impartir éxito.

¹¹ Si la serpiente muerde antes de ser encantada,

No hay ganancia para el encantador.

¹² Llenas de gracia son las palabras de la boca del sabio,

Mientras que los labios del necio a él lo consumen,

¹³ El comienzo de las palabras de su boca es insensatez,

Y el final de su habla perversa es locura.

¹⁴ El necio multiplica las palabras,

Pero nadie sabe lo que sucederá,

¿Y quién le hará saber lo que ha de suceder después de él?

¹⁵ El trabajo del necio lo cansa tanto

Que no sabe ir a la ciudad.

¹⁶ ¡Ay de ti, tierra, cuyo rey es un muchacho,

Y cuyos príncipes banquetean de mañana!

¹⁷ Bienaventurada tú, tierra, cuyo rey es de noble cuna

Y cuyos príncipes comen a su debida hora,

Para fortalecerse y no para embriagarse.

¹⁸ Por negligencia se hunde el techo,

Y por pereza tiene goteras la casa.

¹⁹ Para el placer se prepara la comida,

Y el vino alegra la vida,

Y el dinero es la respuesta para todo.

[20] Ni aun en tu recámara maldigas al rey,

Ni en tus alcobas maldigas al rico,

Porque un ave de los cielos llevará el rumor,

Y un ser alado hará conocer el asunto.

¿Por qué hay moscas muertas en el perfume?

En Eclesiastés 10, Salomón comienza su marcha hacia la conclusión del libro mientras recuerda una vez más a sus lectores los beneficios de la sabiduría y el peligro de la necedad. En nuestra lección, descubriremos algunas similitudes sorprendentes con Proverbios a medida que profundizamos en el mensaje de Salomón sobre la importancia de permanecer firmes sobre el fundamento de la sabiduría y evitar la trampa de la necedad. Por experiencia personal, Salomón ha aprendido que no existe solo una línea divisoria entre la sabiduría y la locura, sino que es más bien un profundo abismo. Y nos advierte que nos mantengamos alejados del límite.

Como ha afirmado repetidamente Salomón, la vida es corta y fugaz. Aparte de Dios, no tiene sentido y nos deja vacíos, con ganas de más. Salomón lo sabe muy bien. Cada intento de satisfacer su alma con placeres, poder y riqueza era simplemente una solución temporal.

Pero las soluciones temporales son sólo eso, temporales. No duran. No satisfacen.

La única solución permanente al vacío en nuestras vidas es la cruz de Jesucristo. Sólo Jesús satisface, suple cada necesidad y nos sostiene para caminar por este camino de la vida hasta encontrarnos con Él cara a cara. Este mensaje es una locura para el mundo, pero para aquellos de nosotros que somos salvos, es el poder mismo de Dios (1 Corintios 1:18). Las siguientes verdades sobre la cruz deberían servirnos como fundamento firme:

> La cruz… es un acontecimiento trinitario; es el centro de la historia de las Escrituras; redefine el poder en el Reino; inaugura

el nuevo pacto; vence el pecado y la muerte; vence al diablo; es sustitutivo; es necedad para el mundo; trae paz, reconciliación y unidad; es el orden de marcha para los cristianos. [2]

Como seguidores de Cristo, debemos vivir con un santo temor, reverencia y temor de Dios. Este es el principio de la sabiduría (Proverbios 9:10).

Comience su estudio con esta oración:

Abre mis ojos, Señor, para ver la verdad.
En ti están escondidos todos los tesoros de la sabiduría y el conocimiento.
Necesito sabiduría, por eso te la pido, porque eres generoso y me la darás.
Enséñame a contar mis días, para que adquiera un corazón de sabiduría.
En el nombre de Jesús, Amén. [3]

> La única solución permanente al vacío en nuestras vidas es la cruz de Jesucristo.

Día Uno | Eclesiastés 10:1-3

Tómate unos momentos para leer Eclesiastés 10 en su totalidad. Mientras lee, resalte las palabras clave que observe en el capítulo.

1. En una o dos oraciones, ¿cuál es la idea central (el tema) en Eclesiastés 10?

La idea central: Eclesiastés 10

2. Enumere las palabras clave en Eclesiastés 10.

Palabras claves en Eclesiastés 10

3. ¿Cuántas veces usa Salomón las palabras "necio", "necios", "necedad" o "locura" en este capítulo?

En Proverbios, Cantares de los Cantares y Eclesiastés, utiliza estas palabras un total de 128 veces. Salomón tiene buen ojo para la sabiduría y también reconoce lo contrario cuando la ve.

Lección Nueve | 263

¿Has oído la expresión "Una papa podrida estropea toda la bolsa"? ¿Alguna vez te has preguntado qué significa? Me encontré con este artículo que explica el proceso científico detrás del dicho:

> ¿Hay algo de verdad en la expresión "una papa podrida estropea toda la bolsa"? Puedes apostar. Porque una vez que una papa se pudre o sufre daños físicos (es decir, un hematoma), produce etileno, lo que a su vez provoca un ligero aumento de la temperatura interna, lo que provoca la descomposición de la clorofila y la síntesis de otros pigmentos. El almidón de la fruta se convierte en azúcares simples y, al mismo tiempo, la pectina, un componente de la fibra que cementa las paredes celulares, comienza a desintegrarse, ablandando así el tejido. Una vez que esto sucede, se inicia una reacción en cadena, estimulando el proceso en otras papas. [4]

Y antes de que te des cuenta, ¡toda la bolsa está arruinada!

Al final de Eclesiastés 9, Salomón nos recordó que, así como un hombre con sabiduría puede derrotar a un ejército poderoso, "un pecado puede destruir mucho" (v. 18b). Y un solo pecado puede causar mucho daño.

Mientras respondemos a la pregunta "¿Por qué hay moscas muertas en el perfume?", profundicemos y veamos cuán dañina puede ser una pequeña necedad.

Lea Eclesiastés 10:1.

4. Resume el versículo 1 con tus propias palabras.

Piensa en tu perfume favorito, el que guardas para ocasiones especiales y lo utilizas con moderación. Luego contempla lo que pasaría si las moscas quedaran atrapadas en él y murieran. No pasaría mucho tiempo antes de que ese agradable aroma se convirtiera en algo bastante ofensivo y digno de tirar a la basura, ¿no es así? Y sospecho que no harían falta muchas moscas para crear semejante hedor.

Salomón se esfuerza por exponer aquí un punto audaz y lo consigue. Al considerar nuestras elecciones y enseñar a quienes vienen detrás de nosotros, nos correspondería considerar el poder de incluso una pequeña tontería.

El diablo es tan astuto y maquinador. Él susurra mentiras en nuestras mentes que nos llevan a minimizar el pecado o categorizarlo como "pequeño", y antes de que nos demos cuenta, se crea un desastre. Lo más probable es que todos conozcamos a alguien que haya sido víctima de esta táctica tan común del enemigo. En tan solo un momento de tontería, una elección pecaminosa daña una reputación, un matrimonio, una familia o una vida. Después, es desgarrador ver la destrucción que sigue y cuán generalizada puede ser. Así como una papa arruina una bolsa entera y una mosca agria un frasco de perfume, también lo es el impacto devastador de un solo pecado.

5. ¿Cuáles son algunos ejemplos de las mentiras que creemos que nos hacen caer en pecado?

6. ¿De qué manera puede ayudarnos la verdad contenida en los siguientes versículos a evitar "moscas muertas en el perfume"?

- Salmo 51:10

- Salmo 119:9

- Proverbios 4:23

- Isaías 26:3

- Efesios 6:10-18

- Filipenses 4:6-7

Nuestras decisiones pecaminosas, un poco de tontería, no sólo nos afectan a nosotros, sino que también impactan la vida de los demás. Cuando pecamos, a veces creemos: "Esto no hace daño a nadie más". Si te encuentras pensando eso, detente inmediatamente. Tu pensamiento erróneo es mentira del maligno. Nuestro pecado nunca nos daña sólo a nosotros. En palabras de J. Vernon McGee, "Un poco de locura, un poco de necedad, eso es todo lo que se necesita. Puede ser algo que puede arruinar una vida y estropear la vida de otros". [5]

Escribe un par de versículos que acabas de leer y publícalos en lugares donde los puedas ver. Memoriza uno o más. Permite que la Palabra de Dios proteja tu corazón y tu mente contra las mentiras del mundo, el diablo y tu carne. No permitas que ni siquiera una mosca muerta (un pecado) estropee tu fragante perfume (una vida que es una ofrenda fragante al Señor y a los que te rodean).

Lea Eclesiastés 10:2-3.

7. ¿Qué nos enseña el versículo 2 acerca de la sabiduría en comparación con la necedad?

John Phillips explica el poder de la derecha y la izquierda durante los tiempos bíblicos:

> En la cultura, la mano derecha hacía todo el negocio. Las transacciones eran confirmadas con la mano derecha. Era una promesa de fidelidad, dada en sumisión a los vencedores y levantada al prestar juramento (Génesis 14:22; 2 Reyes 10:15; Salmo 45:9; 60:5; Isaías 28:2). Había que evitar la mano izquierda. Incluso en al menos una cuarta parte de la población del mundo actual, la mano izquierda nunca debe extenderse a otra persona. ¿Por qué? Como en los días de Salomón y antes, la mano izquierda era la mano sucia porque estaba reservada para la higiene personal. Al rascar la superficie de este proverbio, vemos que Salomón estaba diciendo que el corazón del sabio siempre estaba enfocado en lo que era sano, poderoso y saludable, como las acciones realizadas en la cultura con la mano derecha. En contraste, el corazón del necio siempre estuvo en el lado sucio, contaminado e impuro. [6]

Todo lo que hacemos fluye de nuestro corazón. Y nuestro corazón siempre nos lleva en una dirección u otra. Mientras la gente nos ve por fuera, Dios mira más profundamente en el centro de nuestro ser. Como leemos en 1 Samuel 16:7, "Dios no ve como ve el hombre, porque el hombre mira las apariencias exteriores, pero el Señor mira el corazón". ¿Hacia dónde te lleva tu corazón? ¿Es hacia el Padre o lejos de Él y de sus caminos?

8. En Eclesiastés 10:3, ¿cómo dice Salomón que una persona necia muestra a todos que es un tonto?

Este versículo tiene mucha fuerza, ¿no? Puede sonar un poco duro, pero todos sabemos la verdad de esto por experiencia. Una persona necia no tiene que comportarse descaradamente necio para dar a conocer su necedad. Lamentablemente, una mente y un corazón necios a menudo son evidentes con solo observar la forma en que una persona camina en los asuntos cotidianos de la vida. Lo demuestra alejándose de Dios.

¿Cómo estás viviendo tu vida? ¿Cómo es tu andar? Si alguien pasara un par de días siguiéndote, observando tu forma de hablar, reaccionar e interactuar con los demás, ¿qué supondría sobre tu vida?

Philip Ryken observa: "La forma en que empleamos nuestro tiempo es la forma en que pasamos nuestras vidas" y luego continúa preguntando: "Cualquier cosa en la que estés involucrado en este momento y cualquier cosa que estés planeando hacer con el resto de tu vida, ¿Estás ocupado con la gran obra de Jesucristo?" [7]

9. Antes de cerrar tu tiempo de estudio de hoy, tómate unos momentos para considerar las palabras de Ryken y luego escribe tus pensamientos.

Plantador de semillas

Esta semana, busque una oportunidad para tener una conversación sobre el evangelio preguntando: "¿Luchas con el arrepentimiento o los sentimientos de condenación?" Comparte lo que has aprendido en tu estudio de Eclesiastés acerca de cuán dañino puede ser el pecado en nuestras vidas… incluso en aquellos que a menudo categorizamos como "pequeños". Comparte el poder del perdón y la restauración en Jesucristo. Considere compartir un testimonio personal de un pecado o lucha pasada y de cómo el Señor lo liberó. Pregúntale a tu amiga si alguna vez ha tomado la decisión de seguir a Cristo y luego asegúrale (basado en Romanos 8:1) que, si elige a Jesús, ¡puede vivir una vida libre de culpa y condenación gracias a Jesucristo!

Lección Nueve | 267

Día Dos | Eclesiastés 10:4-7

A lo largo de Eclesiastés, Salomón habla a menudo sobre el trabajo y los diferentes tipos y niveles de relaciones en ese ámbito. El texto de hoy seguirá ofreciendo información sobre el área de los gobernantes y autoridades, y sobre cómo podemos responder mejor a las situaciones difíciles en las que nos podamos encontrar.

Estoy seguro de que la mayoría, si no todos, en algún momento de nuestras vidas, nos hemos encontrado en una situación laboral que considerábamos difícil o injusta. Así es la naturaleza del mundo en el que vivimos. La humanidad está quebrantada y el pecado está presente en todos los ámbitos de la vida; por lo tanto, como un microcosmos del mundo, el lugar de trabajo puede ser un laboratorio de dificultades, frustración, dolor e injusticia.

Quizás actualmente no trabaje fuera de casa. O tal vez haya alcanzado la edad de jubilación y el lugar de trabajo ya no se aplica a usted. Independientemente de su lugar o posición en la fuerza laboral, la verdad y la sabiduría se pueden obtener de los consejos de Salomón sobre cómo tratar con las autoridades en nuestras vidas.

Como ocurre con la mayoría de los temas que discutimos en el estudio bíblico, las filosofías y normas del mundo difieren de las instrucciones de Dios. Para ser fieles seguidores de Jesucristo, debemos tener una comprensión precisa de la Biblia y la capacidad de reconocer cualquier enseñanza que se oponga a su verdad.

Lea Eclesiastés 10:4.

1. ¿Qué consejo mundano podrías recibir si tu jefe se enoja o pierde los estribos contigo?

2. ¿Cuál es el consejo de Salomón en estas circunstancias? (v. 4)

Esto suena bastante diferente al mantra del mundo, ¿no? El mundo puede decir: "¡Renuncia! ¡Abandona! ¡Déjaselo tirado! ¡Tu no mereces esto!"

Sin embargo, Salomón fomenta un "espíritu tranquilo" (NTV), "calma" (NVI), "compostura" (LBLA), "disposición tranquila" (MSG) en lugar de contrarrestar de la misma manera. La mayoría de las veces, una reacción explosiva de nuestra parte nos creará más problemas y agravará una situación que ya es tensa.

3. Lea los siguientes versículos (en su mayoría de Salomón) y registre las instrucciones sabias que son aplicables cuando las cosas se ponen difíciles.

- Salmo 37:8

- Proverbios 15:1

- Proverbios 16:32

- Proverbios 25:28

- Proverbios 19:11

Es bueno que recordemos las palabras de Billy Graham: "Las cabezas calientes y los corazones fríos nunca resolvieron nada". [8]

4. ¿Cómo puede la sumisión a la autoridad y la humildad conducir a una conversación sobre el evangelio y abrir la puerta para compartir a Jesús?

Lea Eclesiastés 10:5-7.

5. ¿Qué mal describe Salomón en estos versículos?

Este mal que menciona Salomón es un error, una forma de hacer negocios que no debería realizarse. Hemos escuchado el infame dicho de que "la vida no es justa". Todos podemos asentir de acuerdo con este sentimiento. Hemos sido testigos, tanto en nuestra experiencia personal como en la vida de otros, de que a veces suceden cosas que simplemente no están

Lección Nueve | 269

bien. Salomón describe vívidamente este cuadro al explicar que "hombres necios son promovidos o aceptados a puestos de gran liderazgo. Algunos hombres humildes son exaltados imprudentemente mientras que algunos nobles son humillados". [9] En otras palabras, no debería sorprendernos que se exalte la maldad en el mundo.

La evaluación que hizo McGee de estos versículos habló a mi corazón de una manera poderosa y es digna de gran consideración:

> Esta es una de las cosas que ha sucedido en nuestros días: se ha dado dignidad al pecado. Hubo un tiempo en que el pecado estaba en las calles. Se consideraba sucio y bajo, y tenía sabor a algo bajo y asqueroso. Pero hoy el pecado se ha extendido por el pueblo. El pecado se comete con gran dignidad y se le ha dado un lugar destacado". [10]

En un mundo que funciona según normas quebrantadas, a menudo se alaba el pecado y se burla de la justicia.

Mientras escribía esta lección, Harrison Butker Jr., pateador de la NFL para los Kansas City Chiefs, pronunció un discurso de graduación en una ceremonia de graduación universitaria. Durante su discurso, se mantuvo firme en sus convicciones y creencias cristianas al hablar sobre la dignidad de la vida, la masculinidad y el papel vital de la mujer como esposas y madres. Elogió a su esposa por lo que describió como "su vocación de esposa y de madre". [11]

Butker se dirigió a los hombres y mujeres jóvenes de la clase de graduación animándolos a cumplir los roles que Dios les había asignado. Él dijo: "Les digo todo esto porque he visto de primera mano cuánto más feliz puede ser alguien cuando ignora el ruido exterior y se acerca cada vez más a la voluntad de Dios en su vida". [12]

Inmediatamente, los comentarios de Butker fueron recibidos con burla, ridiculez y críticas en los medios. Algunos han calificado sus comentarios de "repugnantes", [13] mientras que otros dijeron que necesitaba terapia para ayudarlo con sus "creencias extremistas". [14]

Pero, lamentablemente, esa misma semana, esos medios de comunicación elogiaron repetidamente a políticos, atletas y celebridades que adoptaron posturas totalmente contrarias a la Palabra de Dios. Qué tragedia tener una plataforma, pero desperdiciarla.

Salomón nos dice claramente que esta inversión es "mala" y un "error", pero sucede. Lo que el mundo exalta no es lo que Dios exalta. Y aquí hay una lección aplicable a todos nosotros. Que no caigamos en cualquier compromiso necesario para recibir reconocimiento mundano. En lugar de ello, profundicemos en esta sabiduría de Santiago 4:10: "Humíllense en la presencia del Señor y Él los exaltará." Porque al final, Él es lo único que realmente importa.

Día Tres | Eclesiastés 10:8-15

La sabiduría es el poder de ver y la inclinación a elegir la mejor y más elevada meta, junto con los medios más seguros para alcanzarla. [15]
~ J.I. Packer

La locura va en dirección opuesta a la sabiduría. Salomón quiere asegurarse de que sus lectores comprendan esta distinción, por eso, en Eclesiastés 10:8-15, se propone demostrar su punto.

Lea Eclesiastés 10:8-10.

Utilizando situaciones que eran comunes en su época, Salomón presenta "peligros potenciales inherentes a las tareas diarias representativas... peligros que sólo podrían evitarse aplicando sabiduría o prudencia". [16]

1. Utilizando el siguiente cuadro, complete los peligros potenciales asociados con las tareas cotidianas.

Tarea común	Peligro potencial
Cavando un hoyo (v. 8)	
Derribar un muro (v. 8)	
Extrayendo piedras (v. 9)	
Partiendo troncos (v. 9)	

Estos accidentes le pueden pasar a cualquiera, sabio o imprudente. A veces las cosas simplemente suceden. Todos hemos llegado al final de un día pensando: "Vaya, nada pareció salir bien hoy. Ojalá mañana sea mejor". Esto es parte de vivir en un mundo caído y quebrantado. Suceden cosas malas. Nuestros planes no siempre salen según lo planeado y surgen catástrofes imprevistas, a pesar de nuestros mejores esfuerzos e intenciones.

Sin embargo, a veces enfrentamos resultados nefastos debido a nuestra falta de sabiduría, esfuerzo y obediencia a lo que sabemos que es correcto. Warren Wiersbe sugiere que este es el caso al que se refiere Salomón cuando describe a "personas que intentaron hacer su trabajo y sufrieron porque eran necias". [17]

Lección Nueve | 271

Puede que no estemos cavando pozos, derribando muros, trabajando en canteras de piedra o cortando leña, pero todos tenemos tareas y asignaciones diarias que requieren nuestra atención, concentración y trabajo diligente. A veces buscamos un atajo o una salida fácil. En otras ocasiones, somos descuidados y asumimos responsabilidades al azar por una razón u otra. Y luego, hay momentos en los que preferimos hacerlo a nuestra manera.

Los principios de Salomón aquí ciertamente se aplican a nuestros trabajos y trabajos físicos seculares, pero hay mucho más que extraer en el ámbito espiritual de este pasaje.

> La Palabra de Dios está llena de mandamientos e instrucciones que nos llaman a alejarnos de la locura (pecado) y a llevar una vida gobernada por la sabiduría.

¿Qué pasa con los chismes? ¿Compartir un rumor? ¿Reducir su diezmo? ¿Faltar al culto corporativo? ¿Coquetear con alguien que no sea su cónyuge? ¿Ver programas que no agradan a Dios? ¿Desplazarse continuamente por las redes sociales, generando descontento y codicia? ¿La falta de tiempo diario de lectura de la Biblia y oración?

Todas estas áreas (y podríamos nombrar más) pueden conducir a resultados profundamente destructivos si no se reconocen, rechazan y rectifican rápidamente. Podemos minimizar estas cosas si son ocasionales y no un patrón regular. Yo diría que, si nos entregamos a nuestra naturaleza pecaminosa y a las filosofías del mundo, estas elecciones pueden ser tan destructivas como caer en un pozo profundo, ser mordido por una serpiente, aplastado por rocas que caen o mutilado por un hacha.

2. Considerar las áreas ya mencionadas u otras trampas comunes en las que caemos. ¿Cómo podemos "caer en un pozo", espiritualmente hablando, y causar destrucción en nuestra propia vida y en la de los demás?

La Palabra de Dios está llena de mandamientos e instrucciones que nos llaman a alejarnos de la locura (pecado) y a llevar una vida gobernada por la sabiduría. Estos trabajos nobles a los que hace referencia Salomón requerirían trabajo duro y diligencia, pero si el excavador de pozos, el trabajador de la construcción, el trabajador de la cantera y el leñador no trabajaran sabiamente y de acuerdo con las reglas, definitivamente se encontrarían en una situación peligrosa o potencialmente fatal.

Lo mismo ocurre con nuestras vidas, tanto física como espiritualmente. Dios nos ha dado un libro de instrucción que guía claramente nuestros pasos en todos los ámbitos de la vida. Ser desobedientes, ya sea intencionalmente o por descuido, nos lleva a aguas peligrosas y traicioneras.

Considere cualquier área donde pueda estar coqueteando con el desastre. ¿Estás cavando un pozo que puede caer a tu alrededor si continúas eligiendo neciamente? ¿Estás derribando un muro que puede contener la mordedura venenosa de una serpiente escondida? ¿Hay piedras que podrían caer y causarte daño porque poco a poco te estás alejando de la sabiduría de Dios?

Si es así, tómate un momento para confesar estas cosas al Señor. Dígalas en voz alta. Pídele perdón y comprométete a dejar de hacerlo hoy. Comprométete a realizar tus tareas físicas diarias y, lo que es más importante, tus responsabilidades espirituales, de una manera que sea sabia y agradable al Señor.

Lea Eclesiastés 10:10-11.

3. ¿Qué idea obtienes del versículo 10?

Mi familia vive en cinco acres, gran parte de los cuales abarcan bosques. Estamos rodeados de árboles, lo que a menudo nos lleva a pasar el día cortando ramas y cortando leña. ¡Cortar leña es un trabajo arduo! Si nunca ha cortado madera, una herramienta afilada sin duda facilitará un poco el trabajo. Solomon nos anima aquí a trabajar más inteligentemente, no más duro.

Dios ha puesto un llamado en tu vida. Él nos ha dado a todos la tarea de compartir el evangelio y hacer discípulos. Y luego Él te ha dotado de un don único y te ha llamado a un área específica de ministerio y servicio. No entre al ministerio o al servicio con un "hacha desafilada". Permite que el Señor te agudice, te transforme y te prepare para desempeñar el ministerio al que Él te ha llamado. Salomón dice que esto es sabiduría y te ayudará a tener éxito (v. 10).

4. ¿Cómo puedes mantener tus herramientas afiladas?

El versículo 11 puede ser difícil de interpretar; sin embargo, ofrece una aplicación espiritual conmovedora que no queremos perdernos. Dado que los encantadores de serpientes no son comunes en nuestros días, Wiersbe brinda información contextual útil sobre ellos:

> Las serpientes no tienen oídos externos; captan ondas sonoras principalmente a través de la estructura ósea de la cabeza. Más que la música que toca el encantador, son las acciones disciplinadas del hombre (balancearse y "mirar fijamente") las que mantienen la atención de la serpiente y la mantienen bajo

control. De hecho, es un arte. Salomón describió a un artista que fue mordido por la serpiente antes de que el hombre tuviera la oportunidad de "encantarla". Además de arriesgar su vida, el encantador no pudo cobrar dinero de los espectadores (ver v. 11, NVI). Sólo se reirían de él. Fue un tonto porque se apresuró y actuó como si la serpiente estuviera encantada. Quería cobrar su dinero rápidamente y mudarse a otro lugar. Cuantos más "shows" hacía, mayores eran sus ingresos. En cambio, no ganó ningún dinero. Algunos encantadores tenían disponible una mangosta que "atrapaba" a la serpiente justo en el momento adecuado y "salvaba" al hombre de ser mordido. Si por alguna razón la mangosta no cumpliera su señal, la serpiente podría atacar al encantador, y ese sería el final del espectáculo. De cualquier manera, el hombre era un necio. [18]

Salomón está hablando de sabiduría y locura en este texto, y aquí se puede aplicar una verdad poderosa. ¿De qué nos sirve la sabiduría de Dios si no la aplicamos correctamente cuando somos asaltados por el sistema del mundo y las tácticas malvadas del enemigo? El encantador de serpientes y los demás trabajadores "necios" supusieron que completarían sus tareas. Charles Swindoll lo dice bien: "Los necios pueden tener éxito durante una temporada, pero al final su locura quedará expuesta y fracasarán". [19]

¿De dónde obtenemos la sabiduría que Salomón nos dice que necesitamos? Primero, según Santiago 1:5, se la pedimos a Dios: "Y si a alguno de ustedes le falta sabiduría, que se la pida a Dios, quien da a todos abundantemente y sin reproche, y le será dada." Como dice Tara Leigh Cobble, Santiago 1:5 es "¡una oración a la que siempre obtendremos un sí!" [20] Pero la oración es sólo el primer paso. En Proverbios 2:1-4, Salomón describe los otros requisitos previos para recibir la sabiduría divina:

> Hijo mío, si recibes mis palabras
> Y atesoras mis mandamientos dentro de ti,
> Da oído a la sabiduría,
> Inclina tu corazón al entendimiento.
> Porque si clamas a la inteligencia,
> Alza tu voz por entendimiento;
> Si la buscas como a la plata,
> Y la procuras como a tesoros escondidos...

El resultado de vivir según estas instrucciones es la sabiduría con todos sus beneficios:

> Porque el SEÑOR da sabiduría,
> De Su boca vienen el conocimiento y la inteligencia.
> Él reserva la prosperidad para los rectos
> Y es escudo para los que andan en integridad,
> Guarda las sendas del juicio,
> Y preserva el camino de Sus santos.

> Entonces discernirás justicia y juicio,
> Equidad y todo buen sendero.
> Porque la sabiduría entrará en tu corazón,
> Y el conocimiento será grato a tu alma;
> La discreción velará sobre ti,
> El entendimiento te protegerá,
> Para librarte de la senda del mal. (Proverbios 2:6–12a)

Dios está listo y esperando para hacer su parte. ¡No dejes que nada se interponga en tu camino para hacer el tuyo!

Luego, Salomón cambia su tema y enfatiza las palabras. ¡No conozco un área más problemática cuando discutimos sobre sabiduría y locura que la de nuestras palabras! (Todos podemos decir "ay" aquí).

Lea Eclesiastés 10:12-15.

5. ¿Cómo se compara una persona sabia con una persona necia en el versículo 12?

6. ¿Cómo describe Salomón las palabras de un necio? (vv. 13-14)

No podemos escapar de las consecuencias de nuestras palabras. Como escribió Salomón en Proverbios 18:21: "La muerte y la vida están en poder de la lengua, y los que la aman comerán de su fruto". Dado el poder de nuestras palabras, debemos pensar detenidamente en ellas antes de abrir la boca.

7. ¿Cuáles son algunos ejemplos de palabras que muestran sabiduría y ministran gracia?

En el versículo 15, Salomón dice que el necio está ocupado hablando todo el tiempo, jactándose de su futuro, pero está tan completamente perdido que ni siquiera puede encontrar el camino a la ciudad. Como Salomón pudo atestiguar personalmente, un necio persigue cosa tras cosa, pero ha perdido de vista su destino. Simplemente corre en círculos, sin ningún propósito, sin ganar terreno nunca.

Recuerda tu destino final. Vivir *Con la Vista en la Eternidad* lo llevará en la dirección de la sabiduría, permitiéndole vivir en el propósito y con un propósito.

Día Cuatro | Eclesiastés 10:16-20

En su libro *Los intelectuales*, el historiador Paul Johnson investiga a muchos de los hombres que dejaron su huella en la civilización occidental. Estudió a hombres como Jean-Jacques Rousseau, Karl Marx, León Tolstoi, Jean-Paul Sartre y Bertrand Russell. Pero Johnson no sólo examinó sus enseñanzas, sino que también observó la forma en que vivían, sus familias, sus hábitos y sus amigos. ¿Y sabes lo que descubrió?

> Cada una de esas personas se burló de Dios. Pontificaron sobre la eternidad. Negaron todo lo santo y se presentaron como fuente de toda sabiduría. Pero la mayoría de ellos no tenían el sentido común de criar bien a un niño. No mantuvieron juntos sus matrimonios. Primero se destruyeron a sí mismos y luego a todo lo que los rodeaba. [21]

El impacto de un necio no se limita sólo a él mismo, sino que puede dañar a toda una civilización. Al concluir el capítulo 10, Salomón regresa a los gobernantes y autoridades para tratar el problema del rey insensato.

Lea Eclesiastés 10:16-17.

1. Utilice el cuadro a continuación para analizar estos versículos, tomando nota de las consecuencias contrastantes.

¡Ay de la tierra!...	Bendita la tierra...

Varias traducciones se refieren al rey mencionado en el versículo 16 cuando era niño. *El Mensaje* lo llama un "cachorro joven". Esta referencia tiene más que ver con la madurez que con la edad física y señala su ingenuidad, irresponsabilidad y falta de preparación. Como el rey es inmaduro, quienes lo rodean se aprovecharán de ello. Utilizando fondos públicos, organizarán grandes fiestas y se entregarán a todo lo que les de placer.

Por el contrario, Salomón ofrece una visión positiva del liderazgo en el versículo 17. Este segundo rey está totalmente a cargo y gobierna bien su reino. El pueblo que él gobierna cosecha los beneficios de su sabio liderazgo: son "bendecidos".

Lea Eclesiastés 10:18-20.

Las palabras sabias y verdaderas de estos versículos se aplican universalmente a gobernantes, autoridades e individuos. Tanto para el gobernante como para el individuo, andar en obediencia a las instrucciones de Salomón aquí resultará de gran valor para todos.

2. ¿Qué problema analiza Salomón en el versículo 18?

Ser perezoso y ocioso en lugar de ocuparse del trabajo y las responsabilidades conducirá a resultados desastrosos. Si es dueño de una casa y nunca cuida su techo, en algún momento puede contar con un techo hundido y con goteras, ¿verdad? Cualquier cosa que Dios te haya dado para administrar, adminístrala bien. Agradécele por las bendiciones y luego úsalas para bendecir a otros.

La pereza era un tema frecuente para Salomón en Proverbios. Analizamos algunos proverbios sobre el tema de la pereza y la pereza en la Lección Cuatro. Aquí hay algunos adicionales:

- Ve, mira la hormiga, perezoso, Observa sus caminos, y sé sabio. (Proverbios 6:6)
- Pobre es el que trabaja con mano negligente, Pero la mano de los diligentes enriquece. (Proverbios 10:4)
- Como el vinagre a los dientes y el humo a los ojos, Así es el perezoso para quienes lo envían. (Proverbios 10:26)
- El perezoso mete la mano en el plato, Pero se fatiga de llevársela a la boca. (Proverbios 26:15)

Si bien la cultura actual ha respaldado y alentado la pereza de muchas maneras, la pereza no agrada al Señor y nunca debería caracterizar la vida de un seguidor de Cristo. Sus consecuencias son devastadoras tanto para el individuo como para la nación. Colosenses 3:23 nos dice: "Hagas lo que hagas, *hazlo de todo corazón*, como para el Señor más que para los hombres" (el énfasis es mío).

3. ¿Cuál es el punto de Salomón en Eclesiastés 10:19?

Lamentablemente, vemos este mantra que se vive en el mundo de hoy en todo momento. Se fomenta y celebra una vida llena de fiesta y amor al dinero. Si bien se supone que este estilo de vida brinda felicidad y satisfacción, todos conocemos historias de personas que demuestran lo contrario.

La perspectiva de que "el dinero lo es todo" no sólo es peligrosa, sino también triste. Ésta no es la vida a la que Dios nos ha llamado.

4. ¿Qué nos dice 1 Timoteo 6:9-10 acerca del dinero?

Matthew Henry nos brinda comentarios útiles:

> El dinero por sí solo no responde a nada; no alimentará ni vestirá; pero, como es instrumento de comercio, responde a todas las ocasiones de esta vida presente. Lo que se puede conseguir se puede conseguir por dinero. Pero no responde nada al alma; no procurará el perdón del pecado, el favor de Dios, la paz de la conciencia; el alma, como no se redime, así no se mantiene, con cosas corruptibles como la plata y el oro. [22]

Pensemos en nuestras propias vidas por un momento. ¿Cómo empiezas tu día? ¿Aplazas tareas? ¿Comes para nutrirte o para pasar el tiempo? ¿Qué te trae felicidad? ¿Qué tan importante es el dinero para ti? Si sus respuestas a estas preguntas le traen convicción, preséntese ante el Señor. Confiésalo. Arrepiéntete. Acepta su perdón. Comience con borrón y cuenta nueva hoy.

Finalmente, Salomón cierra Eclesiastés 10 con una declaración de advertencia.

5. ¿Cuál es la razón por la que nuestras palabras (así como nuestras actitudes) deben ser siempre respetuosas y rectas? (v. 20)

¡Aquí volvemos a nuestras palabras!

¿Ves el corazón de Dios aquí? Su bondad se manifiesta cuando Él (a través de Salomón) nos da una palabra de advertencia. Y es para nuestra protección. Hemos leído más de dos docenas de versículos esta semana sobre la necedad y sus resultados. Y hemos aprendido las consecuencias de un líder marcado por la locura. Sin embargo, este texto concluye con una orden muy directa sobre cómo debemos responder a las acciones tontas de un líder.

Antes de continuar, debo admitir que esta advertencia se contrasta marcadamente con mi naturaleza humana. ¿Alguien más? Cuando un líder hace algo con lo que no estamos de acuerdo, tendemos a quejarnos, ¿no es así? Y también tendemos a sentirnos muy justificados al quejarnos cuando creemos que tenemos razón y lo que el líder está haciendo está claramente mal. ¿Estoy tocando algún nervio que no sea el mío?

Sí, como cristianos, debemos adoptar una postura firme a favor de lo que es bíblicamente correcto. Pero en el versículo 20, también se nos instruye a protegernos de las palabras y pensamientos negativos sobre los líderes, y luego se nos dice que no nos burlemos de ellos ni los maldigamos, ni siquiera en privado. Nunca sabemos cómo nuestro mensaje podría transmitirse a otros.

Como dice Swindoll: "Sé sabio. Sigue a Dios con todo tu corazón". [23] Te animo a que vuelvas a leer Eclesiastés 10, teniendo presente todo lo que has aprendido en tu estudio de esta semana. Mientras lees versículo por versículo, pregúntale al Señor: "¿Dónde necesito ser transformado? ¿Cómo puedo ser más a tu semejanza en esta área?"

Mañana dedicaremos un poco más de tiempo a considerar estas preguntas con la vista en la eternidad. Recuerde, el objetivo de asimilar la Palabra de Dios es que su mente sea renovada y su vida transformada (Romanos 12:2).

Día Cinco | ¿Por qué hay moscas muertas en el perfume?

Salomón tiene mucho que digerir en Eclesiastés 10. El primer versículo del estudio de esta semana prepara el escenario para el texto restante. Volvamos al principio y veamos cómo podemos aplicar este tema general con una visión eterna.

Eclesiastés 10:1 dice: "Las moscas muertas hacen que el ungüento del perfumista dé mal olor; Un poco de insensatez pesa más que la sabiduría y el honor."

Siempre disfruto leyendo múltiples traducciones mientras estudio la Palabra de Dios. Este texto no es una excepción.

> "Así como las moscas muertas hacen que hasta un frasco de perfume apesta, así una pequeña necedad arruina la gran sabiduría y el honor" (NTV).

> "¡Las moscas muertas harán que incluso un frasco de perfume apeste! Sí, un pequeño error puede pesar más que mucha sabiduría y honor" (TLB).

> "Las moscas muertas hacen que el aceite del perfumista desprenda mal olor; por eso un poco de necedad [en alguien que es estimado] pesa más que la sabiduría y el honor" (AMP).

Tienes la idea general. Independientemente de la traducción, Salomón da una descripción detallada de lo que sucede cuando un perfume fragante se ve estropeado por el hedor de una mosca muerta.

Al final de su vida, Salomón se arrepiente mucho. Debido a su desobediencia, Dios había determinado que el reino de Israel sería dividido después de la muerte de Salomón. Sabe que tiene la responsabilidad principal del juicio de Dios. Es demasiado tarde para que Salomón deshaga lo que ha hecho. Quizás por eso las imágenes que utiliza aquí son tan vívidas. Él quiere que se apodere de nuestros corazones para que tomemos decisiones diferentes.

Este puede ser el texto más difícil en el que he trabajado. Ha sido un desafío en el sentido de tratar de explicar y elaborar de manera efectiva declaraciones breves pero llenas de poder. He sido convencido de pecado docenas de veces mientras mis dedos recorrían mi teclado, porque el Señor ha hecho brillar su luz santa en mi corazón y ha revelado los puntos oscuros. Cada día, mientras estudiaba y escribía, mi mente volvía a Eclesiastés 10:1 una y otra vez. A medida que he leído cada uno de los versículos de este capítulo, rápidamente he recordado que un error, por pequeño que pueda percibirlo, puede arruinar mi reputación y pesar más que cualquier honor.

Estas palabras no pretenden hacernos vivir en un estado de miedo y ansiedad por equivocarnos. Ese no es el tipo de Dios al que pertenecemos y servimos. Y Su Palabra nos dice claramente que no hay condenación si le pertenecemos (Romanos 8:1). Sin embargo, creo que esta fuerte ilustración y estas palabras francas tienen como objetivo inculcar un temor santo y reverente de quién es Dios e iluminar nuestros ojos sobre la gravedad del pecado y sus consecuencias.

No deseo exagerar lo que ya se ha dicho, pero vivimos en una sociedad que minimiza el pecado y glorifica lo que sabemos que es una afrenta a nuestro Dios. Vemos historias en los medios todos los días que hacen alarde y alientan ideales contrarios a la Palabra de Dios. Y si somos honestos, puede ser fácil volvernos insensibles ante ello, y ni siquiera sentirnos conmocionados o desconsolados por ello. No debemos caer en esta trampa.

Ningún pecado es pequeño. Ninguna desobediencia es insignificante.

El objetivo: que no haya moscas muertas en el perfume. Ninguna.

Quiero que mi vida huela bien. Quiero entrar en la presencia de Dios cada mañana y ser un perfume agradable para Él mientras abro su Palabra, escucho su voz y paso tiempo en oración. Quiero alejarme de una cena con amigos o de un estudio bíblico en grupos pequeños y dejar atrás el fruto del Espíritu, exudando su carácter. Y lo más desafiante: quiero moverme por mi casa con los que más amo y dejarlos con más ganas de Jesús.

Para ser honesto, nuestra familia ha pasado por algunas semanas difíciles y yo he tenido momentos en los que "hiedo a mosca muerta" en mis palabras, respuestas y actitudes. Las lágrimas corren por mi rostro mientras escribo, porque estoy convencido y triste por haber herido el corazón de mi Padre y haber representado inadecuadamente a mi Salvador ante mi propia familia. He permitido que la frustración, el dolor, la desilusión y el miedo me conduzcan a la necedad carnal en lugar de a la sabiduría de Dios.

1. ¿Cómo "huele" tu persona en este momento? ¿Tienes un aroma fragante o hay una mosca muerta en el perfume?

Te insto a inspeccionar tu corazón, los lugares profundos que sólo tú y Dios conocen. No, no vivirás una vida perfecta y sin pecado. Pero puedes vivir una vida pura y sin mancha, una que imite a Jesús, una que haga que otros pregunten sobre la esperanza que hay dentro de ti, una que se vea diferente al mundo. Si participa activamente o permite algún pecado en su vida, descartándolo como trivial o sin impacto, comprenda el peligro de este engaño. Si el Espíritu Santo te recuerda algo al responder la última pregunta, no dejes que este día termine sin abordarlo.

Las moscas muertas apestan y arruinan la belleza aromática del perfume. No permitas que el pecado arruine la aromática belleza de una vida vivida para agradar a Jesucristo.

2. Lea Efesios 5:2. ¿Cómo vamos a vivir?

Se nos dice que sigamos el ejemplo de Cristo. Vivir una vida de amor, ofreciéndonos como sacrificio, olor grato a Dios.

¿Qué tiene esto que ver con mi visión de la eternidad?

No sé de dónde se originó esta frase, pero se ha dicho bien: "Vive este día a la luz de aquel día". Esto significa que nuestras decisiones diarias deben tomarse teniendo en cuenta el día en que nos presentemos ante Dios. Esto es más aplicable a nuestro estudio de esta semana. Cada versículo de Eclesiastés 10 da instrucciones sobre cómo vivir y continúa describiendo los peligros de no hacerlo. Si prestamos atención y obedecemos esta instrucción, no sólo podremos reflejar a Cristo al mundo que nos rodea, sino que también acumularemos tesoros en el cielo, de esos que no se pudren ni se oxidan. Acumulamos estos tesoros ahora para que cuando estemos ante el Padre en la eternidad, tengamos abundancia para poner a Sus pies.

> Ningún pecado es pequeño. Ninguna desobediencia es insignificante.

Las palabras de un antiguo himno gritan:

> *¿Debo irme con las manos vacías?*
> *¿Al encuentro de mi querido Redentor?*
> *Ni un día de servicio le des,*
> *¿No pongas ningún trofeo a sus pies?*
>
> *Al morir no me encojo ni flaqueo,*
> *Porque mi Salvador me salva ahora;*
> *Pero encontrarse con Él con las manos vacías,*
> *Pensar en eso ahora me nubla la frente.*
>
> *Oh, los años de pecado desperdiciados,*
> *¿Podría recordarlos ahora?*
> *Se los daría a mi Salvador,*
> *Ante su voluntad me inclinaría con gusto.*
>
> *¿Debo irme con las manos vacías?*
> *¿Debo encontrarme así con mi Salvador?*
> *Ni un alma con quien saludarlo,*
> *¿Debo irme con las manos vacías?* [24]

No quiero presentarme a las puertas del Cielo con las manos vacías. Quiero poner una corona a los pies de Jesús en alabanza y adoración por todo lo que ha hecho por mí.

Nuestro personaje tiene una fragancia distinta, un olor. Esa fragancia, ya sea agradable o putrefacta, afectará nuestras recompensas eternas (no nuestro destino eterno) y muy ciertamente impactará la eternidad de los demás. La decisión de otros de seguir a Jesús depende de ellos, pero nosotros podemos tener una influencia profunda al proclamar a Jesucristo y luego vivir para honrarlo.

¿Qué fragancia llevas hoy? ¿Es un hedor o una dulzura para Dios? ¿Atrae o repele a otros?

Mi oración por ti hoy es que no permitas que ningún pecado arruine tu testimonio de lo que Jesús ha hecho por ti. Oro para que te esfuerces por vivir una vida que le agrade, una que se eleve al salón del trono con un aroma dulce y fragante. Oro para que tus decisiones estén bañadas en la sabiduría de Dios y no en la locura de este mundo o de la carne. Oro para que tus ojos sean iluminados por el Espíritu Santo de Dios para ver rápidamente cualquier mancha oscura que necesite ser eliminada. Oro para que vivas este día a la luz de aquel, que tu corazón anhele la eternidad y desee tener un impacto en esta tierra.

Ryken nos recuerda que todo lo que hagamos *ahora* importará después:

> Esto no es todo lo que hay. Hay un Dios en el cielo que gobierna el mundo. Hay una vida por venir. Un día los muertos resucitarán y toda persona que haya vivido se presentará ante Dios. Y cuando llegue ese día, quedará claro que hay un significado eterno en todo lo que alguien alguna vez pensó, dijo o hizo. [25]

No hay moscas muertas en el perfume. Ninguna.

Lección Diez

¿Cuál es el propósito de la vida?
Eclesiastés 11-12

La vida aquí abajo es sólo el preludio de una una vida mejor en el más allá. [1]
~ D.R. Davis

Eclesiastés 11

¹ Echa tu pan sobre las aguas,

Que después de muchos días lo hallarás.

² Reparte tu porción con siete, o aun con ocho,

Porque no sabes qué mal puede venir sobre la tierra.

³ Si las nubes están llenas,

Derraman lluvia sobre la tierra;

Y caiga el árbol al sur o al norte,

Donde cae el árbol allí se queda.

⁴ El que observa el viento no siembra,

Y el que mira las nubes no siega.

⁵ Como no sabes cuál es el camino del viento,

O cómo se forman los huesos en el vientre de la mujer encinta,

Tampoco conoces la obra de Dios que hace todas las cosas.

⁶ De mañana siembra tu semilla

Y a la tarde no des reposo a tu mano,

Porque no sabes si esto o aquello prosperará,

O si ambas cosas serán igualmente buenas.

Consejos a la juventud

⁷ Agradable es la luz,

Y bueno para los ojos ver el sol.

⁸ Ciertamente, si un hombre vive muchos años,

Que en todos ellos se regocije,

Pero recuerde que los días de tinieblas serán muchos.

Todo lo por venir es vanidad.

⁹ Alégrate, joven, en tu juventud,

Y tome placer tu corazón en los días de tu juventud.

Sigue los impulsos de tu corazón y el gusto de tus ojos;

Pero debes saber que por todas estas cosas, Dios te traerá a juicio.

¹⁰ Por tanto, aparta de tu corazón la congoja

Y aleja el sufrimiento de tu cuerpo,

Porque la juventud y la primavera de la vida son vanidad.

Eclesiastés 12

¹ Acuérdate, pues, de tu Creador en los días de tu juventud,

Antes que vengan los días malos,

Y se acerquen los años en que digas:

"No tengo en ellos placer".

² Antes que se oscurezcan el sol y la luz,

La luna y las estrellas,

Y las nubes vuelvan tras la lluvia;

³ El día cuando tiemblen los guardas de la casa

Y los fuertes se encorven,

Las que muelen estén ociosas porque son pocas,

Y se nublen los que miran por las ventanas.

4 Cuando además se cierren las puertas de la calle

Por ser bajo el sonido del molino,

Y se levante uno al canto del ave,

Y todas las hijas del canto sean abatidas;

5 Se temerá a la altura y a los terrores en el camino.

Cuando florezca el almendro, se arrastre la langosta y la alcaparra pierda su efecto;

Porque el hombre va a su morada eterna

Mientras los del duelo andan por la calle.

6 Acuérdate de Él antes que se rompa el hilo de plata,

Se quiebre el cuenco de oro,

Se rompa el cántaro junto a la fuente,

Y se haga pedazos la rueda junto al pozo;

7 Entonces el polvo volverá a la tierra como lo que era,

Y el espíritu volverá a Dios que lo dio.

8 "Vanidad de vanidades", dice el Predicador, "todo es vanidad".

Conclusión

9 El Predicador, además de ser sabio, enseñó también sabiduría al pueblo; y reflexionó, investigó y compuso muchos proverbios. 10 El Predicador trató de encontrar palabras agradables, y de escribir correctamente palabras de verdad.

¹¹ Las palabras de los sabios son como aguijones, y como clavos bien clavados las de los maestros de estas colecciones, dadas por un Pastor. ¹² Pero además de esto, hijo mío, estate prevenido: el hacer muchos libros no tiene fin, y demasiada dedicación a ellos es fatiga del cuerpo.

¹³ La conclusión, cuando todo se ha oído, es esta:

Teme a Dios y guarda Sus mandamientos,

Porque esto concierne a toda persona.

¹⁴ Porque Dios traerá toda obra a juicio,

Junto con todo lo oculto,

Sea bueno o sea malo.

¿Cuál es el propósito de la vida?

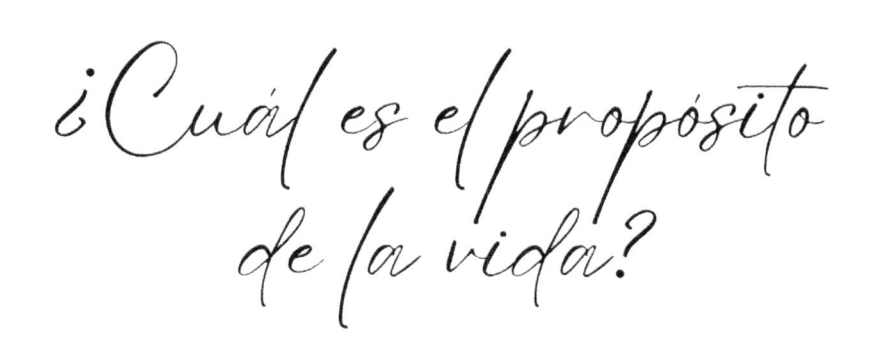

Hace varios años, ayudé a mi mamá a cuidar a mi papá después de que recibió un diagnóstico de salud devastador. Si bien solo tenía 70 años en ese mn ;momento, sabíamos que era probable que esta enfermedad cobrara su vida. Mi padre vivió un año antes de sucumbir a los estragos de su enfermedad, y la mayor parte de ese tiempo lo pasó en el hospital o en casa bajo cuidados de hospicio

Durante ese tiempo, mi papá a menudo estaba tan enfermo que no podía imaginarlo sobreviviendo esa noche. Con frecuencia dormía (en el mejor de los casos, de manera intermitente) en la sala de espera de la UCI, acurrucada en un sofá demasiado corto, en una habitación demasiado ruidosa, llena de extraños demasiado estresados.

Después de un episodio particularmente malo, la enfermera de papá vino a buscarnos a mi mamá y a mí. Mi papá había sobrevivido esa noche, pero su condición era crítica. Cuando la enfermera intentó ayudarnos a comprender su situación, recuerdo que me sorprendí cuando se refirió a mi padre como "anciano". "¿Ancianos?", pensé con incredulidad. "¡No me parece!" Pero, por desgracia, llegar a los setenta lo había vuelto anciano, al menos en la mente de la comunidad médica.

A medida que iba leyendo los escritos de Salomón, mis pensamientos a menudo regresaban a ese año. Durante ese tiempo, estuve más cerca de la muerte que nunca antes. El equipo médico de papá, afortunadamente, nos preparó para su eventual muerte, ya que poco podían hacer aparte de mantenerlo cómodo. Sabíamos que la muerte venía para mi papá. Simplemente no sabíamos cuándo.

Lección Diez | Eclesiastés 11-12

Papá siempre amó a mi esposo. Su rostro se iluminaba inmediatamente cuando Craig entraba en la habitación, lo que me hacía creer que era muy posible que mi padre lo quisiera más que a mí. Es broma... Más o menos. De todos modos, durante sus visitas, mi esposo solía leerle los Salmos a mi papá. Una de esas noches, Craig notó que una lágrima rodaba por el rostro de mi padre. En ese momento, papá estaba conectado a un ventilador y no podía hablar. Teníamos un tablero con el alfabeto para que deletreara las palabras, pero lo cansaba y, a menudo, sus mensajes eran ininteligibles. Craig pudo hacerle preguntas de sí o no hasta que descubrió el motivo de sus lágrimas. Naturalmente, tenía miedo de dejar sola a mi mamá y temía a la muerte. Había recibido a Jesús en el hospital, pero sabía poco de su Palabra. Mi esposo compartió con él Hebreos 2:14-15:

> "Así que, por cuanto los hijos participan de carne y sangre, también Jesús participó de lo mismo, para anular mediante la muerte el poder de aquel que tenía el poder de la muerte, es decir, el diablo, y librar a los que por el temor a la muerte, estaban sujetos a esclavitud durante toda la vida."

Mientras Craig explicaba este pasaje, pudo ver a mi papá relajarse. Él asintió levemente con la cabeza, tomó la mano de Craig y articuló: "Gracias". En tan solo unos días, mi padre se escabulliría silenciosamente a los brazos eternos de Jesús.

A la mayoría de nosotros no nos gusta pensar en la muerte, ya sea la nuestra o la de otra persona. Pero la realidad es que nuestras opiniones sobre la muerte impactan en gran medida nuestra visión de la vida. Esta cita bastante sugerente de David Gibson arroja luz sobre por qué necesitamos repensar nuestras opiniones sobre la vida y la muerte:

> La literatura sapiencial de la Biblia es parte de los medios que Dios usa para cambiar nuestro punto de vista y cambiar radicalmente nuestra perspectiva al mirar el mundo. Abandonados a nuestra propia suerte, pensamos en la vida desde la perspectiva de la juventud, la belleza, el éxito, la carrera y la felicidad personal. Eclesiastés, sin embargo, nos ha estado enseñando a pensar en la vida desde la perspectiva de la muerte. Párate junto a una tumba y aprende a vivir. [2]

La muerte viene para todos nosotros. A la luz de esa realidad, debemos preguntarnos: "¿Cuál es el propósito de la vida?" A lo largo de nuestro estudio, Salomón ha señalado que "la vida es fugaz y vana porque nuestra muerte cercana hace que todas nuestras acciones carezcan de sentido. Nuestra corta vida da paso al hogar eterno de la muerte". [3] La realidad segura de la muerte nos desafía a considerar la eternidad. Amado, ¿sabes que pasarás la eternidad en el cielo? En 2 Corintios 13:5, Pablo escribe: Pónganse a prueba para ver si están en la fe. Examínense a sí mismos. Cuando esta vida termine, lo único que importará es: ¿Qué hiciste con Jesús?

Nuestras opiniones sobre la muerte impactan en gran medida nuestra visión de la vida.

Día Uno | Eclesiastés 11:1-6

Hemos llegado a la última semana de nuestro estudio a través del librito extraordinario de Eclesiastés. Hemos recorrido algunos textos difíciles y nuestra oración es que usted haya sido desafiado, convencido y cambiado. Aunque me he sentado bajo la dirección de grandes predicadores y maestros de la Biblia y he sido estudiante de la Biblia durante muchos años, nunca he realizado personalmente un estudio profundo de Eclesiastés. Este libro siempre ha sido un enigma para mí: en parte lamento y en parte euforia. Pero mientras lo estudiaba, experimenté una santa mezcla de pena y alegría al ver mi propia vida al descubierto a través de las reflexiones de Salomón. Dolor por mis propios tiempos de vivir la vida bajo el sol, pero alegría por lo que la eternidad me depara sobre el sol.

Al comenzar la lección de esta semana, lea Eclesiastés 11-12.

Identifica el tema de cada capítulo ayuda a cristalizar la idea central del texto y nos permite recordar el mensaje general de los capítulos.

1. ¿Cuál es la idea central de Eclesiastés 11?

La idea central: Eclesiastés 11

Cuando estudio las Escrituras, siempre estoy atento a palabras o frases clave repetitivas. Ya sea en su Biblia o en el texto que se le proporcionó al comienzo de la lección, resalte las palabras clave de Eclesiastés 11 en azul.

2. ¿Cuáles son las palabras o frases clave que se encuentran en Eclesiastés 11?

Palabras claves en Eclesiastés 11

Lección Diez | 295

Ahora volvamos a lo que leemos en Eclesiastés 12.

3. ¿Cuál es la idea central de Eclesiastés 12?

La idea central: Eclesiastés 12

4. Ahora, resalta y haz una lista de palabras o frases clave que identificaste en Eclesiastés 12.

Palabras claves en Eclesiastés 12

El mensaje de Salomón a lo largo de Eclesiastés es que vivir la vida debajo del sol es una vanidad miope. Como una nube de humo en el aire, no tiene sustancia genuina. La respuesta de Salomón es fijar nuestros ojos por encima del sol, en Dios, y vivir *Con la Vista en la Eternidad.*

Lea Eclesiastés 11:1-4.

Eclesiastés 11 comienza con algunos versículos bastante oscuros que requieren un poco de reflexión: "Echa tu pan sobre las aguas, Que después de muchos días lo hallarás. Reparte tu porción con siete, o aun con ocho, Porque no sabes qué mal puede venir sobre la tierra." (Eclesiastés 11:1–2. Los eruditos de la Biblia no están de acuerdo con la interpretación de este pasaje. No podemos estar seguros de si Salomón se refiere al comercio, posiblemente al comercio marítimo en el que invirtió mucho (1 Reyes 10:22-23), o si simplemente está hablando de la vida en general. En cualquier caso, existe cierto riesgo, ya que la desgracia puede derribar los planes mejor trazados. Este puede ser un pensamiento paralizante o puede ser un impulso hacia una generosidad sabia. Encuentro extremadamente útil la perspicacia de Derek Kidner: "Ya podemos captar un soplo del Nuevo Testamento en los dos primeros versículos, un indicio de la paradoja [favorita] de nuestro Señor de que 'aquellos que aman su vida la perdieron', y que 'la la medida que des será la medida que recibirás' (Juan 12:25, Mateo 7:2)". 4

> Todo lo que tenemos ha venido de la mano de Dios.

Todo lo que tenemos ha venido de la mano de Dios. El apóstol Pablo pregunta: "¿Qué tienes que no hayas recibido?" (1 Corintios 4:7) El apóstol nos exhorta a sostener todo con la mano abierta o, como dice tan elocuentemente Gibson: "Vivir sabiamente significa permanecer libre de la vida y sus posesiones". 5

5. Lamentablemente, esta noción de liberalidad va en contra de nuestra tendencia natural. ¿Cuáles son algunas de las razones por las que generalmente evitamos abrazar la generosidad sabia?

Esta manera de vivir "por encima del sol" trasciende la actividad filantrópica o religiosa. Es generosidad de lo mejor que tenemos (que es Jesús), y de lo mejor que somos (que es Jesús en nosotros), por la causa de Cristo y la expansión de su Reino. El mundo perdido necesita ver a la comunidad creyente viviendo en magnanimidad radical como María y el perfume de alabastro (Marcos 14:3-9).

Una vez más, Gibson nos ayuda a procesar la amonestación de Salomón:

> Es una idea que recibe un hermoso desarrollo en la enseñanza del Señor Jesús: "Si alguno quiere venir en pos de mí, niéguese a sí mismo, tome su cruz y sígame. Porque el que quiera salvar su vida, la perderá; pero el que pierda su vida por causa de mí y del evangelio, la salvará" (Marcos 8:34-35). Ésta es la lógica de la vida en el Reino de Cristo: el camino hacia la gloria es el camino hacia el sufrimiento. La manera de encontrar es perder. La forma de recibir es dar". 6

Eclesiastés 11:3-4 nos recuerda que la vida es impredecible y suceden cosas que pueden alterar nuestros planes. Así como el comerciante tuvo que correr riesgos para tener éxito, también lo hace el agricultor. Pero no podemos dejarnos sorprender por lo inesperado cuando hemos sido llamados a actuar. Necesitamos reagruparnos, redirigirnos y volver a involucrarnos en el propósito y plan de Dios para nuestra vida.

6. ¿Qué dos ejemplos de cosas que están fuera de nuestro control da Salomón? (v. 3)

La lluvia puede ser una molestia si arruina un buen día de cabello y un árbol caído puede resultar un inconveniente si bloquea nuestro camino y provoca retrasos. Ambos pueden interrumpir nuestra línea de tiempo, pero no tenemos control sobre ninguno de ellos.

Muchos creyentes luchan con la necesidad de control. Amados, aquí hay un breve boletín: ¡No tenemos el control ahora ni lo hemos tenido nunca! Dios tiene el control de su creación, incluyéndonos a nosotros. Incluso Job conocía esta verdad: "Lo que su alma desea, eso hace" (Job 23:13). Y nuevamente: "Sé que tú lo puedes todo, y que ningún propósito tuyo puede ser frustrado" (Job 42:2). David escribió en Salmo 103:19: "Su soberanía domina sobre todo". No intentes deshacer su soberanía; es un nudo teológico que no se puede desenredar con nuestras mentes finitas. ¡Aprende a descansar en él! Dios está en control. Usted no. Nunca lo has estado. Nunca lo estarás. Estas palabras te consuelan o despiertan en ti el deseo de demostrar que efectivamente tienes o no el control, dependiendo de qué lado de la valla te encuentres. Si es lo último, te animo a que le pidas al Señor que te revele su control soberano y te consuele con su Palabra.

7. Si un granjero se preocupa constantemente por el clima, ¿qué no hará? (v. 4)

No podemos permitir que los riesgos asociados con lo desconocido dominen el día. Salomón nos ha advertido sobre las consecuencias de una acción tonta. Ahora nos hace saber que la inacción también tiene resultados peligrosos.

Lea Eclesiastés 11:5-6.

El rey sabio no ha perdido su asombro ante los misterios de Dios. Si bien es posible dentro de lo razonable predecir algunos de los patrones de Dios en la naturaleza, algunos secretos divinos no pueden entenderse.

8. ¿Qué dos eventos naturales no entendemos? (v. 5)

Nuestras limitaciones deberían hacer que seamos totalmente dependientes de Dios, mientras trabajamos diligentemente para cumplir su propósito en nosotros. Salomón escribe: "Todo lo que te venga a la mano para hacer, hazlo con todas tus fuerzas" (Eclesiastés 9:10). Un viejo dicho puritano aporta un buen equilibrio y hace eco de los escritos de Salomón: "Trabaja como si todo dependiera de ti, pero ora como si todo dependiera de Dios". [7] Otro axioma igualmente encantador dice así: "Dios da a cada pájaro su alimento, pero no se lo arroja al nido". [8] Amados, "dejad que Dios se encargue de sus misterios, y vosotros ocupáos de vuestra obra". [9]

9. Vuelva a leer Eclesiastés 11:1-6. Note que la frase "no sabes" se usa cuatro veces. Subraya esta frase en tu Biblia o en el texto que te proporcionamos en tu cuaderno de ejercicios y completa el siguiente cuadro. Escribe lo que Salomón dice que no *sabes*. En el siguiente cuadro, busque un versículo de la Biblia que diga lo que con seguridad *sabe* sobre este tema.

Verso	Lo que no sabes	Lo que sí sabes
v. 2		
v. 5a		
v. 5b		
v. 6		

El propósito de este ejercicio es sacar de nuestro estudio principios de vida, verdades que pueden llevarnos más allá de la información hacia la transformación.

10. ¿Qué principios de vida has aprendido de estos cuatro versículos?

Verso	Para una Vida con Propósito
v. 2	
v. 5a	
v. 5b	
v. 6	

Amados, ¡hoy hemos arado mucho terreno! Confío en que las palabras de Salomón hayan desafiado su mente y hayan conmovido su corazón. "Eclesiastés nos insta a pensar en la vida debajo del sol desde la perspectiva de la vida por encima del sol". [10] Dios te ha diseñado con un propósito y un plan divinos. Cuando te aferres a ese principio de vida, comenzarás a vivir *Con la Vista en la Eternidad*.

Día Dos | Eclesiastés 11:7-10

A lo largo de Eclesiastés, Salomón no ha sucumbido a mirar la vida a través de perspectivas "color de rosa". En la lectura de hoy veremos que continúa en esa línea.

Lea Eclesiastés 11:7-10.

Si bien una lectura casual de Eclesiastés podría hacer que uno suponga que Salomón es un poco fatalista, creo que el término "realista" encaja mejor. A partir de 11:7 y continuando hasta el final de su libro, notaremos que el tono de las palabras de Salomón se suaviza; sin embargo, su visión pragmática de la vida no. Kidner explica: "Sinceros como siempre, estos versos combinan el deleite de la existencia con su seriedad. Cada alegría aquí se enfrenta a su opuesto o su complemento; no hay ablandamiento de los [colores] en ninguno de los lados". [11] Salomón comienza a trazar un plan para vivir con propósito incluso ante el envejecimiento y la eventual muerte. Deja este hecho muy claro: todos vamos a morir. Y luego procede a responder la pregunta: "¿Cómo, pues, viviremos?"

Si bien tendemos a rehuir el tema de la muerte, creo que, si pudiéramos hablar con Salomón, él diría: "La forma de experimentar la vida real es enfrentar la realidad ineludible de la muerte". Este cambio de perspectiva nos permite vivir con un propósito mientras anticipamos vivir eternamente con Cristo, sin dejarnos intimidar por el miedo a la muerte. Paul Tripp nos da un consejo sabio y piadoso: "Vivimos con una *mentalidad de destino* en lugar de una *mentalidad de preparación*. Este mundo actual con todas sus alegrías y tristezas no es nuestro discurso final. Cuando lo tratamos como si lo fuera, intentamos obtener de este mundo lo que sólo podemos experimentar en el próximo". [12]

Nunca he sido de las que rechazan el envejecimiento. Durante la mayor parte de mis años, lo he abrazado con franqueza y mi habitual sentido del humor. Sabía que iba a envejecer. ¡Estoy atónita por lo rápido que sucedió! Estoy totalmente de acuerdo con esta afirmación: "Dentro de cada anciano hay un joven que se pregunta qué pasó". [13]

El énfasis de Salomón en la certeza de la muerte no es una introspección morbosa, sino más bien una advertencia para disfrutar la vida que Dios nos ha dado. Nos insta a unirnos a él en su perspectiva de la vida por encima del sol. La vida es corta disfrútala. La eternidad es larga: prepárate para ella. No desperdicies tus días, en lugar de eso, desarrolla la disciplina espiritual de vivir *Con la Vista en la Eternidad*.

> La vida es corta disfrútala. La eternidad es larga: prepárate para ella.

En los versículos anteriores de este capítulo, Salomón nos recuerda que hay algunas cosas que no podemos saber. Ahora nos dice que hay una cosa en la que podemos confiar: vamos a envejecer y vamos a morir. ¡Ay! Job resume la vida de esta manera: "El hombre, nacido de mujer, Corto de días y lleno de tormentos, Como una flor brota y se marchita, Y como una sombra huye y no permanece." (Job 14:1-2). Amados, no dejen que esta realidad los desanime. El planeta Tierra no es nuestro hogar. En el mejor de los casos, es nuestra dirección temporal mientras esperamos mudarnos a nuestra ubicación permanente (Juan 14:2-3).

En Eclesiastés 11:7, Salomón escribe sobre el amanecer de un nuevo día.

1. ¿Qué palabras usa para describir la mañana?

No soy madrugadora. Repito, no soy una persona mañanera. Así que me atrevo a decir que sólo he visto algunos amaneceres. Por supuesto, me casé con un hombre que se levanta temprano y le encanta saludar el día en voz alta y con gran entusiasmo mientras se mueve en la cocina preparando café. Temprano en mi vida cristiana, encontré este versículo y no podía esperar para mostrárselo: "Al que muy de mañana bendice a su amigo en alta voz, Le será contado como una maldición." (Proverbios 27:14). ¡Sólo digo!

En el versículo 7, Salomón nos recuerda que cada nuevo día está lleno de promesas y posibilidades. Tommy Nelson observa: "Solomon dice que, a pesar de las incertidumbres, la vida sigue siendo buena. Es maravilloso estar vivo. Incluso cuando no coopera, la vida sigue siendo una aventura increíble". [14]

2. Lea Lamentaciones 3:22-23. ¿Qué dosis diaria de gracia nos promete Dios?

3. ¿Qué consejo da Salomón respecto al envejecimiento en Eclesiastés 11:8?

En pocas palabras, dice, regocíjense y recuerden. Alégrate de que todavía estemos vivos. Y recuerde que, con el tiempo, el envejecimiento es sólo una parte de la vida. En el Salmo 103:14, David escribe sobre la fragilidad de nuestro cuerpo: "Porque Él sabe de qué estamos hechos, Se acuerda de que solo somos polvo." Amados, no estamos hechos para esta vida; ¡Nos dirigimos a casa donde pertenecemos! Sabiendo que "la segunda mitad de la vida de un hombre se compone únicamente de los hábitos que ha adquirido durante la primera mitad", [15] Salomón habla directamente a sus jóvenes lectores en Eclesiastés 11:9-10.

4. ¿Qué estímulo da Salomón a sus lectores más jóvenes? (vv. 9-10)

Salomón advierte a su joven audiencia que aproveche el día, pero dentro de límites prudentes. Deberían tomar buenas decisiones y disfrutar de su juventud.

5. ¿Qué advertencia da Salomón? (v. 9b)

Vivimos en una cultura que valora la naturaleza despreocupada de los niños y la exuberancia desenfrenada de los jóvenes, pero descarta a los mayores. Mark Twain bromeó: "Qué lástima que la juventud se desperdicie en los jóvenes". [16] ¿Y quién no ama a Lucille Ball, quien dio esta respuesta cuando se le preguntó sobre el envejecimiento: "El secreto para mantenerse joven es vivir honestamente, comer despacio y mentir sobre la edad". [17] El problema es que "la niñez y la flor de la vida son pasajeras" (v. 10). ¿No es esa la verdad?

Muchos adoran en el altar de la juventud, negándose a envejecer con gracia. La Sociedad Estadounidense de Cirugía Plástica Estética informa que "los cirujanos realizan más de diez millones de procedimientos cosméticos cada año, casi ninguno de ellos médicamente necesario". [18] No importa lo que los fabricantes de medicamentos puedan mezclar para evitar el proceso de envejecimiento, o la industria cosmética pueda crear para cubrir las arrugas y la flacidez de la piel, o lo que el mundo de la moda pueda hacer para ocultar todos nuestros bultos y burbujas, la triste realidad es que al final, la vejez aparecerá y nos sorprenderá a todos cuando nos miremos al espejo. Pero tenemos que afrontar el hecho: si vivimos lo suficiente, envejeceremos.

Plantador de semillas

Casi todas las conversaciones que entablo, sin importar el grupo de edad, pronto giran en torno a lo difícil que se ha vuelto la vida y los efectos nocivos del proceso de envejecimiento. Bien se ha dicho: "Envejecer no es para cobardes". En efecto. Salomón respalda de todo corazón este hecho. Para evitar la conclusión de que todo es vanidad, inyecte algo como: "No fuimos hechos para esta vida". Suavemente lleve la conversación al propósito de Dios para cada uno de nosotros, que está registrado en Eclesiastés 12:13 (así como en muchos otros lugares tanto del Antiguo como del Nuevo Testamento): "Teme a Dios y guarda sus mandamientos". El temor reverencial de Dios, junto con la obediencia, especialmente cuando surge del desbordamiento de gratitud y amor por el Señor, es el secreto para experimentar la plenitud a través de la vida abundante de Cristo.

6. Hagamos un resumen. Vuelva a leer 11:7-10 y observe cómo Salomón escribe en una especie de buena o mala noticia. Utilice este cuadro para ayudarle a organizar sus observaciones.

Versículo	La buena noticia	La mala noticia	¿Cómo entonces debemos vivir?
vv. 7-8			
v. 9			
v. 10	Mientras estés vivo, nunca es demasiado tarde para cambiar.		

Las observaciones y experiencias de vida de Salomón lo califican para hablar sobre el tema de la vida debajo del sol. Philip Ryken habla de la realidad de que la vida es una mezcla de alegría y tristeza:

> Eclesiastés nos da una visión realista de la vida que es gozosa por sus placeres felices y al mismo tiempo sobria por sus muchas tristezas. El libro se niega rotundamente a mostrarnos nada menos que la totalidad de la vida tal como es. Cuando el Predicador nos dice que tendremos muchos días oscuros, no está siendo cínico ni está tratando de robarnos todo nuestro gozo. En cambio, nos está diciendo que disfrutemos la vida tanto como podamos durante el mayor tiempo posible. [19]

Nuestra perspectiva sobre el envejecimiento determinará cómo afrontamos su inevitabilidad. Si cultivamos una visión terrenal de la vida, viviendo para las tentaciones a corto plazo que ofrece esta vida debajo del sol, seguramente envejeceremos y alcanzaremos la peor forma de nosotros mismos. Malhumorado. Dogmático. Cruel. Con derecho. Demandante. Insatisfecho. Me temo que todos nos hemos encontrado con personas mayores como las que acabo de describir. Si vemos la vida a través de la perspectiva de la eternidad, podemos mirar a Jesús y estar agradecidos por su bondad, encontrar gozo en los placeres simples y prodigar bondad a familiares y amigos que se deleitarán en nuestra compañía. Esta perspectiva "por encima del sol" rompe nuestro afecto por las baratijas de este mundo y centra nuestra atención en el próximo, permitiéndonos vivir *Con la Vista en la Eternidad*.

Día Tres | Eclesiastés 12:1-8

La visión sincera de Salomón sobre la naturaleza fugaz de la vida es válida. Las estadísticas están disponibles: una de cada una persona va a morir. Nadie saldrá vivo de aquí. El salmista eleva esta mentalidad al escribir: "Enséñanos a contar de tal modo nuestros días, Que traigamos al corazón sabiduría." (Salmo 90:12). Vivir *Con la Vista en la Eternidad* es el camino para encontrar un equilibrio saludable entre el aquí y el ahora y el glorioso por siempre jamás. Nos insta a encontrar y cumplir nuestro propósito para la gloria del Reino de Dios, en lugar de vivir para satisfacer las indulgencias de la vida personal.

Lea Eclesiastés 12:1-8.

"Recordar" es una palabra clave en toda la Escritura. Cada vez que veo "recuerda", lo anoto en mi Biblia.

1. Antes de sumergirnos en nuestro texto de Eclesiastés, mire 2 Pedro 1:12-15. ¿Qué escribe Pedro sobre la necesidad de ser recordado?

2. ¿Por qué necesitamos que se nos recuerde lo que ya sabemos, especialmente en el ámbito espiritual de la verdad?

3. Salomón usa la palabra "recordar" tres veces en Eclesiastés, una vez en el capítulo 11 y dos veces en el capítulo 12. ¿Qué nos advierte Salomón que recordemos y por qué?

Verso	¿Recuerdas qué?	¿Por qué?
11:8		
12:1		
12:6		

Lección Diez | 305

La referencia de Salomón a Dios como nuestro creador nos recuerda que vivimos en un mundo que Él creó y que Él mantiene control sobre él. También se nos recuerda que somos Su creación. Nuestro nacimiento no fue una casualidad ni un error, ni el resultado aleatorio de la intimidad por parte de nuestros padres. Dios nos creó y nos insertó en su historia "para este tiempo" (Ester 4:14), con un diseño divino para el propósito de Su Reino. Efesios 1:4 dice: "Nos escogió en él antes de la fundación del mundo, para que fuéramos santos e irreprensibles". Amados, ¡somos benditos y muy favorecidos en Jesús!

4. Lea Salmo 139:13-16. Este es uno de los salmos de David y podemos suponer que Salomón estaba familiarizado con él. Toma notas sobre lo que te enseña este pasaje acerca de tu diseño divino por parte del Dios creador.

Con su instrucción: "Acuérdate también de tu creador en los días de tu juventud, antes que vengan los días malos" (Eclesiastés 12:1), Salomón señala la importancia de sentar un fundamento espiritual temprano en la vida. David Guzik explica que Salomón está advirtiendo "a los jóvenes que recuerden a Dios y la eternidad antes de sufrir mucho al someterse a una premisa 'debajo del sol' y todo el sinsentido asociado con ella". [20]

En una visita a Texas para ver a nuestro hijo y su familia, hicimos un viaje al supermercado H-E-B. Me encanta comprar allí y como no tenemos uno en nuestra área, mi nuera siempre se asegura de que pueda visitarlo. En esta ocasión nos llevó a nosotros y a nuestro nieto, que en ese momento tenía tres años. Cuando hicimos fila para pagar, el cajero le dio a nuestro nieto un boleto por ser tan buen comprador. Muy satisfecho de sí mismo, nuestro nieto nos llevó hasta una gran máquina expendedora. Deslizó su billete en la ranura lateral y presionó el gran botón rojo. Esto provocó que una rueda gigante girara y, cuando se detuvo, un puntero de plástico amarillo indicó su premio. Bueno, ¡he aquí que obtuvo el ganador instantáneo! En su pequeña mente, ¡esto era como ganar el sorteo de la Cámara de Compensación de Editores! Lanzó sus bracitos regordetes al aire y se puso de puntillas gritando: "¡Ganador instantáneo!" Corrimos al mostrador de Atención al Cliente para reclamar su premio, que era un vaso de plástico con la inscripción H-E-B, un auténtico tesoro para un niño de tres años. Procedió a recrear el escenario ganador, completo con brazos y puntillas, para el empleado del mostrador, quien aplaudió con entusiasmo su buena suerte. Una vez en casa, continuó repitiendo los acontecimientos durante todo día, terminando cada vez de puntillas con los brazos extendidos hacia el cielo. Cuando su hermano llegó a casa de la escuela, el más pequeño le contó la historia, poniéndose de puntillas. Cuando papá llegó a la escena, fue una repetición de la actuación.

Estoy bastante segura de que escuché la historia no menos de diez veces ese día. Cada recuento estuvo acompañado de los brazos, las puntillas y el grito de "¡Ganador instantáneo!" Nunca nos cansamos de ello. Pero mientras observaba su gran alegría ante un vaso de plástico que probablemente se derretiría en una masa inutilizable e irreconocible en el lavavajillas, comencé a buscar una aplicación espiritual. Al observar la gratitud y la alegría de este pequeño, como lo demuestra su postura de puntillas, le dije al Señor que quería ser así con Él. Quería tener un corazón de niño lleno de gratitud por todas sus bondades y dones. Y quería ese tipo de alegría de puntillas que presencié en mi nieto.

Ese evento con mi nieto tuvo lugar hace casi diez años y todavía me impacta. Cuando recuerdo a mi creador y considero todo lo que Él ha hecho por mí, hago la danza de la alegría de puntillas con los brazos extendidos hacia el cielo. ¡Y hasta podría gritar un poco! Sí, han pasado años en mi vida. Los efectos del envejecimiento han pasado factura. Han llegado algunos días difíciles. Aún así, al recordar a mi Salvador y su fidelidad, estoy bien con mi Dios. ¡Y sigo bailando!

La mayoría de los comentaristas coinciden en que lo que sigue en Eclesiastés 12:2-6 es una descripción poética de los efectos del envejecimiento, aunque existen diferentes interpretaciones de estos versículos.

5. ¿Qué dolencia física se describe en estos versículos? No dude en utilizar comentarios u otros recursos. Y si te quedas perplejo, pasa al siguiente.

Verso	Lenguaje Poético	Dolencia Física
v. 3	los guardas de la casa tiemblan	las manos se ponen temblorosas
v. 3	los fuertes se encorvan	
v. 3	las que muelen están ociosas y son pocas	
v. 3	las ventanas se oscurecen	
v. 4	el sonido del molino es bajo	
v. 4	uno se levantará al sonido del ave	
v. 4	hijas del canto son abatidas	
v. 5	miedo a las alturas y a los terrores en el camino	
v. 5	florece el almendro	
v. 5	Se arrastra la langosta	
v. 5	la alcaparra pierde su efecto	

Lección Diez | 307

Al final "el hombre va a su hogar eterno" (Eclesiastés 12:5) y "el polvo volverá a la tierra como era, y el espíritu volverá a Dios que lo dio" (Eclesiastés 12:7).

Gibson nos da su opinión sobre las palabras de Salomón sobre el envejecimiento y la muerte:

> En lugar de vivir envueltos en la muerte, Eclesiastés nos ha estado enseñando a vivir moldeados por la muerte. Es vigorizantemente realista sobre las agonías del envejecimiento y la muerte, pero su realismo no va de la mano con la desesperación... La próxima falla de mi cuerpo debería informar el funcionamiento actual de mi cuerpo. Mi muerte segura debe revitalizar mi vida actual. Poner un pie en la tumba es la forma de plantar el otro en el camino de la vida. [21]

Recordar nuestro fin nos ayuda a disfrutar de la vida antes de que lleguen los males de la vejez.

Salomón cierra esta sección recordándonos que las cosas de este mundo nunca podrán satisfacernos. Y así concluye Kidner:

> Una vez que hemos dejado atrás la experiencia de todo el libro, y finalmente con las inquietantes imágenes de la mortalidad de este capítulo para reforzar el punto, volvemos al grito inicial, *Vanidad de vanidades*, y lo encontramos justificado. Nada en nuestra búsqueda nos ha llevado a casa; Nada de lo que se nos ofrece "debajo del sol" es nuestro para conservarlo. [22]

Si vivimos lo suficiente, la polilla y la descomposición reclamarán nuestras posesiones. Las mentes débiles borrarán nuestros recuerdos. La mala salud nos quitará fuerzas, por lo que debemos ocuparnos de los asuntos del Padre mientras podamos.

La vida es corta en comparación con la eternidad. En Salmo 144:4, David escribe: "El hombre es semejante a un soplo; Sus días son como una sombra que pasa." La vida no sólo es breve, sino que a menudo está llena de sufrimiento y tristeza, cosas diseñadas para romper nuestra adicción "debajo del sol" a este mundo.

Salomón nos instruye a recordar a nuestro Dios creador. Responde a Él con arrepentimiento y fe mientras puedas. La muerte se acerca. "Y por cuanto está establecido que los hombres mueran una sola vez y después venga el juicio" (Hebreos 9:27). No es demasiado tarde para reevaluar su vida y hacer los ajustes necesarios para vivir *Con la Vista en la Eternidad*.

No amen al mundo ni las cosas que están en el mundo.
Si alguien ama al mundo, el amor del Padre no está en él.
Porque todo lo que hay en el mundo, la pasión de la carne,
la pasión de los ojos, y la arrogancia de la vida, no proviene del Padre,
sino del mundo. El mundo pasa, y también sus pasiones,
pero el que hace la voluntad de Dios permanece para siempre.
1 Juan 2:15-17, NBLA

Día Cuatro | Eclesiastés 12:9-14

Salomón está ahora llegando a su fin. "Vanidad de vanidades... todo es vanidad" (Eclesiastés 12:8). Estas son las primeras y también las últimas palabras del Predicador (Eclesiastés 1:2), una técnica literaria conocida como inclusio. El escritor comienza y termina su composición diciendo exactamente lo mismo. [23] Entre su apertura y su cierre, Salomón nos ha mostrado cuán vana es la vida propia y "cuán sin sentido es la vida sin Dios, qué poco gozo hay bajo el sol si tratamos de dejar a nuestro creador fuera de su universo". [24] Todo es vanidad. Pero ese no es el mensaje final de Salomón. Al final de su solemne exposición sobre la experiencia humana, nos remite a Dios. La vanidad no tiene la última palabra, ni en la Biblia ni en la vida cristiana. En sus versos finales, Salomón pone todo el libro, y de hecho la vida misma, en la perspectiva adecuada.

Comience el estudio de hoy leyendo Eclesiastés 12:9-14.

Notamos algo único en este pasaje: estos versículos están escritos en tercera persona. Los comentaristas tienen diferentes opiniones sobre quién escribió estos versículos. Quizás uno de los eruditos de la Biblia los escribió. O tal vez Salomón esté usando un recurso literario para atraer a sus lectores a sus pensamientos finales.

1. Independientemente del autor real, ¿qué información aprendes sobre Salomón en estos versículos? (12:9-10)

2. Vuelva a mirar 1 Reyes 4:29-34. ¿Cómo se describe en este pasaje la sabiduría dada por Dios a Salomón?

Un proverbio puede describirse como "un dicho breve y conciso de uso general, que expresa una verdad general o un consejo". [25]

3. ¿Cuántos proverbios y cánticos ha escrito Salomón? (v. 32)

4. ¿En qué temas tiene experiencia? (v. 33)

Lección Diez | 309

Si bien Salomón obviamente se alejó del Señor y cometió pecados graves, sigue siendo el hombre más sabio que jamás haya existido. Fue cuando no aplicó la sabiduría que Dios le había dado que se metió en serios problemas. Hacia el final de su vida, parece que regresa al Señor y luego escribe Eclesiastés basándose en la sabiduría que adquirió en su experiencia.

5. Eclesiastés 12:11 dice: "Las palabras de los sabios son como aguijones". Utilice un diccionario o recurso bíblico y defina "aguijón".

6. ¿Cuál es la implicación espiritual de que el pastor use su aguijón para llamar la atención de un animal testarudo?

7. Describe un momento en el que el Espíritu de Dios te incitó.

David Hubbard explica que el término "maestros de estas colecciones" en el versículo 11 probablemente se refiere al "grupo de sabios que pertenecían al gremio responsable de reunir y transmitir sabiduría y enseñanzas". [26]

Las palabras de los sabios también son como "clavos bien clavados", que dan sensación de permanencia y estabilidad. Ryken expone: "Una vez que un dicho sabio se introduce en la mente, permanece allí, como un clavo clavado profundamente en un bloque de madera. La vida puede ser un vapor, pero la sabiduría puede ayudarnos a precisarlo, dándonos un lugar donde colgar nuestras experiencias". [27]

Dios usa ambos enfoques: palabras deliciosas de su Palabra y, cuando sea necesario, el aguijón de la corrección para mover a sus seguidores hacia el único Pastor, un nombre mesiánico para Jesucristo. ¡Hagamos una pausa y regocijémonos ante la mención de uno de los nombres de Jesús! Después de haber trabajado en la recitación de Salomón sobre la vida debajo del sol, finalmente llegamos al eje sobre el cual gira toda la vida: Jesús. ¡Susurra su nombre y disfruta de su presencia!

Jesús es nuestro Pastor y también es nuestro Salvador. Él es el Buen Pastor que "da su vida por las ovejas" (Juan 10:11). Es Jesús "quien nos llama a alejarnos de la vanidad de la vida sin Dios para encontrar alegría y sentido en su gracia. No vivimos simplemente debajo del sol. Vivimos bajo el Hijo, el Hijo de Dios que 'nos amó y se entregó a sí mismo por nosotros'". [28]

En Eclesiastés 12:12 encontramos otra palabra de advertencia de Salomón a sus lectores: tengan cuidado con lo que leen y a quién leen.

8. Mientras Salomón se prepara para dejar la pluma, ¿cuáles son sus pensamientos finales? (vv. 13-14)

Danny y Jon Akin resumen bien el mensaje de Salomón:

> El objetivo de Eclesiastés, como el de todos los libros del Antiguo Testamento, es en última instancia hacerte sabio para la salvación mediante la fe en Jesucristo (2 Timoteo 3:15). Cuando vemos de cerca la muerte en las visitas al hospital, el sufrimiento de un ser querido o el fallecimiento de un amigo, indica que hay algo mejor ahí fuera. Ése es el punto de Eclesiastés: nada tiene sentido sin Jesús. [29]

Salomón concluye su libro, no con la promesa de gracia, sino con la advertencia del juicio venidero. La inferencia es invocar el nombre del Señor para salvación mientras aún hay tiempo. Si nunca ha iniciado una relación personal con Cristo, tenemos un folleto en el Apéndice que lo ayudará en el proceso. Además, cualquiera de nuestros líderes estará encantado de compartir cómo puede llegar a conocer a Jesús personalmente. La Biblia dice: Pero ahora es "EL TIEMPO PROPICIO"; ahora es "EL DIA DE SALVACIÓN". (2 Corintios 6:2). Por favor considere las afirmaciones de Cristo. ¡Conocer a Jesús es el gozo más grande sobre el sol!

La verdadera alegría es más que una elevación temporal de tus emociones...
La verdadera alegría es vertical. Resulta de estar en una relación personal
con el creador y gobernador del universo y de descansar en su
plan para el mundo. [30]
~Paul Tripp

Día Cinco | ¿Cuál es el propósito de la vida?

Bueno, aquí estamos en la conclusión de nuestro estudio.

No sé ustedes, pero yo he luchado a lo largo del camino con verso tras verso sobre la vanidad de la vida. De hecho, ¡a veces me ha arrancado casi toda la alegría! En parte, se debe a las ventajas que Salomón tenía y que desperdició tontamente. Fue criado por David, "un hombre conforme al corazón [de Dios]" (1 Samuel 13:14). Cuando Salomón ascendió al trono, Dios concedió su pedido y lo convirtió en el hombre más sabio que jamás haya existido, y quizás el más rico, además. Como rey, la sabiduría, las mujeres y la riqueza definieron su vida. Su excesiva atracción por estos dos últimos se convirtió en su perdición. Una parte de mí se lamenta por Salomón y otra parte está molesta con él. Oh, Salomón, ¿cómo pudiste?

1. ¿Cuáles son tus pensamientos iniciales después de leer Eclesiastés?

He llegado a estar muy agradecida de que Dios incluya a Eclesiastés en el canon de las Escrituras. Sin él, nos quedaríamos con la noción errónea de que Salomón murió como vivió en sus primeros días, lleno de sabiduría (Proverbios) y extasiado enamorado de su preciosa (primera) esposa, conocida como la doncella sulamita (Cantares de los Cantares). En cambio, tenemos su advertencia, una severa advertencia para evitar vivir para ganancias egoístas y una severa advertencia para vivir *Con la Vista en la Eternidad.*

El trampolín para nuestro último día de estudio son las últimas palabras de Salomón en Eclesiastés 12:13-14. Vuelva a leer estos versículos para refrescar su mente al comenzar nuestro estudio de hoy.

2. Cada uno de nosotros necesita examinar nuestra vida a la luz de la conclusión de Salomón. ¿En qué punto te encuentras en tu viaje espiritual?

312 | Lección Diez

En esencia, Eclesiastés nos ruega que consideremos:

> ¿En qué dirección va tu vida? ¿Hacia el hombre o hacia Dios? ¿Hacia la muerte o hacia la vida? En sus 12 capítulos, muy líricamente escritos, el narrador intenta encontrar la plenitud y la felicidad a través de todas las cosas que el hombre valora: la búsqueda de la sabiduría humana, los placeres de la comida y la bebida, los grandes logros, el trabajo duro, la riqueza, tener hijos. ¿Su opinión sobre todo esto? Todo es vanidad (inútil, sin sentido). La gente vive y muere, las civilizaciones surgen y caen, todo en la vida tiene un tiempo y un propósito, pero eventualmente todo desaparece. Todo el trabajo del hombre quedará en nada, y sólo el camino de Dios funciona y perdura. [31]

Esta vida es simplemente un campo de entrenamiento para la próxima. A lo largo de todo Eclesiastés, Salomón hace implacablemente una distinción entre lo temporal y lo eterno.

Me sorprendió saber que Eclesiastés es parte de una de las fiestas judías. Como leemos en la Introducción, "Cada año, el pueblo judío leía (y todavía lee) Eclesiastés durante la Fiesta de los Tabernáculos".

En los tiempos bíblicos, la Fiesta de los Tabernáculos era una de las tres fiestas de peregrinación a las que se ordenaba asistir a los varones judíos en Jerusalén. Era uno de los festivales más alegres del judaísmo, destinado a reunir a familiares y amigos. Generalmente celebrado en septiembre u octubre, era un momento para dar gracias por la cosecha y recordar cómo Dios habitó entre su pueblo en el desierto después de su éxodo de Egipto. También debían esperar con ansias la promesa mesiánica. "Durante siete días, los judíos construían refugios frondosos (conocidos como cabañas o tabernáculos) y vivían en ellos. Si bien el follaje de las casetas era hermoso al comienzo del festival, al final comenzaba a deteriorarse y desmoronarse, y ya no podía proporcionar un refugio básico". [32] La Fiesta de los Tabernáculos era una ayuda visual de la vanidad de lo temporal versus lo permanente. Eclesiastés es la elección obvia y un acompañamiento perfecto para este momento de celebración en la vida judía.

Ahora, conecte el Antiguo Testamento con el Nuevo Testamento. Lea Juan 1:14.

3. El "Verbo" es una referencia a Jesús. ¿Qué revela este versículo acerca de Él?

Jesús vino y habitó entre nosotros. La palabra traducida "habitó" en el griego original significa "levantar una tienda, tabernáculo". [33] Es decir, Jesús, "hecho semejante a los hombres" (Filipenses 2:7), *puso su tabernáculo* entre su creación humana.

- En el Antiguo Testamento, la presencia de Dios habitaba en un tabernáculo y luego en un templo.

- En el Nuevo Testamento, la presencia de Dios habitaba en la persona de Jesús encarnado.

- Después de Su ascensión, la presencia de Dios habita en los creyentes en la forma del Espíritu Santo (Hechos 2).

Lea Juan 7:1-10.

El telón de fondo de este texto es la Fiesta de los Tabernáculos. Miles de hombres judíos, acompañados de sus familias, habían viajado a Jerusalén para celebrar, incluidos los hermanos de Jesús.

4. Los hermanos de Jesús querían que asistiera a la Fiesta de los Tabernáculos. Esta sería la oportunidad perfecta para impresionar a las masas con algunos de Sus "trucos", como convertir el agua en vino y multiplicar el pan. ¿Qué dice el versículo 5 acerca de sus hermanos?

5. ¿Cuál fue la respuesta de Jesús? (vv. 6-9)

Más tarde, Jesús entró en Jerusalén en secreto porque los funcionarios judíos buscaban arrestarlo. "Pero cuando era la mitad de la fiesta, Jesús subió al templo y comenzó a enseñar" (Juan 7:14).

6. Lea Juan 7:12-15. ¿Cuál fue la reacción de la multitud ante las enseñanzas de Jesús?

Pero como registra Juan 7:30: "Nadie le puso la mano encima, porque aún no había llegado su hora".

La característica principal del festival era un importante ritual del agua que se llevó a cabo cada uno de los siete días. Esto era para conmemorar la provisión de agua de Dios durante el peregrinaje de los israelitas en el desierto (Éxodo 17:1-7). Cada día, una procesión jubilosa seguía a los sacerdotes hasta el estanque de Siloé, donde sacaban agua. Con gran fanfarria, el sacerdote conducía a la multitud que lo vitoreaba de regreso al templo. En la puerta de las Aguas, en el lado sur, se tocaron tres toques del shofar (un cuerno de carnero). Luego se citaba Isaías 12:3: "Por tanto, con alegría sacaréis agua de los manantiales de la salvación", mientras los sacerdotes marchaban siete veces alrededor del altar. El coro del templo cantaba el *Hallel* (Salmos 113-118). El crescendo de alabanza sería casi ensordecedor cuando el agua se derramaba como ofrenda a Dios.

Fue en este contexto que "en el último día, el gran día de la fiesta, Jesús se puso de pie y gritó, diciendo: Si alguno tiene sed, venga a mí y beba" (Juan 7:37). ¡Oh, qué rico simbolismo se exhibió entre lo temporal y lo eterno! El pueblo judío había estado viviendo en tabernáculos que ahora estaban descoloridos y desmoronándose, lo que demuestra la naturaleza temporal que ofrece este mundo. Habían leído Eclesiastés y reflexionado sobre la vanidad de la vida separada de Dios. Y ahora, Jesús se pone de pie y ofrece a las almas sedientas un trago de agua viva que saciaría el alma para siempre. En Juan 4:14, Jesús le había dicho a la mujer junto al pozo: "pero el que beba del agua que Yo le daré, no tendrá sed jamás, sino que el agua que Yo le daré se convertirá en él en una fuente de agua que brota para vida eterna."

Jesús continuó: "El que cree en mí, como dice la Escritura, de lo más íntimo de su ser correrán ríos de agua viva" (Juan 7:38). Esta era una referencia al Espíritu Santo que moraría en los creyentes después de la ascensión de Jesús. Curiosamente, ese evento ocurriría en otro día festivo, el día de Pentecostés (Hechos 2).

Al cerrar el libro sobre nuestro estudio de Eclesiastés, dedique unos minutos a hacer un inventario espiritual y a reflexionar sobre su propósito en la vida. ¿Conoces a Jesus? Si no, la invitación de Jesús a beber del pozo de Agua Viva sigue en pie. Oramos para que consideres las afirmaciones de Cristo y llegues al conocimiento salvador de Él. Si has nacido de nuevo, la pregunta que debes considerar es: ¿Estás viviendo para la gloria de Jesús? Para responder a la pregunta: "¿Cuál es el propósito de la vida?" - ¡Él es! Al final, Él es todo lo que importa.

Su equipo de redacción le agradece por acompañarnos en esta aventura a través del libro de Eclesiastés. ¡Oramos que las bendiciones de Dios sean para usted y que viva con valentía para el Señor Jesucristo *Con la Vista en la Eternidad*!

Padre Celestial, gracias por tu Palabra que nos instruye y nos inspira a vivir para ti. Que las palabras de Salomón sobre la vanidad de la vida "debajo del sol" calen profundamente en nuestros corazones y mentes. Mientras vivamos en el mundo, que no seamos del mundo. Que podamos buscar vidas de santidad personal y rectitud práctica para tu gloria.

Señor, recuérdanos que somos como la hierba, florecemos y florecemos, pero nos marchitamos rápidamente. Mantén ante nosotros la fragilidad de nuestra vida para no caer en la trampa de vivir en vano. Señor, has puesto la eternidad en nuestro corazón y queremos que nuestras vidas cuenten para tu Reino.

Gracias, Señor, porque tu misericordia es eterna, desde eternidad y hasta siempre, para con los que te temen y caminan en obediencia. Has establecido tu trono en los cielos y tu soberanía gobierna sobre todo.
Amén y Amén.

Cómo Convertirse en Cristiano

En 1971, John Lennon escribió su exitosa canción, *Imagina*, que supone,

Imagina que no hay cielo
Es fácil si lo intentas.
No hay infierno debajo de nosotros.
Sobre nosotros, solo cielo.
Imagina toda la gente
Viviendo para el hoy

La implicación de Lennon es que, si la gente adoptara la perspectiva de que este mundo es todo lo que existe, todos podrían "vivir para el hoy" y atender las necesidades del mundo en lugar de ser consumidos por la eternidad. El mundo imaginario de Lennon describe la forma en que muchas personas viven sus vidas. Pero hay algunos problemas claros con su teología:

- Primero, el cielo y el infierno existen (Filipenses 3:20; Lucas 13:5).

- En segundo lugar, vivir para la eternidad no nos ciega a las necesidades del mundo. De hecho, Jesús dice que el segundo mandamiento más importante es amar a tu prójimo como a ti mismo" (Mateo 22:39).

- Finalmente, la historia cuestiona la teoría de Lennon. Negar el cielo y el infierno no da como resultado la paz mundial. De hecho, algunas de las peores atrocidades humanas han sido cometidas por aquellos que sostenían un rechazo ateo del más allá y la eliminación de la religión de la sociedad (es decir, Hitler, Stalin, Mao Zedong, Pol Pot).

Casi puedo oír lo que estás pensando: "Oye, no soy como Hitler o Stalin. Claro, he hecho algunas cosas mal, pero no soy tan malo como ellos". Pero aquí está la cuestión: todos tenemos un problema con el pecado. La Biblia dice: "Todos pecaron y están destituidos de la gloria de Dios" (Romanos 3:23). Romanos 6:23 luego explica: "Porque la paga del pecado es muerte". Nuestro pecado nos ha separado de un Dios santo y por eso estamos bajo sentencia de muerte eterna y separación de Dios.

A lo largo de nuestro estudio, hemos hablado mucho sobre la certeza de la muerte y la realidad de la eternidad. Entonces, déjame hacerte una pregunta: ¿Sabes, sin lugar a dudas, que, si murieras ahora mismo, irías al cielo y pasarías toda la eternidad en la presencia del Señor Jesucristo? Si todavía estás trabajando en eso, continúa leyendo.

¿Qué debes hacer para tener vida eterna? Arrepentirse. Creer. Recibir.

ARREPENTIRSE.

En Lucas 13:5, Jesús dice: "si ustedes no se arrepienten, todos perecerán igualmente". "Sus palabras son una respuesta a algunas personas que le preguntaron acerca de Pilato matando a hombres judíos y mezclando su sangre con los sacrificios que se estaban haciendo. Jesús reconoció que en realidad estaban preguntando: "Las cosas malas sólo le suceden a la gente mala, ¿verdad? Sé que no puedo ser yo, ¿entonces estoy bien? ¿Correcto?" La respuesta de Jesús es básicamente: "No mires a tu alrededor, ni pienses en otras personas, ni te compares con ellas. Necesitas reconocer tu propio pecado y luego alejarte de él". Apartarse del pecado se llama arrepentimiento.

Definido, el arrepentimiento es "un cambio de mentalidad que conduce a un cambio de vida". Ese puede ser un gran concepto para procesar. Sin embargo, de manera práctica, es algo que todos hemos experimentado. Piense en un momento en el que estaba conduciendo hacia algún lugar y luego se dio cuenta: "He tomado el camino equivocado. Me perdí mi salida". A veces, te das cuenta de inmediato: "Vaya, ¿cómo es que me perdí ese giro?". En otras ocasiones, es un reconocimiento gradual: "Esto no me resulta familiar. ¿He cometido un error? ¿Escribí la dirección correcta?

Ya sea que te des cuenta de repente o que suceda lentamente, cuando respondes con arrepentimiento, admites que vas por el camino equivocado y te das la vuelta.

CREER.

Una vez que te das la vuelta, ¿qué viene después? Lo único que no se puede hacer es simplemente detenerse y quedarse quieto, congelado, sin hacer nada. En lugar de eso, actúas. Verifica la dirección, la vuelve a ingresar en su aplicación de mapas o llama y obtiene direcciones. Entonces, comienzas a avanzar en la dirección correcta.

Aplicando la analogía impulsora a nuestra vida espiritual, "creer" significa que te das cuenta de que has pecado contra Dios, y ningún cambio de estilo de vida o modificación de comportamiento puede reparar tu relación con Él. El único camino hacia la paz con Dios es a través de Su Hijo Jesús. Hechos 16:31 nos dice: "Cree en el Señor Jesús y serás salvo". Debes creer que Jesús murió en tu lugar por tus pecados. La Biblia dice: "Al que no conoció pecado, por nosotros lo hizo pecado, para que nosotros fuésemos hechos justicia de Dios en él" (2 Corintios 5:21). En otras palabras, no hay nada que puedas hacer excepto creer en Jesús y confiar en que lo que Él hizo –morir en tu lugar y sufrir lo que tú merecías– ese es el pago suficiente por tus pecados. Cuando recurras a Él en busca del perdón de tus pecados, Él te limpiará "de todo pecado" (1 Juan 1:7).

RECIBIR.

En este punto, la ilustración de conducción se desmorona. Conducir en la dirección equivocada se corrige mediante un procedimiento: te das cuenta de que vas en la dirección equivocada y luego te das la vuelta y te diriges en la dirección correcta. Pero ir espiritualmente en la dirección equivocada solo es superado por una Persona, Jesús. La Biblia dice: "Pero a todos los que le recibieron, a los que creen en su nombre, les dio potestad de ser hijos de Dios" (Juan 1:12). Puedes recibir a Jesús ahora mismo. Haz una oración como esta:

Señor Jesús, confieso que he pecado contra ti.
Me aparto de mi pecado ahora mismo.
Creo que moriste en la cruz para pagar la culpa por mis pecados.
Te recibo como Señor y Salvador de mi vida.
Te entrego mi vida. Quiero vivir para ti, en ti y contigo para siempre.
En el nombre de Jesús, Amén.

Bienvenido al gozo de la vida eterna, ¡ahora y siempre!

Notas Finales

Introduction: With Eternity in View
1. John Ortberg shares this quote from his friend, Dallas Willard on p. 6 of *Eternity is Now in Session* (2018). Carol Stream, IL: Tyndale.
2. Wedemeyer, G.A, Saunders, R.L. & Clarke, W. C. (1980). "Environmental Factors Affecting Solitification and Early Marine Survival of Anadromous Salmonids." *National Oceanic and Atmospheric Administration*. Retrieved fromhttps://www.noaa.gov/sites/default/files/legacy/document/2020/Oct/07354626518.pdf
3. *Forest Service*. (n.d.). "Fish Life and Cycles." Retrieved from https://www.fs.usda.gov/detail/r6/learning/kids/?cid=fsbdev2_027478
4. Tripp, P. D. (2011). *Forever*, p. 13. Grand Rapids, MI: Zondervan.
5. Tripp, P. D. (2011). *Forever*, p. 30. Grand Rapids, MI: Zondervan.
6. Tripp, P. D. (2011). *Forever*, p. 30. Grand Rapids, MI: Zondervan.
7. Wickam, P. (n.d.). "Hymn of Heaven." *AZ Lyrics*. Retrieved from https://www.azlyrics.com/lyrics/philwickham/hymnofheaven.html
8. Lewis, C. S. (1956). *The Last Battle*, p. 196. New York, NY: Harper Collins.
9. Tozer, A. W. (1960). *Of God and Men*, p. 40. Harrisburg, PA: Christian Publications.

Introduction: Ecclesiastes
1. Melville, H. (2015). *Moby Dick*, p. 400. Delhi: Fingerprint!Publishing.
2. John Donne quoted in Ryken, P. (2015). *Why Everything Matters: The Gospel in Ecclesiastes*, p. 7. Scotland: Christian Focus Publications.
3. Thomas Wolfe quoted in Christianson, E. S. (2007). *Ecclesiastes Through the Centuries*. Hoboken, NJ: Wiley-Blackwell.
4. Morgan, G. C. (1961). *Unfolding Message of the Bible*, p. 229. Grand Rapids, MI: Fleming Revell.
5. *Bible Study Tools*. (n.d.). Hebrew Lexicon." Retrieved from https://www.biblestudytools.com/lexicons/hebrew/nas/qoheleth.html#google_vignette
6. *Bible Study Tools*. (n.d.). "Easton's Bible Dictionary." Retrieved from https://www.biblestudytools.com/dictionary/jedidiah/
7. *Google.com*. (n.d.). Retrieved from: https://www.google.com/search?client=safari&rls=en&q=how+much+money+did+solomon+have&ie=UTF-8&oe=UTF-8
8. Asim, H. (May 16, 2023). *Yahoo Finance*. "Top 50 Richest Countries In The World By Net Worth." Retrieved from https://finance.yahoo.com/news/top-50-richest-countries-world-135501697.html
9. Using the calculation of 1 cubit = 18 inches
10. Josephus , F. (n.d.) *Christian Classics Ethereal Library*. "Josephus, The Complete Works." Retrieved from https://www.ccel.org/ccel/josephus/complete.ii.xi.viii.html
11. Wiersbe, W. (1990). *Be Satisfied: Looking For the Answer to the Meaning of Life*, p. 17. Colorado Springs, CO: David. C. Cook.
12. Wiersbe, W. (1990). *Be Satisfied: Looking For the Answer to the Meaning of Life*, p. 17. Colorado Springs, CO: David. C. Cook.
13. Wiersbe, W. (1990). *Be Satisfied: Looking For the Answer to the Meaning of Life*, p. 17. Colorado Springs, CO: David. C. Cook.
14. O'Donnell, S. (2014). *Ecclesiastes*, p. 5. Phillipsburg, NJ: P&R Publishing.
15. *The Presbytery of the United States*. (n.d.) "The Westminister Shorter Catechism." Retrieved from https://www.westminsterconfession.org/resources/confessional-standards/the-westminster-shorter-catechism/

Lesson One
1. Kelley, T. (1941). *A Testament of Devotion*, p. 3. New York, NY: Harper Collins.
2. *National Ocean Service*. (n.d.) "What is a current?" Retrieved from https://oceanservice.noaa.gov/facts/current.html#:~:text=Oceanic%20currents%20describe%20the%20movement,or%201.15%20miles%20per%20hour).

3. Akin, D. & Akin, J. (2016). *Exalting Jesus in Ecclesiastes*, p. 5. Nashville, TN: B&H Publishing.
4. Eswine, Z. (2014). *Recovering Eden: The Gospel According to Ecclesiastes*, p. 3. Phillipsburg, NJ: P&R Publishing.
4. Vine, W.E. (1970). *Vines's Complete Expository Dictionary of Old and New Testament Words*, p. 42 (New Testament). Nashville, TN: Thomas Nelson.
5. Meyers, J. (2013). *Ecclesiastes Through New Eyes: A Table in the Mist*, p. 21. Monroe, LA: Athanasius Press.
6. Simon, C. (1972). "You're so vain." On *No Secrets*. Elektra.
7. Vine, W.E. (1970). *Vines's Complete Expository Dictionary of Old and New Testament Words*, p. 25 (Old Testament). Nashville, TN: Thomas Nelson.
8. Sandburg, C. (n.d.). "Fog." *Poetry Foundation*. Retrieved from https://www.poetryfoundation.org/poems/45032/fog-56d2245d7b36cCarl Sandburg's poem
9. Akin, D. & Akin, J. (2016). *Exalting Jesus in Ecclesiastes*, p. 6. Nashville, TN: B&H Publishing.
10. For the story in its entirety, read Genesis 4:1-16.
11. *Hymnary*. (n.d.). "When I Survey the Wondrous Cross." Retrieved from https://hymnary.org/text/when_i_survey_the_wondrous_cross_watts "all the vain things that charm" hymn
12. *Hymnary*. (n.d.). "Be Thou My Vision." Retrieved from https://hymnary.org/text/be_thou_my_vision_o_lord_of_my_heart
13. Villodas, R. (2020). *The Deeply Formed Life*, LOC. 425. Colorado Springs, CO: Waterbrook.
14. *Bible Tools.org*. (n.d.) "Brown-Driver-Briggs Hebrew Lexicon." Retrieved from https://www.bibletools.org/index.cfm/fuseaction/Lexicon.show/ID/H3504/yithrown.htm
15. Gibson, D. (2021). *Ecclesiastes: Life in Light of Eternity Study Guide*, LOC. 175. Greensboro, NC: New Growth Press.
16. The Rolling Stones. (1965). "Can't get no satisfaction." On *Out of Our Heads*. London Records.
17. Eswine, Z. (2014). *Recovering Eden: The Gospel According to Ecclesiastes*, p. 30. Phillipsburg, NJ: P&R Publishing.
18. Gibson, D. (2017). *Living Life Backwards*, p. 28. Wheaton, IL: Crossway.
19. Gibson, D. (2017). *Living Life Backwards*, p. 28. Wheaton, IL: Crossway.
20. Larson, D. (February 2, 2024). *The Carolina Journal*. "'Groundhog Day' is more than a comedy about a dopey weatherman." Retrieved from https://www.carolinajournal.com/opinion/groundhog-day-is-more-than-a-comedy-about-a-dopey-weatherman-its-a-life-changing-classic/
21. Ryken, P. (2015). *Why Everything Matters: The Gospel in Ecclesiastes*, p. 16. Scotland: Christian Focus Publications.
22. Augustine, "City of God," 20.3, in Ryken, P. (2015). *Why Everything Matters: The Gospel in Ecclesiastes*, p. 17. Scotland: Christian Focus Publications.
23. Augustine. (n.d.). *Confessions*, Chapter One. Retrieved from https://www.ccel.org/ccel/augustine/confessions.iv.html
24. Eswine, Z. (2014). *Recovering Eden: The Gospel According to Ecclesiastes*, pp. 24-25. Phillipsburg, NJ: P&R Publishing.
25. Gibson, D. (2017). *Living Life Backwards*, p. 35. Wheaton, IL: Crossway.
26. Lecture from Sandra Richter at Wheaton College in September 2013. Cited in Ryken, P. (2015). *Why Everything Matters: The Gospel in Ecclesiastes*, p. 10. Scotland: Christian Focus Publications.
27. Kidner, D. (1976). *The Message of Ecclesiastes*, p. 31. Downers Grove, IL: InterVarsity.
28. Akin, D. & Akin, J. *Exalting Jesus in Ecclesiastes*, p. 14. Nashville, TN: B&H Publishing.
29. Akin, D. & Akin, J. *Exalting Jesus in Ecclesiastes*, p. 14. Nashville, TN: B&H Publishing.
30. *United States Census Bureau*. (April 2, 2024). "Household Pulse Survey." Retrieved from https://www.census.gov/data/experimental-data-products/household-pulse-survey.html
31. Booth, J. (2024). *Forbes Health*. "Anxiety Statistics And Facts." Retrieved from https://www.forbes.com/health/mind/anxiety-statistics/
32. Tripp, P. D. (2011). *Forever*. Grand Rapids, MI: Zondervan. Concept developed in Chapter Two.
33. Tripp, P. D. (2011). *Forever*, p. 18. Grand Rapids, MI: Zondervan.

Lesson Two
1. Kidner, D. (1976). *The Message of Ecclesiastes*, p. 35. Downers Grove, IL: InterVarsity Press.
2. Tripp, P.D. (2011). *Forever*, p. 31. Grand Rapids, MI: Zondervan.
3. Comer, J.M. (2021). *Live No Lies*, p. 31. Colorado Springs, CO: Water Brook Publishing.
4. Regan, B. (n.d.). *Beware the Me Monster*. Retrieved from https://www.youtube.com/watch?v=ujIrPhAt8us
5. Guzik, D. *Enduring Word Commentary*. Retrieved from: https://enduringword.com/bible-commentary/ecclesiastes-2.

6. Cobble, T. *The Bible Recap Podcast*. Episode 170. Retrieved from https://www.youtube.com/watch?v=QF1DpbBvZow
7. *World Happiness Report*. (2024). Retrieved from https://worldhappiness.report/ed/2023/ and https://worldhappiness.report/ed/2024/
8. 8. Barna, G. (2023). *Raising Spiritual Champions*, Kindle Edition, p. 34-35. Glendale, AZ: Arizona Christian University Press.
9. Staton, T. (2022). *Praying Like Monks, Living Like Fools*, p. 45. Grand Rapids, MI: Zondervan.
10. Gibson, D. (2017). *Living Life Backward*, p. 37. Wheaton, IL: Crossway.
11. *Bibleproject.com*. (n.d.). Retrieved from https://bibleproject.com/explore/video/ecclesiastes/
12. Tripp, P.D. (2011). *Forever*, p. 163. Grand Rapids, MI: Zondervan.
13. Akin, D. (2016). *Exalting Jesus in Ecclesiastes (Christ-Centered Exposition Commentary)*, Kindle Edition, p. 31. Nashville, TN: B&H Publishing.
14. Akin, D. (2016). *Exalting Jesus in Ecclesiastes (Christ-Centered Exposition Commentary)*, Kindle Edition, p. 33. Nashville, TN: B&H Publishing.
15. Keller, T. (2009). *Counterfeit Gods*, p. 93. New York, NY: Penguin Group.
16. Tripp, P.D. (2011). *Forever*, p. 99. Grand Rapids, MI: Zondervan.
17. Barna, G. (2023). *Raising Spiritual Champions*, Kindle Edition, p. 17. Glendale, AZ: Arizona Christian University Press.
18. Yancy, P. (2006). *Prayer: Does It Make Any Difference*, p. 29. Grand Rapids, MI: Zondervan.

Lesson Three
1. Buechner, F. (n.d.). *The Longing for Home*, LOC 98. Kindle Edition, Harper Collins.
2. Wilson, N.D. (2013). *Death by Living: Life is Meant to be Spent*, p. 106. Nashville, TN: Thomas Nelson.
3. Chandler, M. (August 6, 2006). "Ingredients." *The Village Church*. Retrieved from https://www.thevillagechurch.net/resources/sermons/ingredients?mode=listen
4. Gibson, D. (2017). *Living Life Backwards*, p. 60-61. Wheaton, IL: Crossway.
5. *MPR News*. (December 16, 2015). "Seeger acknowledged King Solomon in writing 'Turn! Turn! Turn!'" Retrieved from https://www.mprnews.org/story/2015/12/16/seeger-turn-turn-turn
6. Eaton, M. (1993). *Ecclesiastes: An Introduction and Commentary*. Logos. Lisle, IL: InterVarsity Press.
7. Wiersbe, W. (1990). *Be Satisfied: Looking For the Answer to the Meaning of Life*, p. 52. Colorado Springs, CO: David C. Cook.
8. Gibson, D. (2017). *Living Life Backwards*, p. 52. Wheaton, IL: Crossway.
9. Eswine, Z. (2014). *Recovering Eden: The Gospel According to Ecclesiastes*, p. 130. Phillipsburg, NJ: P & R Publishing.
10. Gibson, D. (2017). *Living Life Backwards*, p. 52. Wheaton, IL: Crossway.
11. Ten Boom, C. (1971). *The Hiding Place*, p. 7. New York, NY: Chosen Books.
12. Joni Eareckson Tada Foreword to: Ten Boom, C. (1971). *The Hiding Place*, p. 8. New York, NY: Chosen Books.
13. Grant Colfax Tullar "The Weaver" poem, Retrieved from: https://adp.library.ucsb.edu/index.php/mastertalent/detail/110199/Tullar_Grant_Colfax
14. Akin, D. & Akin, J. (2016). *Exalting Jesus in Ecclesiastes*, p. 40. Nashville, TN: B & H Publishing Group.
15. Tripp, P. D. (2011). *Forever*, p. 140. Grand Rapids, MI: Zondervan.
16. Akin, D. & Akin, J. (2016). *Exalting Jesus in Ecclesiastes*, p. 42. Nashville, TN: B & H Publishing Group.
17. Tripp, P. D. (2011). *Forever*, p. 16. Grand Rapids, MI: Zondervan.
18. Eswine, Z. (2014). *Recovering Eden: The Gospel According to Ecclesiastes*, p. 126. Phillpsburg, NJ: P & R Publishing.
19. Quoted in Comer, J. M. (2024). *Four Layers of Sin*, https://practicingtheway.s3.us-west-2.amazonaws.com/Books/Spiritual+Cartography+01+%E2%80%94%C2% A0Four+Layers+of+Sin.pdf
20. Gibson, D. (2017). *Living Life Backwards*, p. 58. Wheaton, IL: Crossway.
21. Ryken, P. (2015). *Why Everything Matters: The Gospel in Ecclesiastes*, p. 57. Christian Focus Publications. Kindle Edition.
22. James Russell Lowell's poem, "The Present Crisis," Retrieved from https://poets.org/poem/present-crisis
23. Akin, D. & Akin, J. (2016). *Exalting Jesus in Ecclesiastes*, p. 52-53. Nashville, TN: B & H Publishing Group.
24. Akin, D. & Akin, J. (2016). *Exalting Jesus in Ecclesiastes*, p. 36. Nashville, TN: B & H Publishing Group.
25. Cultivate. *Merriam Webster*. (n.d.) https://www.merriam-webster.com/dictionary/cultivate.
26. Ryken, P. (2015). *Why Everything Matters: The Gospel in Ecclesiastes*, p. 53. Christian Focus Publications. Kindle Edition.
27. Lucado, M. (1997). *You are Special*, Wheaton, IL: Crossway Books.
28. Lucado, M. (1997). *You are Special*, p. 17. Wheaton, IL: Crossway Books.
29. Lucado, M. (1997). *You are Special*, p. 19. Wheaton, IL: Crossway Books.

30. Lucado, M. (1997). *You are Special*, p. 25. Wheaton, IL: Crossway Books.
31. Lucado, M. (1997). *You are Special*, p. 29. Wheaton, IL: Crossway Books.
32. Lucado, M. (1997). *You are Special*, p. 31. Wheaton, IL: Crossway Books.

Lesson Four
1. Lewis, C.S. (2003). *Letters of C. S. Lewis*, p. 248. Boston, MA: Mariner Books.
2. Lane, T. & P. Tripp. (2006). *Relationships: A Mess Worth Making*, p. 9. Greensboro, NC: New Growth Press.
3. Lane, T. & P. Tripp. (2006). *Relationships: A Mess Worth Making*, p. 9. Greensboro, NC: New Growth Press.
4. Tripp, P. D. (2011). *Forever*, p. 131. Grand Rapids, MI: Zondervan.
5. Hubbard, D. (1991). *The Preacher's Commentary Series: Ecclesiastes/Song of Solomon*, LOC 2478. Nashville, TN: Thomas Nelson.
6. Akin, D. & Akin, J. (2016). *Exalting Jesus in Ecclesiastes*, p. 56. Nashville, TN: B&H Publishing.
7. Akin, D. & Akin, J. (2016). *Exalting Jesus in Ecclesiastes*, p. 56. Nashville, TN: B&H Publishing.
8. Tripp, P. D. (2011). *Forever*, p. 136. Grand Rapids, MI: Zondervan.
9. Kidner, D. (1976). *The Message of Ecclesiastes*, p. 31. Downers Grove, IL: InterVarsity.
10. Wiersbe, W. (1990). *Be Satisfied: Looking For the Answer to the Meaning of Life*, p. 66. Colorado Springs, CO: David. C. Cook.
11. Phillips, J. (2019). *Exploring Ecclesiastes*, p. 144. Grand Rapids, MI: Kregel Publications.
12. Phillips, J. (2019). *Exploring Ecclesiastes*, p. 144. Grand Rapids, MI: Kregel Publications.
13. *Hymnary*. (n.d.). "When Peace Like a River." Retrieved from https://hymnary.org/text/when_peace_like_a_river_attendeth_my_way
14. *Life Application Study Bible, New Living Translation*, p. 1388. (2007). Carol Stream, IL: Tyndale House Publishers, Inc.
15. Dickens, C. (1992). "A Christmas Carol." *The Gutenberg Project*. Retrieved from https://www.gutenberg.org/files/46/46-h/46-h.htm
16. Phillips, J. (2019). *Exploring Ecclesiastes*, p. 153. Grand Rapids, MI: Kregel Publications.
17. *Azquotes.com*. (n.d.). Retrieved from: https://www.azquotes.com/author/18107-Timothy_Keller
18. McGee, J. V. (1991). *Ecclesiastes and Song of Solomon*, p. 44. Nashville, TN: Thomas Nelson.
19. Kidner, D. (1976). *The Message of Ecclesiastes*, p. 51. Downers Grove, IL: InterVarsity.
20. Kaiser, W. (4-13-16). *Gracechurchmentor.org*. Retrieved from https://gracechurchmentor.org/sermons/series/morning-worship/91-the-book-of-ecclesiastes/1064-ecclesiastes-4-13-16.
21. Wiersbe, W. (1990). *Be Satisfied: Looking For the Answer to the Meaning of Life*, p. 70. Colorado Springs, CO: David C. Cook.
22. *DTS Voice*. (n.d.). "Fear God Enjoy Life: The Message of Ecclesiastes." Retrieved from: https://voice.dts.edu/article/fear-god-enjoy- life-the-message-of-ecclesiastes-zuck-roy-b/
23. Tripp, P. D. (2011). *Forever*, p. 23. Grand Rapids, MI: Zondervan.
24. Tripp, P. D. (2011). *Forever*, p. 7. Grand Rapids, MI: Zondervan.

Lesson Five
1. Keller, H. (n.d.). Quoted in *Rumors of Another World* (P. Yancey), p. 59. Grand Rapid, MI: Zondervan.
2. *Uclahealth.org*. (n.d.). Retrieved from https: //www.uclahealth.org/news/article/the-truth-about-pandemic-weight-gain-and-how-to-shed-those-extra-pounds
3. *Konmari.com*. (n.d.). Retrieved from: https://konmari.com/marie-kondo-rules-of-tidying-sparks-joy/
4. *Konmari.com*. (n.d.). Retrieved from: https://konmari.com/marie-kondo-rules-of-tidying-sparks-joy/
5. Worth calculated using calculator retrieved from https://www.vcalc.com/wiki/vcalc/one-hundred-thousand-talents-of-gold-today
6. Hubbard, D. (1991). *The Preacher's Commentary Series, Vol. 16: Ecclesiastes, Song of Solomon*, LOC. 2748. Nashville, TN: Thomas Nelson.
7. *Blueletterbible.org*. (n.d.). "Strong's Concordance." Retrieved from https://www.blueletterbible.org/lexicon/h8104/kjv/wlc/0-1/
8. Hubbard, D. A. (1991). *The Preacher's Commentary Series, Vol. 16: Ecclesiastes, Song of Solomon*, p. 65. Nashville, TN: Thomas Nelson.
9. *Blueletterbible.org*. (n.d.). "Strong's Concordance." Retrieved from https://www.blueletterbible.org/lexicon/h8085/nasb95/wlc/0-1/
10. Kidner, D. (1976). *The Message of Ecclesiastes*, p. 52. Downers Grove, IL: InterVarsity.
11. Hubbard, D. (1991). *The Preacher's Commentary Series, Vol. 16: Ecclesiastes, Song of Solomon*, LOC. 2757. Nashville, TN: Thomas Nelson.
12. Wiersbe, W. (1996). *Be Satisfied*, p. 64. Colorado Springs, CO: David C. Cook.

13. Ryken, P. (2010). *Ecclesiastes: Why Everything Matters*, p. 123. Wheaton, IL: Crossway.
14. *Quotefancy.com.* (n.d.). Retrieved from: https://quotefancy.com/quote/921362/Timothy-Keller-The-only-person-who-dares-wake-up-a-king-at-3-00-AM-for-a-glass-of-water
15. Staton, T. (2022). *Praying Like Monks*, Living Like Fools, p. 21. Grand Rapids, MI: Zondervan Books.
16. Akin, D. (2016). *Christ-Centered Exposition Commentary: Exalting Jesus in Ecclesiastes*, p. 68. Nashville, TN: B & H Publishing Group.
17. Akin, D. (2016). *Christ-Centered Exposition Commentary: Exalting Jesus in Ecclesiastes*, p. 68. Nashville, TN: B & H Publishing Group.
18. *Blueletterbible.org.* (n.d.) "Strong's Hebrew Lexicon." Retrieved from: https://www.blueletterbible.org/lexicon/h3684/nasb95/wlc/0-1/
19. Wiersbe, W. (1996). *Be Satisfied*, p. 66. Wheaton, IL: Victor Books.
20. Wiersbe, W. (1996). *Be Satisfied*, p. 67. Wheaton, IL: Victor Books.
21. Tripp, P. (2011). *Forever*, p. 74. Grand Rapids, MI: Zondervan.
22. *Gnjumc.org.* (n.d.). Retrieved from: https://www.gnjumc.org/earn-all-you-can-save-all-you-can-and-give-all-you-can/ r the naked.
23. Welker, J. (March 24, 2024). *Columbus Dispatch.* "Feeling lucky? Mega Millions and Powerball jackpots climb to nearly $2 billion." Retrieved from https://www.dispatch.com/story/news/lottery/2024/03/24/what-are-your-odds-of-winning-the-mega-millions-or-powerball-jackpots/73084839007/#
24. Dunlap, K. (7-14-23). *News4Jax.* "Rip up the winning ticket? 5 reasons why winning lottery can destroy lives." Retrieved from https://www.news4jax.com/features/2023/01/12/rip-up-the-winning-ticket-5-reasons-why-winning-lottery-can-destroy-lives/#:~:text=According%20to%20the%20National%20Endowment,of%20winners%20and%20their%20families.
25. Johnson, S. (July 16, 2022). *Eldorado News.* "Ancient Words: Solomon Was Not Arrayed." Retrieved from https://www.eldoradonews.com/news/2022/jul/16/ancient-words-solomon-was-not-arrayed/#:~:text=King%20Solomon%20is%20believed%20to,%241%2C092%2C906%2C000%20and%20%241%2C165%2C766%2C400%20U.S.%20dollars!
26. Quoted in Akin, D. & J. (2016). *Christ-Centered Exposition Commentary: Exalting Jesus in Ecclesiastes*, p. 79. Nashville, TN: B & H Publishing Group.
27. Nelson, T. (2005). *A Life Well Lived*, p.78. Nashville, TN: B & H Publishing Group.
28. Akin, D. (2016). *Christ-Centered Exposition Commentary: Exalting Jesus in Ecclesiastes*, p. 79. Nashville, TN: B & H Publishing Group.
29. Comer, J. (2024). *Practicing the Way: Be with Jesus, Become Like Him, Do as He Did*, p. 66-67. Colorado Springs, CO: WaterBrook.
30. Quoted in Vaughn, E. (2021). *Becoming Elizabeth Elliot*, p. 75. Nashville, TN: B & H Publishing.
31. Kidner, D. (1976). *The Message of Ecclesiastes*, p. 53. Downers Grove, IL: InterVarsity Press.
32. Eaton, M. A. (1994). *Ecclesiastes.* In D. A. Carson, R. T. France, J. A. Motyer, & G. J. Wenham (Eds.), *New Bible Commentary: 21st century edition (4th ed.),* p. 614. Downers Grove, IL: InterVarsity Press.
33. Cobble, T. (2020). *The Bible Recap*, p. 19. Minneapolis, MN: Bethany House.
34. *Michaelkellyblanchard.com.* (n.d.). Retrieved from https://www.michaelkellyblanchard.com/writings/lyrics_glad.htm
35. Akin, D. (2016). *Christ-Centered Exposition Commentary: Exalting Jesus in Ecclesiastes*, p. 5. Nashville, TN: B & H Publishing Group.
36. Tripp, P. (2011). *Forever*, p. 74. Grand Rapids, MI: Zondervan.
37. Ramsey, D. (2013). *The Total Money Makeover*, p. xxiv. Nashville, TN: Thomas Nelson.
38. Akin, D. (2016). *Christ-Centered Exposition Commentary: Exalting Jesus in Ecclesiastes*, p. 6. Nashville, TN: B & H Publishing Group.
39. Lewis, C. S. (1952). *Mere Christianity*, p. 136-37. New York, NY: HarperOne.

Lesson Six
1. Gaines, D. (2017). *Choose Wisely, Live Fully*, p. 44. Nashville TN: The United Methodist Publishing House.
2. Lewis C.S. (n.d.). *The Weight of Glory, and Other Addresses.* p. 26. New York, NY: Harper Collins e-books.
3. Akin, D. & Akin, J. (2016). *Exalting Jesus in Ecclesiastes*, p. 82. Nashville, TN: B & H Publishing Group.
4. Wiersbe W. (1990). *Be Satisfied: Looking For the Answers to the Meaning of Life*, p. 91. Colorado Springs, CO: David C. Cook.
5. Garrett, D. (1993). *New American Bible Commentary: Proverbs, Ecclesiastes, Song of Songs*, Logos.
6. Garrett, D. (1993). *New American Bible Commentary: Proverbs, Ecclesiastes, Song of Songs*, Logos.
7. Tripp, D., (2011). *Forever*, p. 112. Grand Rapids, MI: Zondervan.
8. Akin, D. (2024). *10 Women Who Changed the World*, p. 71. Brentwood, TN: B&H Publishing.

9. Akin, D. (2024). *10 Women Who Changed the World*, p. 72. Brentwood, TN: B&H Publishing.
10. Akin, D. (2024). *10 Women Who Changed the World*, p. 71. Brentwood, TN: B&H Publishing.
11. Gibson, D. (2017). *Living Life Backwards*, p. 95. Wheaton, IL: Crossway.
12. Eaton, M. (1983). *Ecclesiastes: An Introduction and Commentary*, p. 123. Lisle, IL: InterVarsity Press.
13. Kidner, D. (1976). *The Message of Ecclesiastes*, p. 64. London, EN: InterVarsity Press.
14. Tripp, D. (2011). *Forever*, p. 134. Grand Rapids, MI: Zondervan.
15. Winter, J. (2005). *Opening Up Ecclesiastes*, Logos.
16. Eaton, M. (1983). *Ecclesiastes: An Introduction and Commentary*, vol. 18, p. 125. Downers Grove, IL: InterVarsity Press
17. Lewis, C.S. (n.d.). *The Weight of Glory, and Other Addresses*. p. 30. New York, NY: Harper Collins e-books.
18. Gibson, D. (2017). *Living Life Backwards*, p. 103. Wheaton, IL: Crossway.
19. Gibson, D. (2017). *Living Life Backwards*, p. 61. Wheaton, IL: Crossway.
20. Lewis, C. S. (1940). *The Problem of Pain*, p. 116. New York, NY: HarperOne.
21. Wiersbe W. (1990). *Be Satisfied: Looking For the Answers to the Meaning of Life*, p. 104. Colorado Springs, CO: David C. Cook.
22. Eaton, M. (1983). *Ecclesiastes: An Introduction and Commentary*, logos. Lisle, IL: InterVarsity Press.
23. Eaton, M. (1983). *Ecclesiastes: An Introduction and Commentary*, logos. Lisle, IL: InterVarsity Press.
24. Garrett, D. (1993). *The American Commentary: Proverbs, Ecclesiastes and Song of Songs*, Logos. Nashville, TN: B & H Publishing.
25. Spurgeon, C. (1965). *Lectures to My Students*, p. 321.
26. Wiersbe W. (1990). *Be Satisfied: Looking For the Answers to the Meaning of Life*, p. 108. Colorado Springs, CO: David C. Cook.
27. Ortberg, J. (2014). *Soul Keeping*, p. 111. Grand Rapids, MI: Zondervan.
28. Brown, J. (October 27, 2023). *Helpjuice.com*. "Implicit Knowledge: Definition and Importance". Retrieved from helpjuice.com/blog/implicit-knowledge
29. Willard, D. (2006). *The Great Omission: Reclaiming Jesus's Essential Teachings on Discipleship*, p. 125. HarperCollins. Kindle Edition.
30. Kelley, T. (1941). *A Testament of Devotion*, p. 65-66. New York, NY: Harper & Brothers.

Lesson Seven
1. Woolf, V. (1927). *To the Lighthouse, e-publication. Retrieved from https://standardebooks.org/ebooks/virginia-woolf/to-the-lighthouse/text/chapter-1-9*
2. Tozer, A.W. (1961). *The Knowledge of the Holy*, p. 70. New York, NY: Harper Collins.
3. *Bible Hub*. (n.d.). "Strong's Concordance." Retrieved from https://biblehub.com/hebrew/6592.htm
4. *Bible Hub*. (n.d.). "Strong's Concordance." Retrieved from https://biblehub.com/hebrew/6590.htm
5. *Bible Hub*. (n.d.). "Strong's Concordance." Retrieved from https://biblehub.com/hebrew/6592.htm
6. Swindoll, C. (1985). *The Collected Works: Living on the Ragged Edge & Living Above the Level of Mediocrity*, p. 223. Nashville, TN: Word Publishing.
7. Wiersbe, W. (1990). *Be Satisfied: Looking For the Answer to the Meaning of Life*, p. 114. Colorado Springs, CO: David. C. Cook.
8. Pllana, D. (2019). "Expanding Entire Volume of Knowledge." *Global Journals, (19)*8. Retrieved from https://globaljournals.org/GJHSS_Volume19/5-Expanding-Entire-Volume-of-Knowledge.pdf
9. Vine, W.E. (1970). *Vines's Complete Expository Dictionary of Old and New Testament Words*, p. 291 (Old Testament). Nashville, TN: Thomas Nelson.
10. Renn, S. (2005). *Expository Dictionary of Bible Words*, p. 1050. Peabody, MA: Hendrickson Publishers.
11. Keller, T. (2015). *Walking with God through Pain and Suffering*, p. 31. New York, NY: Penguin.
12. Wiersbe, W. (1990). *Be Satisfied: Looking For the Answer to the Meaning of Life*, p. 114. Colorado Springs, CO: David. C. Cook.
13. "Discernment." (n.d.). *The Cambridge Dictionary*. Retrieved from https://dictionary.cambridge.org/us/dictionary/english-portuguese/discernment#
14. *The Amplified Bible*, James 1:5.
15. Colson, C. (1992). *The Body*, p. 216. Nashville: TN: Word Publishing.
16. O'Donnell, D. S. (2014). *Ecclesiastes*, p. 160. Phillipsburg, NJ: P & R Publishing.
17. Wiersbe, W. (1990). *Be Satisfied: Looking For the Answer to the Meaning of Life*, p. 118. Colorado Springs, CO: David. C. Cook.
18. Akin, D. & Akin, J. *Exalting Jesus in Ecclesiastes*, p. 93. Nashville, TN: B&H Publishing.

19. Wornell, T. (2/28/23). *The Hill.* "Nearly half of US murders going unsolved, data show." Retrieved from https://thehill.com/homenews/3878472-nearly-half-of-us-murders-going-unsolved-datashow/#:~:text=In%202021%2C%20only%2051%25%20of, rate%20was%20closer%20to%2070%25.
20. Wright, C. J. H. (2023). *Hearing the Message of Ecclesiastes*, p. 99. Grand Rapids, MI: Zondervan.
21. Eswine, Z. (2014). *Recovering Eden: The Gospel According to Ecclesiastes*, p. 223. Phillipsburg, NJ: P&R Publishing.
22. Wright, C. J. H. (2023). *Hearing the Message of Ecclesiastes*, p. 100. Grand Rapids, MI: Zondervan.
23. *Bible Hub.* (n.d.). "Strong's Concordance." Retrieved from https://biblehub.com/hebrew/7623.htm
24. Wright, C. J. H. (2023). *Hearing the Message of Ecclesiastes*, p. 101. Grand Rapids, MI: Zondervan.
25. Swindoll, C. (2023). *Life is 10% What Happens to You and 90% How You React,* p. 6. Nashville, TN: Thomas Nelson.
26. Havner, V. (n.d.). Quoted on blogpost written by Christi Gee. Retrieved from https://christigee.com/will-explain-later/comment-page-1/
27. Gire, K. (2005). *The North Face of God*, p. 142. Wheaton, IL: Tyndale House.
28. Lewis, C.S. (1944). *The Screwtape Letters,* p. 51. New York, NY: Macmillan.
29. Gire, K. (2005). *The North Face of God*, p. 145. Wheaton, IL: Tyndale House.
30. Renn, S. (2005). *Expository Dictionary of Bible Words*, p. 462. Peabody, MA: Hendrickson Publishers.
31. *AZ Lyrics.* (n.d.). "Hallelujah." Retrieved from https://www.azlyrics.com/lyrics/leonardcohen/hallelujah.html
32. I am very grateful for Ken Gire's meaningful insights.
33. Tripp, P. D. (2011). *Forever*, p. 124. Grand Rapids, MI: Zondervan.
34. *Genius.com.* (n.d.). "Gratitude." Retrieved from https://genius.com/Brandon-lake-gratitude-lyrics
35. Tolkien, J. R. R. *(2023). Letters*: Revised and Expanded, p. 65 (Letter 45). New York, NY: William Morrow.

Lesson Eight
1. Voskamp, A. (2021). *One Thousand Gifts*, p. 21. Nashville, TN: W Publishing Group.
2. Miller, C. (2000). *The Divine Symphony*, p. 139. Ada, MI: Bethany House.
3. *Christianbeliefs.com.* Retrieved from http://www.christianbeliefs.org/articles/death.html
4. Akin, D. and J. Akin (2016). *Exalting Jesus in Ecclesiastes*, p. 101. Nashville, TN: B & H Publishing.
5. Tripp, P. D. (2011). *Forever*, p. 52-55. Grand Rapids, MI: Zondervan.
6. Wiersbe, W. (1990). *Be Satisfied*, p. 126. Colorado Springs, CO: David C. Cook.
7. Akin, D. (2016). *Exalting Jesus in Ecclesiastes (Christ-Centered Exposition Commentary)*, Kindle Edition, p 32-33. B&H Publishing: Nashville, Tennessee.
8. Tripp, Paul David. (2011). *Forever*, p. 119. Grand Rapids, MI: Zondervan.
9. National Park Service, Grand Teton National Park: Instagram post on April 17, 2024.
10. Wiersbe, W. (1990). *Be Satisfied*, p. 126. Colorado Springs, CO: David C. Cook.
11. *Blue Letter Bible.* (n.d.). Strong's Hebrew Lexicon. Retrieved from https://www.blueletterbible.org/lexicon/h7585/kjv/wlc/0-1/
12. Gibson, D. (2017). *Living Life Backward*, p. 109. Wheaton, IL: Crossway.
13. Gibson, D. (2017). *Living Life Backward*, p. 111. Wheaton, IL: Crossway.
14. *Genius.com.* (n.d.). "Into the Sea." Retrieved from https://genius.com/Tasha-layton-into-the-sea-its-gonna-be-ok-lyrics
15. Stedman, R. (1977). *Talking to My Father*, Kindle, LOC 304. Grand Rapids, MI: Discovery House Publishers.
16. Carmichael, A. (1933). *Rose from Brier*, p. 16. Fort Washington, PA: CLC Publications.
17. Voskamp, A. (2021). *One Thousand Gifts*, p. 21. Nashville, TN: W Publishing Group.
18. Comer, J.M. (2024). *Practicing the Way*, p. 32–33 (Kindle Edition). Carol Stream, IL: Tyndale.
19. Comer, J.M. (2021). *Live No Lies*, p. 17. Colorado Springs, CO: Waterbrook.
20. Comer, J.M. (2021). *Live No Lies*, p. 16. Colorado Springs, CO: Waterbrook.
21. Willard, D. (1966). *Divine Conspiracy*, p. 19. New York, NY: HarperSanFrancisco.
22. Tripp, P.D. (2014). *New Morning Mercies*, September 17. Wheaton, IL: Crossway.
23. Piper, J. (April 10, 2009). *Desiring God.* "A Conversation with Death on Good Friday." Retrieved from https://www.desiringgod.org/articles/a-conversation-with-death-on-good-friday

Lesson Nine
1. Swindoll, C. (1984). *Living on the Ragged Edge Bible Study Guide*, p. 99. Fullerton, CA: Insight for Living.
2. Schreiner, P. (March 30, 2018). *Crossway.org.* "10 Things You Should Know about the Cross." Retrieved from https://www.crossway.org/articles/10-things-you-should-know-about-the-cross/
3. Colossians 2:3, James 1:5, Psalm 90:12

4. Schwarcz, J. (December 3, 2019). *McGill.ca*. "Can one rotten apple really spoil the whole barrel?" Retrieved from https://www.mcgill.ca/oss/article/nutrition-you-asked/can-one-rotten-apple-really-spoil-whole-barrel
5. 5. McGee, J.V. (1982). *Thru the Bible with J. Vernon McGee Vol. III*, p.132. Nashville, TN: Thomas Nelson Publishers.
6. Phillips, J. (2019). *Exploring Ecclesiastes*, p. 287. Grand Rapids, MI: Kregel Publications.
7. Ryken, P.G. (2015). *Why Everything Matters*, p. 55. Scotland, UK: Christian Focus Publications, Ltd.
8. Graham, B. quoted in Myra, H. and M. Shelley (2005). *The Leadership Secrets of Billy Graham*, p. 90. Grand Rapids, MI: Zondervan.
9. Guzik, D. (n.d.). *Blueletterbible.org*. "David Guzik: Study Guide for Ecclesiastes 10." Retrieved from https://www.blueletterbible.org/comm/guzik_david/study-guide/ecclesiastes/ecclesiastes-10.cfm
10. 10. McGee, J. Vernon. (1982). *Thru the Bible with J. Vernon McGee Vol. III*, p.132-133. Nashville, TN: Thomas Nelson Publishers.
11. Butker, H. quoted in Richardson, R. (May 20, 2024). *Today*. "Read a transcript of Harrison Butker's controversial commencement speech in full." Retrieved from https://www.today.com/news/harrison-butker-speech-transcript-full-rcna153074
12. Butker, H. quoted in Richardson, R. (May 20, 2024). *Today*. "Read a transcript of Harrison Butker's controversial commencement speech in full." Retrieved from https://www.today.com/news/harrison-butker-speech-transcript-full-rcna153074
13. Lee, C. (May 16, 2024). *Time*. "NFL Distances Itself From Chiefs Kicker Harrison Butker After His Controversial Commencement Speech." Retrieved from https://time.com/6979160/harrison-butker-nfl-kansas-chiefs-controversy/
14. *Fox News*. (May 16, 2024). "'The View' slams Chiefs kicker's Catholic faith over commencement speech: 'Not walking with Jesus'." Retrieved from https://www.foxnews.com/video/6353030921112
15. Packer, J.I. (1993). *Knowing God*, p. 90. Lisle, IL: InterVarsity Press.
16. Walvoord, J. and R. Zuck (1985). *The Bible Knowledge Commentary: Old Testament*, p. 1001. Wheaton, IL: Victor Books.
17. Wiersbe, W. (1990). *Be Satisfied: Looking For the Answer to the Meaning of Life*, p. 137. Colorado Springs, CO: David C. Cook.
18. Wiersbe, W. *Be Satisfied: Looking For the Answer to the Meaning of Life*, p. 138-139. Colorado Springs, CO: David C. Cook.
19. Swindoll, C. (1984). *Living on the Ragged Edge Bible Study Guide*, p. 1010. Fullerton, CA: Insight for Living.
20. Cobble, T.L. (2020) *The Bible Recap: A One-Year Guide to Reading and Understanding the Entire Bible*, p. 670. Bloomington, MN: Bethany House Publishers.
21. Nelson, T. (2005). *A Life Well Lived: A Study of the Book of Ecclesiastes*, p. 168. Nashville, TN: B&H Publishing.
22. Henry. M. (n.d.). *BibleStudyTools.com*. "Ecclesiastes 10." Retrieved from https://www.biblestudytools.com/commentaries/matthew-henry-complete/ecclesiastes/10.html#google_vignette
23. Swindoll, C. (1984). *Living on the Ragged Edge Bible Study Guide*, p. 99. Fullerton, CA: Insight for Living.
24. Luther, C. (1877). *Hymnary.com*. "Must I Go, and Empty Handed." Retrieved from https://hymnary.org/text/must_i_go_and_empty_handed
25. Ryken, P. (2015). *Why Everything Matters: The Gospel in Ecclesiastes*, p. 104. Scotland: Christian Focus Publications.

Lesson Ten

1. Davis, D. (1999). *The World We Have Forgotten*, quoted in Stephen F. Alfred, *A Time for Truth: A Study of Ecclesiastes 3:1-8,* p, 163. Chattanooga, TN: AMG Publishers.
2. Gibson, D. (2017). *Living Life Backward: How Ecclesiastes Teaches Us to Live in Light of the End*, p. 120. Wheaton, IL: Crossway.
3. Akin, D. and Akin, J. (2016). *Christ-Centered Exposition Commentary: Exalting Jesus in Ecclesiastes*, p. 112. Nashville, TN: B&H Publishing Company.
4. Kidner, D. (1976). *The Message of Ecclesiastes,* p. 89. London, EN: InterVarsity Press.
5. Gibson, D. (2017). *Living Life Backward: How Ecclesiastes Teaches Us to Live in Light of the End*, p. 124. Wheaton, IL: Crossway.
6. Gibson, D. (2017). *Living Life Backward: How Ecclesiastes Teaches Us to Live in Light of the End*, p. 123. Wheaton, IL: Crossway.
7. Depaul, D. (September 3, 2013). *Rootedministry.com*. Retrieved from: https://rootedministry.com/pride-and-holiness/
8. *Brainyquote.com*. Retrieved from: https://www.brainyquote.com/quotes/josiah_gilbert_holland_104929)

9. Hubbard, D. (1991). *The Preacher's Commentary Series, Volume 16: Ecclesiastes, Song of Solomon,* LOC 4927. Nashville, TN: Thomas Nelson, Inc. Publishers.
10. Gibson, D. (2017). *Living Life Backward: How Ecclesiastes Teaches Us to Live in Light of the End*, p. 120. Wheaton, IL: Crossway.
11. Kidner, D. (1976). *The Message of Ecclesiastes,* p. 91. London, EN: InterVarsity Press.
12. Tripp, P. (2011). *Forever: Why You Can't Live Without It*, p. 29. Grand Rapids, MI: Zondervan.
13. Pratchett, T. quoted in the Times from Gibson, D. (2017). *Living Life Backward: How Ecclesiastes Teaches Us to Live in Light of the End*, p. 131. Wheaton, IL: Crossway.
14. Nelson, T. (2005). *A Life Well Lived: A Study of the Book of Ecclesiastes*, p. 180. Nashville, TN: B&H Publishing Group.
15. Dostoevsky, F. (1916). *The Possessed*. Retrieved from https://www.gutenberg.org/cache/epub/8117/pg8117-images.html
16. *Quotefancy.com*. Retrieved from: https://quotefancy.com/quote/862105/Mark-Twain-Too-bad-that-youth-is-wasted-on-the-young
17. *Forbes.com*. Retrieved from: https://www.forbes.com/quotes/6176/#:~:text=
18. Ryken, P. (2014). *Ecclesiastes: Why Everything Matters: Preaching the Word*, p. 263. Wheaton, IL: Crossway.
19. Ryken, P. (2014). *Ecclesiastes: Why Everything Matters: Preaching the Word*, p. 265. Wheaton, IL: Crossway.
20. Guzik, D. (2018). *Enduringword.com*. Retrieved from: https://enduringword.com/bible-commentary/ecclesiastes-12/
21. Gibson, D. (2017). *Living Life Backward: How Ecclesiastes Teaches Us to Live in Light of the End*, p. 133. Wheaton, IL: Crossway.
22. Kidner, D. (1976). *The Message of Ecclesiastes,* p. 97. London, EN: InterVarsity Press.
23. Ryken, P. (2014). *Ecclesiastes: Why Everything Matters: Preaching the Word*, p. 274. Wheaton, IL: Crossway.
24. Ryken, P. (2014). *Ecclesiastes: Why Everything Matters: Preaching the Word*, p. 273. Wheaton, IL: Crossway.
25. *Oxforddictionary.com*. Retrieved from: https://www.oxfordreference.com/display/10.1093/oi/authority.20110803100351326#:~:text=
26. Hubbard, D. (1991). *The Preacher's Commentary Series, Volume 16: Ecclesiastes, Song of Solomon,* p. LOC 5387. Nashville, TN: Thomas Nelson, Inc. Publishers.
27. Ryken, P. (2014). *Ecclesiastes: Why Everything Matters: Preaching the Word*, p. 277. Wheaton, IL: Crossway.
28. Ryken, P. (2014). *Ecclesiastes: Why Everything Matters: Preaching the Word*, p. 278. Wheaton, IL: Crossway.
29. Akin, D. and Akin, J. (2016). *Christ-Centered Exposition commentary: Exalting Jesus in Ecclesiastes*, p. 119. Nashville, TN: B&H Publishing.
30. Tripp, P. (2011). *Forever*, p. 199. Grand Rapids, MI: Zondervan.
31. *Bestirrednotshaken.com*. (October 3, 2015). Retrieved from: https://bestirrednotshaken.com/holy-days/book-of-ecclesiastes-the-feast-of-tabernacles/
32. From Introduction in this study.
33. Vine, W. (1985). *Vine's Complete Expository Dictionary of Old and New Testament Words*, p. 65. Nashville, TN: Thomas Nelson.

Made in the USA
Middletown, DE
26 August 2024